Der Saunaführer

Region-Ruhrgebiet & Sauerland

Erleben & genießen Sie 56 Saunen mit Gutscheinen im Wert von über 900 Euro und 4 Wellnessanlagen mit Gutscheinen im Wert von über 800 **Euro**

Jetzt neu: Bäder & Thermen in Deutschland mit extra Gutscheinen

Druck- und Verlagshaus Wiege GmbH

IMPRESSUM **Der Saunaführer**

© 2019 für diese und alle weiteren regionalen Ausgaben beim Autor und beim Verlag. Alle Rechte vorbehalten. Nachdruck, auch auszugsweise, sowie die Verbreitung durch Bild, Funk, Fernsehen und Internet, durch fotomechanische Wiedergabe, Tonträger und Datenverarbeitungs-Systeme jeder Art nur mit schriftlicher Genehmigung.

Titelbild: © Robert Przybysz-stock-adobe.com

Verlag & Produktion: Druck- und Verlagshaus Wiege GmbH · Herrenstraße 20 · 48477 Hörstel · service@der-saunafuehrer.de · www.der-saunafuehrer.de
Layout: Jana Meyer, Noel Stratmann & Verena Dunkel | Redaktion: Lisa Gebker
Produktion: Druck- und Verlagshaus Wiege GmbH · Sanderskamp 17 · 48477 Hörstel
info@wiegedruckt.com · www.wiegedruckt.com

Inhaltsverzeichnis

- **KAPITEL 1:** Eine Übersicht
  - Vorwort: Was uns am Herzen liegt — 4
  - Karte: Der Saunaführer erscheint in folgenden Regionen — 5
  - Die Saunen: Ihre Region auf einen Blick! — 6
  - Ihre Wunschsauna im Saunaführer — 8
  - Die Vorteile unseres Saunashops — 9
  - Der Saunaführer im Internet — 10
  - Wellness mit Mama und Papa–Babysauna — 11
  - Tipps zum Saunieren — 12
  - Fragen und Antworten rund um die Sauna — 14
  - Russische Banja, Caldarium & Co.–Sauna ist nicht gleich Sauna! — 16
  - **NEU:** Wer bietet was? Überblick der Highlights jeder Anlage — 18

- **KAPITEL 2:** Die Vielfalt des Saunierens
  - Die Gebäudearchitektur — 20
  - Saunagebäude–eine Außenansicht — 22
  - Saunagebäude–eine Innenansicht — 24
  - Der Außenbereich — 26
  - Wasserwelten–Das Abkühlen — 28
  - Die Aufgüsse — 30
  - Die Anwendungen — 32

- **KAPITEL 3:** Die Sauna-Beschreibungen
  - Saunen der Region — 34–283

- **KAPITEL 4:** Wellness- und Hotelbeschreibungen
  - Verwöhntage in Wellnessanlagen und -hotels — 284–303

Die Gutscheine für Ihren Saunabesuch finden Sie im Extra-Heft.

Vorwort
Was uns am Herzen liegt

Liebe Saunafreundin, lieber Saunafreund,

VORWORT

jede neue Auflage bringt für uns als Verlag auch neue Aufgaben mit sich: Passt die Region noch, ist sie zu groß oder zu klein? Welche Saunen werden in einem Buch präsentiert, unabhängig von Bundesland- oder Ländergrenzen? Wo sind die natürlichen Grenzen, die so häufig ungeschriebenen Gesetzen folgen, wie etwa Sprachgrenzen, Bergen, Flüssen, Straßen usw.? Die Ihnen vorliegende Ausgabe wurde unter diesen Gesichtspunkten gestaltet.

Auf Anregungen für neue Ausgaben freuen wir uns.

SIE BESTIMMEN MIT, WELCHE ANLAGE IM BUCH DABEI IST!

Die Gutscheine, oft von erheblichem Wert, sind ein Anreiz für Sie, die Saunen des Buchs zu besuchen, auch wenn z.B. ein längerer Anreiseweg zu bewältigen ist. Das kann jedoch dauerhaft nur funktionieren, wenn ein Nutzen für beide Seiten entsteht. Ob 1-Personen-, Vario©- oder Partner-Gutschein: Durch die Gutscheine erhalten Sie einen hohen Nutzen, der Ihren Buchkauf mehr als wettmacht.

Deshalb bitten wir Sie:
- Nutzen Sie die Angebote der Anlagen wie Massage, Wellness oder andere.
- Genießen Sie das sehr gute Angebot der Gastronomie der Saunen.
- Lesen Sie die Hinweise zur Nutzung der Gutscheine und informieren Sie sich vorher über aktuelle Öffnungszeiten und Besonderheiten.

So verhindern Sie kleinere Gutscheinwerte oder den kompletten Rückzug aus dem Buch. Das kann auch nur in Ihrem Sinne sein. Deswegen noch einmal ein Appell an die Vernunft:

Nur aus einem Geben und Nehmen entsteht ein Nutzen für alle!

HINWEISE ZUR NUTZUNG DES BUCHS

Informieren Sie sich bitte vor der Fahrt in die Sauna auf der jeweiligen Homepage aktuell über Preise, Öffnungszeiten etc. Natürlich kann sich während der Laufzeit der Gutscheine hier etwas verändern-vielleicht hat sich im Buch auch, trotz aller Sorgfalt, ein Fehler bei den Öffnungszeiten etc. eingeschlichen. Informieren Sie uns gerne bei Änderungen.

- **Gutscheinwerte:** Lesen Sie vor Ihrem Besuch genau die Informationen auf dem Gutschein. Es gibt hier und da Sonderregelungen.
- Die Gutscheine sind nur gültig, wenn Sie das beiligende Gutscheinheft an der Kasse vorlegen und der Gutschein vom Personal herausgetrennt wird
- Sauna-Events: Es ist möglich, dass die Gutscheine bei Sonderveranstaltungen in den Betrieben nicht eingelöst werden können.
- **Weitere Informationen finden Sie auch im Gutscheinheft.**

Der Saunaführer erscheint in folgenden Regionen

Weitere Informationen finden Sie unter www.der-saunafuehrer.de

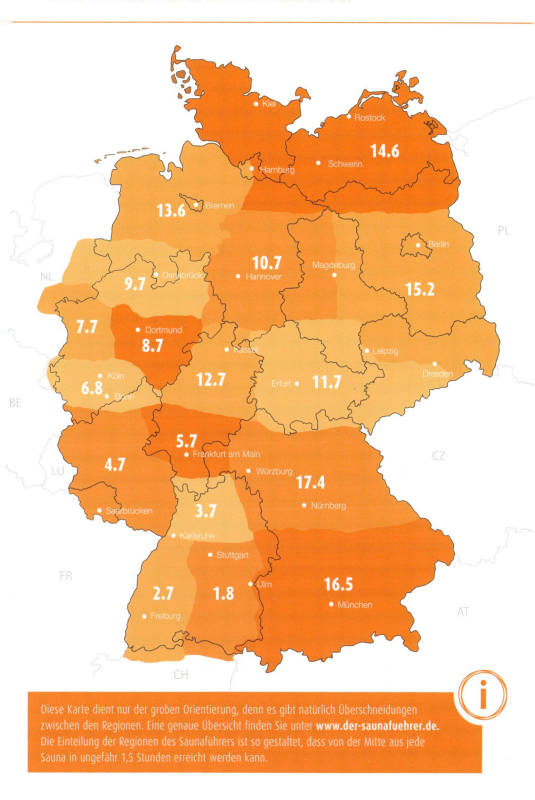

Diese Karte dient nur der groben Orientierung, denn es gibt natürlich Überschneidungen zwischen den Regionen. Eine genaue Übersicht finden Sie unter **www.der-saunafuehrer.de**. Die Einteilung der Regionen des Saunaführers ist so gestaltet, dass von der Mitte aus jede Sauna in ungefähr 1,5 Stunden erreicht werden kann.

Die Saunen
Eine Übersicht der teilnehmenden Betriebe

Alles auf einen Blick!

Sie planen ein entspanntes Wochenende in einer Sauna, wissen jedoch noch nicht, wohin die Reise gehen soll? Die folgende Übersicht soll Ihnen dabei eine nützliche Orientierungshilfe für die kommenden Seiten sein. Sie fasst alle wichtigen Angaben auf einen Blick zusammen, sodass Sie schnell und einfach zu jedem Betrieb die zugehörigen Einträge in diesem Buch finden können.

	ORT	ANLAGE	SEITE
1	Ahlen	Parksauna Ahlen	34
2	Arnsberg	Nass: Die Sauna	38
3	Arnsberg	DoriVita	44
4	Bad Berleburg	Rothaarbad	46
5	Bad Lippspringe	Westfalen-Therme	50
6	Bad Sassendorf	SoleTherme	54
7	Bocholt	Inselbad Bahia	58
8	Bochum	Medi-Therme	64
9	Bönen	Bad & Sauna Bönen	70
10	Borken	Aquarius Borken	74
11	Coesfeld	CoeSauna	78
12	Diemelsee	Familien- und Erlebnisbad Heringhausen	82
13	Dinslaken	Gesundheitszentrum Lang	86
14	Dorsten	Freizeitbad Atlantis	90
15	Dortmund	Radisson Blu Hotel Dortmund	94
16	Dortmund	VIP-RU Sauna	96
17	Dülmen	DIE SAUNA INSEL®	100
18	Dülmen	Düb-Freizeitbad Dülmen	106
19	Essen	Grugapark-Therme	110
20	Gelsenkirchen	Zentralbad Gelsenkirchen	114
21	Gelsenkirchen	Hallenbad GE-Buer	118
22	Gelsenkirchen	Hallenbad GE-Horst	120
23	Haan-Gruiten	Birkensauna	122
24	Hagen	WESTFALENBAD	128
25	Haltern am See	Freizeitbad Aquarell	134
26	Hamm	Maximare	138
27	Heiligenhaus	Heljensbad	144
28	Herne	Wananas	148
29	Herne	Lago	154

30	Herten	copa ca backum / copa oase	160
31	Hückeswagen	Bürgerbad Hückeswagen	164
32	Kirchhundem	Oberhundemer Wellness Oase	168
33	Lippstadt	Walibo Therme	172
34	Lüdenscheid	Das Saunadorf	176
35	Mettmann	Freizeitbad am Lavalplatz	180
36	Mülheim	Parc Vitale Eichhöfer	184
37	Münster	West-Sauna	188
38	Münster	Eymann-Sauna	192
39	Netphen	N-FLOW-Freizeitpark Netphen	196
40	Oer-Erkenschwick	maritimo	200
41	Olfen	Phoenix SPA	206
42	Olpe	Freizeitbad Olpe	210
43	Olsberg	AquaOlsberg	216
44	Radevormwald	life-ness	220
45	Reichshof-Ekenhagen	monte mare Reichshof	226
46	Remscheid	H2O	230
47	Schmallenberg	SauerlandBAD	238
48	Soest	AquaFun Soest	242
49	Sundern	Panoramasauna Sorpesee	248
50	Warstein	Allwettersauna	252
51	Wesel	HeubergSauna	256
52	Willingen	Lagunen-Erlebnisbad	260
53	Wipperfürth	Walter-Leo-Schmitz-Bad	266
54	Witten/Gelsenkirchen/Duisburg/Oberhausen	Freizeitgesellschaft Metropole Ruhr mbH	270
55	Wuppertal	Schwimmoper-Stadtbad Wuppertal	276
56	Wuppertal	Gartenhallenbad Langerfeld	280

ÜBERREGIONALE HOTEL- UND WELLNESSANLAGEN

1	Geestland	Das Romantik Hotel Bösehof	286
2	Hörstel	AKZENT Hotel Saltenhof	290
3	Kalkar	Landhaus Beckmann	294
4	Schmalkalden	AKZENT Aktiv & Vital Hotel Thüringen	298

Ihre Wunschsauna im Saunaführer
Helfen Sie uns mit: Tipps sind immer willkommen

Auch die fleißigsten Bienen stoßen irgendwann an ihre Grenzen–das gilt leider auch für uns.

Etwa 800 Saunen befinden sich in unseren Regionalausgaben. Unsere Freunde in der Schweiz, Österreich und in den Niederlanden sind genauso vertreten wie der hohe Norden. Ob Ihre nächste Geschäftsreise Sie nach Bremen führt, Ihre Nichte im Alpenvorland den Bund der Ehe eingeht oder aber Ihr kommender Erholungsurlaub eine Reise in den Odenwald vorsieht–mit unseren Saunaführern müssen Sie in vielen deutschen Landstrichen nicht auf Ihre Saunagänge verzichten.

Bei der Planung der Neuausgaben versuchen wir auch jedes Jahr aufs Neue, unsere regionalen Saunaführer mit weiteren tollen Anlagen zu versehen. Das bedeutet viele, mühsame Stunden für uns–die wir aber für Sie gerne investieren. Aber eine Arbeit, bei der uns auch des Öfteren eine super Sauna durch die Lappen geht. Zum Glück sind Sie stets aufmerksam! Von Ihrer Seite aus kommen ebenfalls zahlreiche wertvolle Tipps bezüglich Sauna-Anlagen, die noch gar nicht in unseren Büchern vertreten sind. Von unserer Seite an dieser Stelle ein riesengroßes Lob für Ihre offenen Augen–machen Sie bitte weiter so!

Denn es gibt da draußen leider weiter viel zu viele wunderschöne Anlagen, die noch nicht berücksichtigt werden konnten. Daher unser Appell an dieser Stelle: Entdecken Sie eine Sauna, die sich wunderbar für unseren Saunaführer eignet, zögern Sie nicht, uns diese vorzustellen. Wir nehmen jeden Tipp dankbar auf!

Kontakt: **service@der-saunafuehrer.de**

Die Vorteile unseres Saunashops
Helfen Sie uns mit: Tipps sind immer willkommen.

Die Qual der (Aus-)Wahl
Übers Bücher kaufen im Jahr 2018 & die Vorteile des Direktkaufs

Durch das Internet kamen die verschiedensten Möglichkeiten. Mittlerweile können Sie unter unzähligen Anbietern auswählen und das Buch Ihres Vertrauens ergattern. Auch der örtliche Buchhandel ist immer noch so gut wie in jeder Stadt zuhauf zu finden. Kompetente Beratung steht dort im Vordergrund. Im Vergleich zum Internet geht das natürlich hier schneller: Ohne Versandkosten und meist direkt zum Mitnehmen. Toll.

Doch die kompetenteste Beratung gibt es immer noch bei den Verlagen selber. Spezielle Fragen zum Buch werden hier direkt von der Quelle fachmännisch beantwortet. Der Pluspunkt zum Internet und zum Buchhandel.

Hier finden Sie jede einzelne Ausgabe unserer Saunaführer samt darin befindlichen Saunen und Gutscheinen. Per PayPal-Bezahlung oder Sofortüberweisung geht Ihr Buch direkt am nächsten Tag bei uns heraus. Mit dem Versand per DHL bieten wir Ihnen eine direkte Sendungsverfolgung.

Und wenn Sie eine Frage oder weitere Anmerkung für uns haben: Unsere Türen sind immer für Sie offen. Wagen Sie es doch einfach und bestellen den nächsten Saunaführer direkt bei uns. Spätestens dann werden Sie merken: Bücher kaufen im Jahr 2018 ist eigentlich nicht ganz so schwer.

Der Saunaführer im Internet

Besuchen Sie uns im Shop und auf unseren Social-Media-Kanälen

Infos & Shop:

Alle Saunaführer sind im Shop erhältlich und durch die Rubrik »Aktuelles« sind Sie immer auf dem neuesten Stand. Es bleibt spannend: Weitere Funktionen sind in Vorbereitung.

Vorteile unserer Internetseite:

- versandkostenfrei bestellen inkl. Sendungsverfolgung
- bequeme Bezahlung
- Alle Infos zu den Saunen
- Sonderaktionen & Newsletter
- Tolle Gewinnspiele
- interaktive Karte mit allen Saunen in Ihrer Nähe

➔ **www.der-saunafuehrer.de**

Folgen Sie uns auf Facebook, Instagram oder Twitter und profitieren von exklusiven Vorteilen:

Ihre Vorteile:

- Alle Informationen zu den Neuauflagen
- Exklusive Rabattaktionen
- Tolle Gewinnspiele
- Schneller & einfacher Kontakt bei Fragen und Anregungen
- Tipps & Tricks
- Und vieles mehr ...

Wellness mit Mama und Papa

Babys und Kleinkinder in der Sauna? Kann das gut für den Nachwuchs sein? Immer mehr Saunen reagieren auf diesen Trend mit speziellen Kursen und Öffnungszeiten und bieten das Schwitzen mit den Kleinsten an. Viele Eltern fragen sich, ob eine Babysauna sinnvoll und worauf zu achten ist.

Genauso, wie es bei Gewohnheit von Hitze und feuchter Luft unproblematisch ist, schwanger in die Sauna zu gehen, kann das erholsame Erlebnis auch nach der Geburt zusammen mit dem Baby erlebt werden. Ab vier Monaten ist der Besuch einer Babysauna möglich, denn um auf Nummer sicher zu gehen, dass das Baby vollkommen gesund ist, sollte die U4 abgewartet werden. Berichtet der Kinderarzt von einem gesunden Baby ohne Herz- und Kreislaufproblemen steht einem ersten Besuch in der Sauna nichts mehr im Weg. Besitzt die Sauna jedoch kein spezielles Baby-Angebot, dürfen Kinder in der Regel erst ab dem dritten Lebensjahr mitgenommen werden.

AB WANN IN DIE SAUNA?

Für die Kleinen eignet sich vor allem trockene Hitze, so also das Klima der finnischen Sauna. Anfangs sollten drei Minuten Schwitzen auf der mittleren Bank nicht überschritten werden (Raumklima 60 °C, Luftfeuchte ca. 15 %) und Aufgüsse sind in jedem Fall tabu. Behüten Sie das Kind auf dem Schoß oder im Arm und geben ein Gefühl von Geborgenheit, in dem Sie es sanft streicheln. Sie sollten dabei stehts die Körpersprache des Kindes beobachten und bei Unruhe und Weinen die Sauna verlassen. Je nachdem, wie gut das Kind die Hitze verträgt, kann der Saunagang später auf sechs Minuten ausgedehnt werden. Mehr als zwei Saunagänge sollten es aber nicht sein. Nach dem Saunieren das Kind schonend abkühlen: lauwarm duschen oder den Körper von Hand mit Wasser erfrischen. Anschließend das Kind in ein Handtuch wickeln, kurz an die frische Luft gehen und entspannen.

DER SAUNABESUCH

Tipps zum Saunieren
Alles rund um die richtige Sauna-Nutzung

TIPPS FÜR DEN SAUNA-NEULING

Wer schon häufig in der Sauna war, kann dieses Kapitel getrost überspringen, für den Sauna-Neuling enthält es aber sicher einige wichtige und grundsätzliche Informationen. Nehmen Sie sich für Ihren ersten Saunabesuch mindestens drei Stunden Zeit! So haben Sie genug, alle Angebote der Sauna genau unter die Lupe zu nehmen und zu testen, was Ihnen am besten gefällt.

WAS IN DIE SAUNATASCHE GEHÖRT

In die Saunatasche gehören:

- ✔ Das Sauna-Handtuch (es sollte gut Schweiß aufnehmen können und eine Länge von etwa zwei Metern haben)
- ✔ Ein bis zwei Handtücher zum Abtrocknen nach den Duschgängen
- ✔ Ein Bademantel
- ✔ Badesandalen
- ✔ Shampoo, Duschgel und ggf. Pflegemittel zur Anwendung nach dem Saunieren
- ✔ Badekleidung (falls Schwimmbad vorhanden)
- ✔ Kamm, Bürste & Föhn

Empfehlenswert sind zudem ein paar dicke Socken (vor allem im Winter), diese sind für die Ruhephase sehr angenehm. Wenn Sie genügend Zeit und Muße haben, können Sie natürlich auch etwas zum Lesen einpacken.

ESSEN VOR DEM SAUNIEREN

Vor dem Saunieren sollten Sie auf ein opulentes Mahl verzichten und nur leichte Kost zu sich nehmen. Verzichten Sie vor Ihrem Saunabesuch außerdem auf intensiven Knoblauchgenuss, denn dieser Duft breitet sich mit dem austretenden Schweiß sehr intensiv aus.

VORBEREITUNG AUF DAS SAUNIEREN

In den Umkleideschränken lassen Sie die Dinge zurück, die Sie beim Saunieren nicht brauchen. Ihre Saunatasche nehmen Sie – falls dies erlaubt ist – mit in die Anlage. Legen Sie Schmuck, Uhr etc. möglichst ab, denn das Metall wird in der Sauna auf der Haut sehr heiß.

Für Brillen gibt es in der Regel vor jeder Sauna-Kabine geeignete Ablagen. Wenn Sie die Brille innerhalb des Schwitzraumes benötigen, denken Sie daran, dass sie unmittelbar nach Eintritt in die Kabine beschlägt. Kontaktlinsen schaden nicht, können jedoch stören, wenn sie scheuern oder zu brennen beginnen.

VOR DEM ERSTEN SAUNAGANG

Zuerst steht die Dusche auf dem Programm: Eine gründliche Reinigung ist wichtig für das Schwitzen, denn saubere Haut schwitzt besser. Trocknen Sie sich bitte nach dem Duschen gut ab, denn die Wassertropfen auf der Haut zögern den Schwitzprozess hinaus. Ein warmes Fußbad vor dem ersten Saunagang ist äußerst wohltuend – und regt zudem den Kreislauf an, sodass Sie in der Sauna deutlich schneller ins Schwitzen kommen.

Nun geht es in die Sauna-Kabine: Sauniert wird grundsätzlich nackt. Sie finden Bänke in unterschiedlicher Höhe, wobei gilt: je höher, desto wärmer. Testen Sie, welche Höhe Ihnen entspricht. Setzen oder legen Sie sich immer auf Ihr Sauna-Handtuch als Unterlage. Haben Sie nicht den Anspruch, die Dauer des Ablaufes einer Sanduhr (meistens läuft die Sanduhr 15 Minuten) innerhalb der Kabine zu verbleiben. Die Sanduhr kann der Orientierung dienen, aber wenn es Ihnen nach fünf oder sieben Minuten reicht, verlassen Sie die Sauna. Wenn Sie den Aufguss nicht mehr aushalten, verlassen Sie die Sauna-Kabine bitte sofort. Überschätzen Sie sich zu Beginn nicht, sondern lernen Sie das Saunieren langsam und mit Bedacht, dann haben Sie nachhaltig Freude an diesem Erlebnis.

DER ERSTE SAUNAGANG

Nach dem Saunieren beginnen Sie die Abkühlphase an der frischen Luft. Ihre Lungen brauchen Sauerstoff. (Der Sauerstoffgehalt in einer Sauna ist in etwa so hoch wie auf einem Berg in 2.000 Meter Höhe). Wenn es Ihrem Körper gut tut, steht nun der Gang ins Tauchbecken an. Die Ruhephase nach den einzelnen Gängen ist wichtig: Schauen Sie sich die gebotenen Möglichkeiten an und entspannen Sie. Zwischen den einzelnen Saunagängen lassen Sie sich zu Beginn ruhig eine halbe Stunde Zeit, bis Sie Ihren eigenen Rhythmus gefunden haben. Die Anzahl der Durchgänge entscheiden Sie für sich. Ob es beim ersten Mal zwei oder mehr Gänge sind, sollten Sie von Ihrer körperlichen Verfassung abhängig machen.

NACH DEM SAUNIEREN

Saunieren bedeutet einen hohen Flüssigkeitsverlust. Es gibt verschiedene Theorien, wovon eine besagt, man solle während des Saunabesuches nichts trinken, da ansonsten nur das Wasser ausgeschwitzt wird. Eine andere These besagt: Viel trinken, damit der Körper optimal entschlackt wird. Wie bei vielen Dingen liegt die Wahrheit irgendwo dazwischen. Wenn Sie das Bedürfnis haben, trinken Sie–am besten Wasser–so viel, wie Ihnen gut tut. Nach dem Saunabesuch sollten Sie in jedem Fall Ihrem Körper genügend Flüssigkeit zur Verfügung stellen.

DAS TRINKEN

14 Häufig gestellte Fragen
Fragen und Antworten rund um die Sauna

WARUM SOLLTE DIE SAUNA REGELMÄSSIG BESUCHT WERDEN?
In der Sauna wirkt die Wärme von außen auf den Körper. Um sich gegen diese zu schützen, fängt der Körper an zu schwitzen und durch Verdunstung des Schweißes wird der Körper gekühlt. Durch sich erweiternde Blutgefäße sinkt der Blutdruck und mit dem Schweiß werden Giftstoffe aus dem Körper abtransportiert. Der abwechselnd warme und kalte Einfluss auf die Blutgefäße stärkt das Immunsystem.

WIE OFT SOLLTE MAN DIE SAUNA BESUCHEN?
Wir empfehlen den Gang ins Schwitzbad einmal in der Woche, bei dem drei Saunagänge durchgeführt werden. Möchte man das Sauna-Erlebnis häufiger genießen, ist auch dieses möglich. In dem Fall sollte jedoch die Anzahl der Gänge reduziert werden.

WARUM GEHT MAN NACKT IN DIE SAUNA?
Der einzige Ort, an dem in der Sauna das Tragen von Textilstoff vermieden werden sollte, ist in der Saunakabine. Das Tragen von Badekleidung beeinträchtigt durch Schweißaufnahme dessen Verdunstung und somit auch die Abkühlung des Körpers–nicht der erwünschte Effekt!

AUF WELCHE BANK SETZT MAN SICH ALS ANFÄNGER?
Am besten eignet sich für Anfänger ein Platz auf der mittleren Bank. Damit die Ruhe in der Sauna nicht groß gestört wird, sollte der Platz höchstens einmal gewechselt werden. Je nachdem, wie die Hitze in der Mitte empfunden wird, kann man sich nach oben (wärmer) oder unten (kälter) umorientieren.

SOLLTE MAN IM LIEGEN ODER SITZEN SAUNIEREN?
Wenn genug Platz in der Sauna ist, empfiehlt sich ein Schwitzgang im Liegen. Einerseits bekommt der Körper in der Waagerechten die Wärme gleichmäßiger ab, andererseits ist das Liegen ganz einfach entspannter.

NIMMT MAN IN DER SAUNA AB?
Richtiges Abnehmen funktioniert in der Sauna leider nicht. Zwar zeigt die Waage nach einem Saunabesuch meist 1-2 Kilogramm weniger an, jedoch liegt das am kurzzeitigen Wasserverlust durch das Schwitzen. Da der große Durst nicht lange auf sich warten lässt, ist der Wasserspeicher, und somit auch das Gewicht, schnell wieder aufgefüllt.

DARF MAN MIT MEDIKAMENTEN DIE SAUNA BESUCHEN?
Jeder, der aufgrund einer Krankheit oder auch aufgrund chronischer Beschwerden Medikamente zu sich nimmt, sollte vorher Rücksprache mit dem Hausarzt halten und sich erkundigen, ob mit den Medikamenten eine Wechselwirkung mit der Sauna besteht. Denn die Wärme sorgt dafür, dass sich die Adern erweitern und die Wirkstoffe schneller aufgenommen werden.

WARUM IST DAS DUSCHEN VOR DER SAUNA WICHTIG?
Auf der Haut befindet sich in der Regel ein hauchdünner Fettfilm, der vor einem Saunagang abgewaschen werden sollte, da der Fettfilm das Schwitzen der Haut verhindert. Nach der Vorreinigung ist es dann ebenso wichtig, sich abzutrocknen, da die Feuchtigkeit auf der Haut den gleichen verzögernden Effekt hat, wie der Fettfilm.

DARF ICH MIT EINER ERKÄLTUNG IN DIE SAUNA GEHEN?
Grundsätzlich sollte die Sauna nur dann besucht werden, wenn sich der Körper in gesundem Zustand befindet. Mit einer Erkältung kann der Kreislauf nicht stabil genug für das Saunabad sein. Der grippale Infekt sollte deshalb erst auskuriert und der Kreislauf wieder sicher stabil sein, bevor man wieder mit dem Saunieren beginnt.

Russische Banja, Caldarium & Co.
Sauna ist nicht gleich Sauna!

Sehr beliebt und hierzulande am bekanntesten, sind die Finnische Sauna und das Dampfbad. Es gibt jedoch zahlreiche andere Saunaarten, die sich teils mehr, teils weniger in ihrem Aufbau, dem vorherrschenden Klima und auch der Wirkung auf den Körper unterscheiden. Für einen kleinen Überblick über die verschiedenen Saunatypen und ihre individuellen Leistungen folgt eine übersichtliche Zusammenstellung der beliebtesten Saunavarianten.

Erdsauna

Sie ist die ursprünglichste und zugleich auch die heißeste aller Saunen. Denn die ersten Spuren lassen sich in das steinzeitliche Asien zurückführen, wo sich die Urmenschen Erdlöcher gruben, in die sie sich hineinsetzten, sie mit heißen Steinen füllten und durch deren Überguss mit Wasser heißen Dampf erzeugten. Die in die Erde eingelassene Sauna erreicht eine Temperatur zwischen 110–130 °C, die Feuchtigkeit der Luft ist sehr niedrig.

Finnische Sauna

Typischerweise in einem Holzhaus untergebracht ist sie die bekannteste Art der Sauna. Bei einer Temperatur zwischen 80–100 °C und einer Luftfeuchtigkeit von etwa 10 % herrscht in dieser ein sehr heißes und trockenes Klima. Die trockene Luft ist wichtig, da sich nur mit dieser die hohe Temperatur gut aushalten lässt. Die Sauna stärkt die körpereigene Abwehr, verbessert die Atmung und das Hautbild und steigert das Wohlbefinden.

Russische Banja

Warmes und sehr feuchtes Klima herrscht in der Russischen Banja. Übersetzt man dieses ins Deutsche, so bedeutet das Wort "Banja" nichts anderes als "Sauna". Was die Temperatur angeht, ist die russische Variante der finnischen sehr ähnlich: sie erreicht bis zu 100 °C. Der wesentliche Unterschied liegt hier in der Luftfeuchtigkeit, die ebenfalls etwa 100 % erreicht. In der Banja wird der Körper vorsichtig mit Birkenzweigen abgeschlagen. Dieses Ritual regt die Blutzirkulation an.

Hamam

Ebenfalls unter dem Namen Türkisches oder Orientalisches Bad bekannt ist das Hamam. Diese Saunaart stammt aus dem arabischen Kulturraum und ist einem Dampfbad sehr ähnlich. Ganz im Gegenteil nämlich zur klassisch Finnischen Sauna kommt das Hamam auf eine Temperatur von etwa 50 °C, die Luftfeuchtigkeit ist jedoch mit 100 % sehr hoch. Umgeben von Nebelschwaden wird auf dem typischen marmorierten Nabelstein in der Mitte des Raumes entspannt. Eine positive Wirkung hat es auf die Spannkraft der Haut, der Körper entschlackt und entgiftet und der Kreislauf wird geschont.

Caldarium

Das Caldarium entstammt der klassisch-römischen Thermenanlage. Bei einer Temperatur zwischen 40–55 °C und einer Luftfeuchtigkeit zwischen 80–100 % besitzt es ein warmes und sehr feuchtes Klima. Die Wärme erfährt man über beheizte Wände, Böden und Sitzbänke. Es eignet sich als Vorbereitung für den Gang in eine trocken-heiße Sauna, und bietet sich vor allem für Personen mit Kreislaufproblemen und Rheumaerkrankungen an. Zudem befreit es die Atemwege und sorgt für eine entspannte Muskulatur.

Biosauna/Sanarium®

Ein sanfter Schwitzgang ist in der Biosauna bei 45–60 °C und einer relativen Luftfeuchtigkeit zwischen 40–55 % zu erleben–sie ist klimatisch eine Mischung aus Sauna und Dampfbad. Durch die ausgeglichene Temperatur mit der Feuchtigkeit ist ein längerer Aufenthalt in dieser Variante gegenüber der Finnischen Sauna möglich. Im Vordergrund steht das Ziel eines sanften Saunabades, das durch die niedere Temperatur den Kreislauf schont.

Wer bietet was?

Ein Überblick über die Highlights Ihres Wellnesstempels

JETZT NEU!

So finden Sie Ihre perfekte Sauna noch schneller

Um Ihnen eine direkte Übersicht über die Highlights jeder Wellnessanlage zu bieten, haben wir eine Auswahl an Piktogrammen speziell für Sie entwickelt. Falls Sie sich beim Entdecken neuer Saunen schon immer gefragt haben, ob diese eine Übernachtungsmöglichkeit, kostenlose Parkplätze oder ein Schwimmbad bieten–mit diesen Symbolen haben Sie nun alles im Blick.

Die in den Saunaeinträgen abgebildeten Piktogramme sind lediglich eine kleine Auswahl–die Saunaanlagen bieten mehr Angebote und Extras, als mit den Piktogrammen dargestellt.

- WLAN
- BADESHOP
- WOHNMOBILSTELLPLATZ
- FITNESS
- BARZAHLUNG
- BEHINDERTENGERECHT (nicht nach DIN 18040)
- KOSTENLOSE PARKPLÄTZE
- HOTEL
- ZUSATZANGEBOT
- EC-KARTENZAHLUNG

Die Zuordnungen basieren auf den Angaben der Betreiber (Stand 06.2018). Änderungen vorbehalten.

Die Zuordnungen basieren auf den Angaben der Betreiber (Stand 06.2018). Änderungen vorbehalten.

Die Gebäudearchitektur
Architektonische Meisterwerke

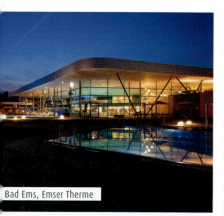

Bad Ems, Emser Therme

Bad Sulza, Toskana Therme

Sicher: Die Gebäudearchitektur sagt mitnichten immer etwas über die Qualität der Saunaanlage im Inneren des Gebäudes aus. Oftmals ist es sogar bei architektonisch gelungenen Entwürfen und Umsetzungen so, dass dem Architekten besser empfohlen worden wäre, vor Umsetzung des Auftrags selbst eine Zeit lang regelmäßig die Sauna zu besuchen, um die dortigen Abläufe wirklich kennenzulernen. Wir möchten Ihnen an dieser Stelle die Vielfältigkeit der Bädergestaltung näherbringen, Ihnen an einigen Beispielen zeigen, wie sich heute Bäder dem Besucher präsentieren. Der Bogen spannt sich von der Saunaanlage untergebracht in Privathäusern, traditionellen Schwimmbädern, über Jugendstilprachtbauten bis hin zu Glaspalästen. Wohl dem, der eine Reise tut, und sich die Zeit nimmt, auch die Architektur zu genießen. Die auf diesen Seiten gezeigten Bilder sind aus unterschiedlichen Regionen unseres Saunaführers zusammengestellt und sollen Ihnen einfach Lust machen, die einzelnen Berichte auch unter dem Aspekt der Architektur zu lesen.

Euskirchen, Thermen & Badewelt

Filderstadt, Filderado

Konstanz, Bodensee-Therme

Bad Rothenfelde, Carpesol SPA Therme

Saunagebäude
Eine Außenansicht

Da hat sich eine ganz neue Architektur entwickelt: Im Schwarzwaldhaus-Stil, mit Grasdächern bewachsene Erdsaunen, Gebäuden, die verglast oder mit Titanzink verkleidet sind oder die inmitten eines Sees stehen, in Gewölbeform gemauerte Lehmsaunen oder die mobilen Saunen, in Form von Fässern.

Durchblättern Sie unsere Saunaführer, Sie werden Saunagebäude finden, bei denen sich die Reise schon wegen der abwechslungsreichen Bauwerke lohnt. Doch egal, wie schön die Gebäude auch sind, auf das Innere kommt es an: auf einen guten Saunaofen und ein top Saunaklima–eben auf alles, was einen erholsamen Saunagang ausmacht.

Biberach, Therme Jordanbach

Wedel, Badebucht

Berlin, Liquidrom

Bad Karlshafen, Weser-Therme

Voorst, Therme Bussloo

Saunagebäude
Eine Innenansicht

Lüneburg, SaLü

Lange vorbei sind die Zeiten der mit Fichtenholz „verbretterten" Schwitzkabinen. Am häufigsten wird natürlich Holz verwendet, von rustikalen Brettern, edlen Massivhölzern, furnierten Paneelen bis hin zu massiven Blockbohlen, zunehmend aus edlem Kelo-Holz. Mitunter wird das Holz mit Natursteinen, Ziegeln aus Himalaya-Salz oder farbig verputzen Wänden kombiniert. Auch die Saunaöfen entpuppen sich als wahre Augenweiden. Sehr positiv zu bewerten ist auch, dass es immer häufiger freie Sicht nach außen in den schönen Außenbereich, gibt je nach Gegend auf einen Fluss, Berge, einen See oder sonst wo hin. Sie haben die Qual der Wahl: meditative Musik, Farblicht-Therapie, ein Aquarium oder einen Fernseher in der Sauna, oder aber einfach nur: Ruhe–auch die hat ihren Reiz.

Bad Salzuflen, VitaSol

Göhren, SpaWorld Fleesensee

Neuss, WELLNEUSS

Kempten, CamboMare

Titisee Neustadt, Badeparadies

Bad Karlshafen, Weser-Therme

Sinsheim, Badeparadies

Der Außenbereich
Wellness im Freien

Bad Wörishofen, THERME

Neusäß, Titania

Erfreulicherweise wird der Gestaltung und Nutzungsvielfalt der Außenbereiche immer mehr Raum und Liebe zum Detail gewidmet. Nach einem Saunagang ist zunächst einmal frische Luft angesagt–unter Saunagängern eine Binsenweisheit. Dazu reicht natürlich ein kleiner Bereich, sei es eine Terrasse oder ein ebenerdiger Frischluftbereich. Oft ist es baulich bedingt einfach nicht möglich, den Gästen einen großzügigen Saunagarten zu bieten. Insbesondere für die Freunde des Saunierens im Sommer ist der Saunagarten ein wichtiger und wohltuender Aufenthaltsort. Saunieren im Sommer, hierfür möchten wir in diesem Buch gleich mehrere Lanzen brechen und Ihnen dieses besondere Erlebnis ans Herz legen. Lassen Sie sich von den hier gezeigten Beispielen und den Berichten im Buch für den Sommer inspirieren.

Hagen, Westfalenbad

Dülmen, DIE SAUNA INSEL

Fulda, Sieben Welten Therme

Bad Frankenhausen, Kyffhäuser-Therme

Erding, Therme Erding

Arnsberg, Nass

Wasserwelten
Wohltuendes Abkühlen nach der Sauna

Die Geister scheiden sich bei diesem Thema nicht, denn klar ist, dass die Kombination heiße Sauna und kaltes Wasser einfach für »alles« gut ist: das Immunsystem, Herz-Kreislauf-System, Gefäße etc. Wohl aber trennen sich an dieser Stelle die Wege so mancher Saunabesucher. **Wichtig ist:** Achten Sie auf Ihr persönliches Wohlbefinden, insbesondere, wenn Sie mit dem Kreislauf Probleme haben.

Die Möglichkeiten zum Abkühlen sind heute oft sehr vielfältig: verschiedenste Formen von Duschen, Tauchbecken, Bottichen, Eimerduschen oder Eis finden Sie für Ihre persönliche Wohlfühlanwendung. Oft schließen sich an den Saunabereich auch ganze Thermenlandschaften an, in welchen Sie nach dem Saunieren entspannen können.

Voorst, Thermen Bussloo

Berlin, Liquidrom

Bergisch-Gladbach, Mediterana

Bad Ems, Emser Therme

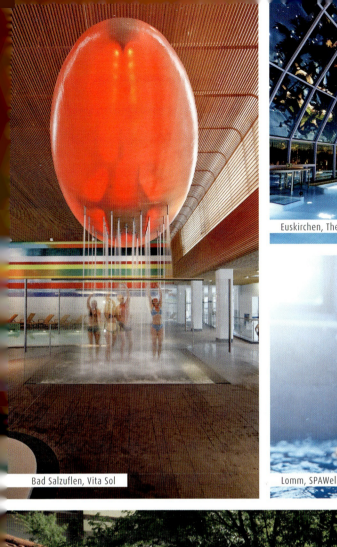
Bad Salzuflen, Vita Sol

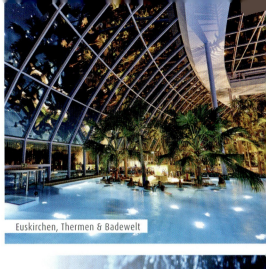
Euskirchen, Thermen & Badewelt

Lomm, SPAWellness

Waging am See, Wellness Garten

Die Aufgüsse
Von traditionell bis exotisch–Für jeden etwas dabei

Karlsruhe, Europabad

Wenn Sie sich in einer für Sie neuen Anlage orientieren möchten, wo denn die Aufgusssaunen sind, so folgen Sie jeweils kurz vor der halben bzw. der vollen Stunde den Menschenmassen, sie pilgern garantiert in einen Aufguss.

Gute Aufgießer/innen sind die neuen Götter der Saunafreunde. Sie zelebrieren den Aufguss variantenreich, die eingesetzten Hilfsmittel sind grenzenlos: Handtuch, Fahne und Fächer gehören schon häufig zum Standard.

Hochwertige Aromen erfüllen die Saunakabine und machen Freude. Auch der Standardaufguss–dreimal aufgießen mit Wedeln und Abschlagen–bereitet schon viel Vergnügen. Wenn Sie die Möglichkeit haben, einem Klangschalenaufguss oder einer Wenik-Zeremonie beizuwohnen, sollten Sie dies tun, es sind Erlebnisse der besonderen Art.

Düsseldorf, Suomi-Sauna im Familienbad Niederheid

Bad Dürrheim, solemar

Bad Endbach, Lahn-Dill-Therme

Potsdam, Kiezbad am Stern

Schluchsee, Day Spa Hotel Vier Jahreszeiten

Waldbronn, Albtherme

Die Anwendungen
Von Massagen über Packungen bis hin zum türkischen Hamam

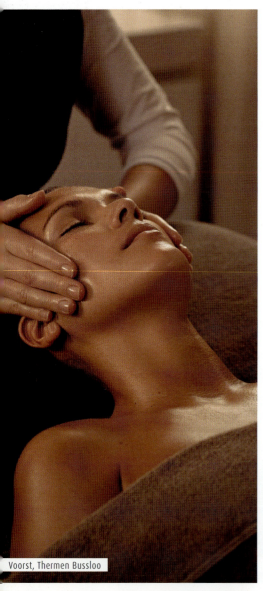
Voorst, Thermen Bussloo

Es wäre ein neues Buch, die angebotenen Anwendungen zu beschreiben. Lassen Sie sich von den Bildern inspirieren und probieren Sie es aus. Sie alle zu nennen, wäre in der Tat unmöglich.

Die Bandbreite geht von allerlei Massagen- klassische Ganzkörpermassagen, die berühmte Klangschalenmassage, die Hot-Stone-Massage- bis hin zu unterschiedlichen Packungen. Wohltuend warme Schokoladen-Packungen sind genauso empfehlenswert wie Packungen beispielsweise mit Aroma-Öl oder Ähnlichem. Fans von Fangopackungen kommen ebenfalls auf Ihre Kosten. Eine Reise in den Orient verspricht das türkische Hamam. Die Liste könnte nun noch viel, viel weiter führen. Ayurveda könnte man noch erwähnen oder auch die verschiedenen Peelings. Aber entdecken Sie am besten selbst für sich Ihre persönliche Lieblings-Anwendung.

Born, Thermen Born

Korschenbroich, Asia Therme

Hamm, Maximare

Lomm, SPAWellness

Oer-Erkenschwick, maritimo

Bad Pyrmont, Huferland Therme

34 Parksauna Ahlen

AHLEN
GUTSCHEINHEFT S. 3

Dolberger Straße 66, 59229 Ahlen
02382 788-249 | www.ahlener-baeder.de

GEBOTEN WIRD:

DAS RESÜMEE	Das Parkbad mit Parksauna ist zentral in Ahlen und dennoch wunderschön im Berliner Park gelegen. 2013 hat das Parkbad für Schwimmgäste seine Pforten geöffnet.
	Das Saunadorf der Parksauna bestand schon vorher, ist aber um die innenliegende Saunalandschaft, einen weiteren Duschbereich, einer neuen Aufgusssauna und ein neues Ruhehaus erweitert worden. Sportiv und gesund geht es im 25 m langen, 28 °C warmen Schwimmbecken mit Startblöcken zu. Ein separates Lehrschwimmbecken ist ebenfalls mit 28 °C beheizt. Das Parkbad-Bistro lädt auch Gäste ein, die nicht schwimmen oder saunieren gehen.
DER SAUNABEREICH	Die helle und freundliche Saunalandschaft im Inneren gibt sich modern wie stilvoll und erstreckt sich über rund 300 qm. Sie ist farblich in anthrazit und rot gestaltet. Dank der riesigen Fensterfront, ist der Innenbereich lichtdurchflutet und gleichzeitig haben die Gäste einen herrlichen Ausblick in den gut 3.000 qm großen Saunagarten mit zentralem Naturteich und anschließendem Saunadorf.
DER EMPFANG	Vom Empfang aus geht es über ein Drehkreuz zu den Umkleiden.
DIE ÖFFNUNGSZEITEN	Montag 9:00–22:00 Uhr (9:00–14:00 Uhr ist Damensauna, außer an Feiertagen)	Dienstag bis Samstag 10:00–22:00 Uhr	Sonn- und Feiertag 10:00–20:00 Uhr
DIE PREISE	Tageskarte Montag und Mittwoch 15,00 Euro	Tageskarte Dienstag und Donnerstag 18,00 Euro	Tageskarte Freitag bis Sonntag, Feiertag 19,00 Euro	Einzelkarte Abendtarif ab 18:00 Uhr (Montag bis Freitag) 15,00 Euro

Parksauna Ahlen

Dolberger Straße 66, 59229 Ahlen
02382 788-249 | www.ahlener-baeder.de

UMKLEIDEN | DUSCHEN

Das Umkleiden erfolgt in separaten Sammelkabinen. Die Vorreinigung wird getrennt geschlechtlich vorgenommen.

DIE SAUNEN
INNENBEREICH:

Im Innenbereich erwarten die Gäste eine milde Aromasauna und die Salzgrotte. Eher heiß geht es in den im Saunagarten untergebrachten Saunakabinen zu. Hier haben Sie die Auswahl zwischen vier rustikalen Saunen mit Temperaturen von 85-110 °C.

DIE AROMA-SAUNA
60 °C

Milde 60 °C liegen in der wohltuend aromatisierten, feuchten Saunakabine, so dass sich rund 15 Gäste behaglich niederlassen können. Auf dem seitlichen Saunaofen liegen Rosenquarze. Die dezente Hintergrundmusik sowie die ruhige Beleuchtung, tragen ungemein zur Entspannung bei. Ein großes Panoramafenster ermöglicht den Ausblick in den herrlichen Saunagarten.

DIE FINNISCHE SAUNA
95 °C

Bei 95 °C und einem angenehmen feuchten Klima kommen gut 20 Personen ordentlich ins Schwitzen. Die Kabine selbst ist in einem massiven Blockhaus aus Blockbohle mit begrüntem Dach und Vorraum untergebracht. Dezentes Licht fällt auf den seitlich gemauerten Saunaofen.

DIE MAA-SAUNA
110 °C

Lassen sie sich nicht von der hohen Temperatur um die 110 °C abhalten, in diese urige, bewusst dunkel gehaltene Erdsauna zu gehen. Massive Rundstämme prägen die tief in die Erde eingelassene Sauna. Im Inneren ist es wohlig warm und es herrscht ein sehr erdiges wie natürliches Klima. Gut 12 Gäste können sich zudem an dem knisternden stirnseitigen Kaminfeuer erfreuen.

DIE KELO-SAUNA
85-90 °C

Das rustikale wie einladende Interieur der 85-90 °C heißen Kelosauna mit Vorraum wird mit dezenter Entspannungsmusik bespielt. In dem aus schönen Steinen gemauerten, großen Saunaofen lodert ein Kaminfeuer. Fenster gewähren den Ausblick in den Saunagarten. Die Kelosauna wird von einem Blockhaus aus massiven Rundstämmen beherbergt.

36 Parksauna Ahlen
AHLEN
Dolberger Straße 66, 59229 Ahlen
02382 788-249 | www.ahlener-baeder.de

EVENT- UND AUFGUSS-SAUNA 90 °C

Die Parksauna hat seit neustem eine große Aufgusssauna. Mit bis zu 60 Personen können Sie hier stündlich neue Eventaufgüsse genießen. Die Sauna wird auf bis zu 90 °C für sie eingeheizt. Genießen Sie die Aufgüsse und den Blick in die Garten- und Teichlandschaft. Zu bestimmten Zeiten wird mit Licht und Sound ein ganz besonderes Erlebnis geschaffen.

DIE SALZGROTTE 22-25 °C

Unter dem farbwechselnden Sternenhimmel können es sich rund 12 Personen auf Liegestühlen mit Decken so richtig bequem machen. Stirnseitig plätschert angenehm Wasser im Gradierwerk. Die vernebelte Sole verspricht eine inhalative Wirkung in der mit 22-25 °C erwärmten Salzgrotte. Die empfohlene Aufenthaltsdauer beträgt 30 Minuten. Attraktive Salzziegelwände zieren die Wände der Kabine und auch des Vorraums. Im Vorraum können sich die Saunagäste an einem kostenlosen Wasserspender mit vorzüglichem, energetisierten Trinkwasser versorgen.

DAS ABKÜHLEN

Im Vorraum zur Aromasauna kann sich an zwei Warm-Kalt-Brausen erfrischt werden. Vier zentral im Innenbereich gelegene Fußwärmebecken, an einer mit rötlich gefliesten Mosaiksteinchen versehenen Sitzbank, sind eine Wohltat für Ihre Füße. Nach erfolgtem Saunabad im Saunagarten, verheißen drei Duschpavillons mit Kneipp-Schläuchen, Regendruck- wie Schwallbrausen, Kaltduschen sowie eine Kübeldusche eine ordentliche Abkühlung. Abgerundet wird dieser Bereich durch ein Außen-Tauchbecken

DIE AUSSENANLAGE

Allein der große Naturteich mit Wasserpflanzen und quakenden Fröschen–der zentrale Blickfang im Saunagarten–erstreckt sich über rund 1.000 qm. Mittig auf dem Teich wird ab und zu eine riesige Wasserfontäne zugeschaltet, deren Plätschern wohltuend im gesamten Garten zu vernehmen ist. Ein abends toll illuminierter Rundweg ist mit verschiedenen Elementen zur Anregung der Füße ausgestattet und führt um den gesamten Teich. Auf der einen Seite des Teichs schließt sich eine großzügige Liegewiese mit Feuerstelle, bequemen Liegen und kleinen Rückzugsorten an. Auf der anderen Seite befindet sich das Saunadorf mit Ruhehaus. Der natürlich gewachsene Baumbestand sowie viele schöne Bepflanzungen, machen den Saunagarten zu einer grünen Wohlfühloase. Vielfältige Steinformationen lockern die Atmosphäre auf. In den Gartenbereich sind Kunstwerke des Münsterländer Künstlers Heinz Christ sehr harmonisch integriert. Schauen Sie sich diese bei einem gemütlichen Spaziergang ganz in Ruhe einmal an.

Parksauna Ahlen

📍 Dolberger Straße 66, 59229 Ahlen
☎ 02382 788-249 | 🌐 www.ahlener-baeder.de

RUHEMÖGLICHKEITEN

Hier ist für jeden etwas dabei! Zahlreiche Liegestühle mit Decken an der Fensterfront im Innenbereich, laden ebenso zum behaglichen Verweilen mit Blick auf den Naturteich ein wie die Sonnenterrasse im Saunagarten. Hier finden sich die kommunikationsfreudigen Gäste ein. Wer es etwas ruhiger möchte, dem steht das neue Ruhehaus direkt am Teich zur Verfügung. In dieser modern gestalteten Oase der Ruhe finden die Gäste bei Kaminfeuer nochmals 22 Liegeplätze vor. Wer die absolute Ruhe sucht, sollte das großzügige Ruhehaus aus Blockbohle mit begrüntem Dach im Saunagarten, versprüht ein angenehmes Holzflair. Von vier Betten mit Decken und Kopfkissen sowie bequemen Liegestühlen mit Nackenrollen und Decken, kann der Saunagast seinen Blick in den Saunagarten schweifen lassen.

MASSAGEN

Lassen Sie sich mit Teil- und Ganzkörpermassagen oder auch mit Aromamassage und Thaimassage verwöhnen.

EVENTS

Monatlich werden lange Saunanächte mit Öffnungszeiten bis 24:00 Uhr zu einem bestimmten Motto mit besonderen Aufgüssen angeboten. Informieren Sie sich im Internet oder im Bad über die genauen Termine.

GASTRONOMIE

Die Parkbad-Lounge zeigt sich in modernem wie stilvollem Gewand und bietet einen herrlichen Einblick in den Saunagarten. Während Sie entlang der geschwungenen Holztheke auf behaglichen Ledersesseln verweilen, können Sie Fingerfood, Suppen, Baguettes, Salate, Meeresfrüchte, Potatoes sowie Fleischgerichte verspeisen. Auf der umfangreichen Getränkekarte sollte für jeden etwas dabei sein, um den Durst zu löschen.

ZAHLUNGSVERKEHR

Alle in Anspruch genommenen Leistungen werden sofort in bar beglichen. Der Eintritt kann zudem mit EC-Karte bezahlt werden.

PARKMÖGLICHKEITEN

Unmittelbar an der Anlage stehen ausreichend kostenlose Parkmöglichkeiten zur Verfügung. Wohnmobilstellplätze sind mit Stromanschluss versehen.

38

ARNSBERG

GUTSCHEINHEFT S. 3

Nass: Die Sauna ›RAUS AUS DEM ALLTAG... REIN INS NASS...‹

Am Solepark 15, 59759 Arnsberg
02932 47573-0 | info@nass-arnsberg.de | www.nass-arnsberg.de

GEBOTEN WIRD:

DAS RESÜMEE — „Raus aus dem Alltag... Rein ins Nass...". Unter diesem Motto eröffnete im Jahr 2004 das NASS mit 10 verschiedenen Sauna- und Dampfbadangeboten. Bereits 2009 wurde die Anlage erweitert und auf nun mehr über 7.000 qm vergrößert. 2012 wurde die Sauna dann vom Deutschen Sauna-Bund e.V. mit dem höchsten Gütesiegel „Sauna Premium" ausgezeichnet. Dieses Siegel garantiert einen hygienisch einwandfreien Betrieb mit fachkundigen Mitarbeitern. Außerdem findet Ihre Entspannung hier auf einem hohen und gesundheitsorientierten Level statt.

DIE ÖFFNUNGSZEITEN — Täglich von 10:00-23:00 Uhr | samstags, sonntags und feiertags von 9:00-23:00 Uhr. Dienstags und donnerstags ist ein kleiner Saunabereich mit dem Spektralbad, der Kräutersauna und dem Dampfbad der Sinne ausschließlich für Damen reserviert.

DIE PREISE — 4-Stunden Tarif: Erwachsene 18,50 Euro, Kinder 11,50 Euro | Tageskarte: Erwachsene 20,50 Euro, Kinder 12,50 Euro | Von Montag bis Freitag gibt es eine Ermäßigung von 0,50 Euro.

UMKLEIDEN | DUSCHEN — Die Umkleiden sind für Damen und Herren getrennt und verfügen neben zahlreichen großen Schränken auch über Föne und geräumige Duschen. Zusätzlich gibt es auch einen gemischten Umkleidebereich für Paare. Vor den Umkleiden befinden sich überwachte Wertfächer. Direkt nach den Umkleiden finden Sie nützliche Informationen wie einen Lage- und Aufgussplan, die Übersicht über Wellnessangebote und spezielle Aktionen.

DIE SAUNEN — Im Saunagarten befinden sich 4 original finnische Kelo Blockhäuser, wovon 3 als Saunen und eins als Salzhaus genutzt wird. Hier finden Sie die Maa®-, See- und Waldsauna.

Nass: Die Sauna »RAUS AUS DEM ALLTAG... REIN INS NASS...«

📍 Am Solepark 15, 59759 Arnsberg
📞 02932 47573-0 | ✉ info@nass-arnsberg.de | 🌐 www.nass-arnsberg.de

ARNSBERG

Der Innenbereich umfasst 3 weitere Saunen wie die Klangsauna, die Aufguss Sauna und das Kristallbad. Zusätzlich finden Sie hier noch das Natürliche Dampfbad. Ein separater Bereich, der z. B. für die Damensauna abgetrennt werden kann, umfasst neben Dusche und Ruheraum auch die Kräutersauna, das Spektralbad und das Dampfbad der Sinne.

Die Waldsauna ist Haupt-Aufguss Sauna und verdankt ihren Namen der unmittelbaren Nähe zum angrenzendem Naturpark „Arnsberger Wald". Bei 100 °C können Sie auf drei Bankreihen zusammen mit 60 Personen das vielfältige und fachmännisch durchgeführte Aufgussprogramm genießen.

DIE WALDSAUNA
100 °C

Mit ca. 110 °C ist die Maa® Sauna die Heißeste in der Anlage. Rechts und links neben dem Eingang befinden sich zwei Bankreihen, auf denen wunderbar 15 Personen entspannen und das prasselnde Kaminfeuer an der Stirnseite genießen können. Trotz Temperaturen bis 110 °C ist das Saunaklima überraschend angenehm und mild. Durch das Kaminfeuer und das warme indirekte Licht entsteht eine unnachahmliche Saunastimmung. Nicht ohne Grund ist die Maa® Sauna eine der Beliebtesten. Zwar stammt sie von einer äußerst einfachen Urform der finnischen Sauna ab, garantiert aber jedem Saunafan höchsten Komfort in uriger Atmosphäre.

MAA® SAUNA
110 °C

Bei 85 °C können Sie auf einem der 20 vorhandenen Sitzplätze die volle Schönheit der Natur genießen. Die urig gestaltete Sauna gibt einen herrlichen Ausblick auf den kleinen, angelegten Sauna See mit seinen zahlreichen Bewohnern und den angrenzenden Saunagarten preis.

DIE SEE SAUNA
85 °C

Gestaltet im Stil einer Sauerländer Gebirgshütte, offenbart sie durch die hinterleuchteten Panoramafenster einen wunderschönen Blick über das Sauerland. Bei angenehmen 85 °C schwitzen Sie mit 40 Personen ganz entspannt bei einem der Aufgüsse oder einfach zwischendurch. Aus ökologischen Gesichtspunkten wurde für den Innenausbau das Holz eines ehemaligen Österreichischen Chalets verwendet. Die Bearbeitungs- und Gebrauchsspuren sowie die natürliche Witterung schaffen diese einzigartigen, originalen Oberflächen. In dieser Sauna bekommt das Holz sein zweites Leben und harmoniert besonders gut mit dem Boden in Schieferoptik.

DIE AUFGUSS SAUNA
85 °C

Nass: Die Sauna »RAUS AUS DEM ALLTAG... REIN INS NASS...«

📍 Am Solepark 15, 59759 Arnsberg
📞 02932 47573-0 | ✉ info@nass-arnsberg.de | 🌐 www.nass-arnsberg.de

DIE KLANGSAUNA
80 °C

Die Klangsauna bietet Entspannung pur! Genießen Sie die mit 80 °C beheizte und 20 Sitzplätzen große Sauna und lassen Sie sich von den sanften Klängen und dem verführerisch verdampfenden Rosenöl in eine ferne Welt entführen. Die sanfte Hintergrundmusik besteht aus speziellen Kompositionen im Ruhepulsrhythmus (Puls Takt 60).

DIE KRÄUTERSAUNA
75 °C

In der 75 °C warmen Kräutersauna genießen bis zu 15 Personen den unbeschreiblichen Duft der Natur. Über dem Ofen befindet sich eine große Kupferschale, aus der ätherische Kräuteröle verdampfen. Zusätzlich befinden sich in der Sauna zahlreiche Kräuterbündel und Kräutersäckchen, die das Erlebnis „Natur" abrunden.

DAS KRISTALLBAD
60 °C

Das Kristallbad bietet gemäßigte 60 °C für ca. 20 Personen. Zahlreiche in der Sauna angeordnete Kristalle verströmen positive Energie und lösen psychische Blockaden. Vom Ofen steigen angenehme Düfte auf und erhöhen somit die Luftfeuchtigkeit auf ca. 20 Prozent, was zu einem angenehm sanften Schwitzerlebnis führt.

DAS SPEKTRALBAD
65 °C

Das 65 °C warme Spektralbad sorgt mit seinem Farbspiel für angenehme Entspannung, Glücksgefühle und gute Laune. Die verschiedenen Spektralfarben sprechen unterschiedliche Stimmungen an und verstärken zusätzlich zu den hochwertigen Aromen, die vom Ofen her aufsteigen, das Entspannungsvergnügen.

DAS NATÜRLICHE DAMPFBAD
45 °C

Das Natürliche Dampfbad entstammt ganz dem Vorbild der Natur. Hochwertige Keramiken aus Italien und Deutschland bilden einen echten Blickfang und erinnern an eine urige Holzhütte. Bei belebendem Farbspiel, Klängen und Düften wie frisch aus der Natur relaxen Sie mit 12 Personen auf bequem gestalteten Sitzbänken. Bei ca. 45 °C und nahezu 100% Luftfeuchtigkeit haben Sie außerdem mehrmals täglich die Möglichkeit erlesene Peelings aus ausgewählten Zutaten zu genießen. Die genauen Zeiten hierfür entnehmen Sie bitte dem Aushang.

Nass: Die Sauna »RAUS AUS DEM ALLTAG... REIN INS NASS...«

Am Solepark 15, 59759 Arnsberg
02932 47573-0 | info@nass-arnsberg.de | www.nass-arnsberg.de

ARNSBERG

Im Dampfbad der Sinne finden Sie anregend wechselnde Farben gepaart mit entspannten Klängen, die diesem Raum ein sinnliches Flair verleihen. Bei ca. 45 °C „dampfen" Sie mit bis zu 10 Personen bequem auf Sitzbänken, die mit edlem italienischem Glasmosaik belegt wurden. Sinnliche Düfte, die dem Dampf beigemischt werden runden das Wohlfühlangebot ab.

DAS DAMPFBAD DER SINNE
45 °C

Die Aufgüsse finden immer zur vollen Stunde statt und reichen von gesundheitsfördernden Entspannungsaufgüssen über Aufgüsse mit speziellem Peeling bis hin zu heißen ausgefallenen Aufgüssen. Zu vielen Aufgüssen wird Ihnen eine kleine Beigabe als Abrundung gereicht. An Saunanächten werden spezielle thematisierte Eventaufgüsse mit verschiedenen Licht-, Musik- und Wedeltechniken dargeboten. Bei diesem abwechslungsreichen Programm ist für jeden das richtige dabei. Lassen Sie sich verzaubern!

DIE AUFGÜSSE

Der Kaltbereich im Herzen der Saunalandschaft ist ausgestattet mit Schwalldusche, Regendusche, Körperdusche und einer Kalt-Warmdusche. Natürlich hat die Sauna für Hartgesottene auch einen Kübel, der sich mit eiskaltem Wasser über Sie ergießt. Der klassische Kneippschlauch zur schonenden Abkühlung ist ebenfalls vorhanden. Am Kaltbereich angrenzend befinden sich ein großes Tauchbecken und ein mit frischem Crushed Ice gefüllter Brunnen. Weitere Abkühlmöglichkeiten finden Sie selbstverständlich auch im Außenbereich.

DAS ABKÜHLEN

42 ARNSBERG

Nass: Die Sauna »RAUS AUS DEM ALLTAG... REIN INS NASS...«

Am Solepark 15, 59759 Arnsberg
02932 47573-0 | info@nass-arnsberg.de | www.nass-arnsberg.de

DIE AUSSENANLAGE

Der fast 6.000 qm großzügig angelegte Sauna-Garten wird begrenzt von hohen Eichen, welche sich ca. 80 Jahre lang entfalten und ein einzigartiges Ambiente schaffen konnten. Hier finden Sie die Maa®-, See- und Waldsauna, sowie das Salz- und Ruhehaus. Ein kleiner Bachlauf mit Brücke und angelegtem Kräutergarten vervollständigen das Naturerlebnis. Im Sommer bieten kleinere und größer gestaltete Liegewiesen mit zahlreichen Sonnenliegen einen angenehmen Platz zum Verweilen. Im Winter führen Sie beheizte Gehwege sicher durch die Außenanlage. Entlang dieser verschlungenen Wege finden Sie auch einen Whirlpool, Außenbecken, Solebecken und ein Gradierwerk.

DAS GRADIERWERK

Das Gradierwerk ist mit original „Arnsberger Thermalsole" gefüllt, welche aus einer 600 Meter tiefen Solequelle unweit des NASS stammt. Genießen Sie die „frische Meeresbrise" und gehen Sie ein wenig am 30 Meter langen Gradierwerk auf und ab, oder verweilen Sie ein wenig auf ergonomisch geformten Relaxbänken.

DAS SALZHAUS

Das rustikale Salzhaus mit hinterleuchteter Salzwand und loser Salzschüttung auf dem Boden lädt Sie nicht nur bei schlechtem Wetter zu einer kleinen Ruhepause ein. Per Knopfdruck lässt sich zusätzlich mit Salz angereicherte Luft in den Raum einsprühen und macht die Pause zu einem kleinen Ausflug ans Meer.

WHIRLPOOL, SOLE- UND SCHWIMMBECKEN

Die Sauna verfügt über einen 36 °C warmen Hot-Whirlpool im Stil eines rustikalen Holzzubers. Des Weiteren finden Sie in der Nähe des Gradierwerkes ein 32 °C warmes Solebecken mit Sprudelliegen und herrlichem Ausblick auf den Saunagarten. Wer es etwas kühler möchte dreht ein paar Runden im 27 °C warmen Außenbecken.

RUHEMÖGLICHKEITEN

Neben dem Salzhaus und dem rustikalen Ruhehaus mit Kamin im Saunagarten erwarten Sie zwei weitere Ruheräume mit bequemen Relaxliegen und z.T. auch Wasserbetten im Innenbereich. Zwei kommunikative Bereiche, einer davon mit

Nass: Die Sauna »RAUS AUS DEM ALLTAG... REIN INS NASS...«

Am Solepark 15, 59759 Arnsberg
02932 47573-0 | info@nass-arnsberg.de | www.nass-arnsberg.de

ARNSBERG

stylischem Pyramidenkamin laden ebenfalls zu kurzen Verschnaufpausen ein. Im Sommer stehen zusätzlich zahlreiche Sonnenliegen und kleine Relaxinseln im Saunagarten zur Verfügung.

Das Restaurant mit über 70 Sitzplätzen bietet eine große Auswahl an frischen Salaten, leichten Fisch- und leckeren Nudelgerichten sowie Steaks vom Grill. Auch Freunde der deftigen Küche kommen hier auf Ihre Kosten. Eine vitaminreiche Auswahl an Getränken, sowie Sauerländer Bierspezialitäten runden das Angebot ab.

GASTRONOMIE

Mit WellNASS, der Wellness & Beautylinie des Freizeitbad NASS hilft Ihnen das Personal dabei Stress abzubauen und neue Energie zu tanken. Neben klassischen- und Wellnessmassagen werden Ihnen zahlreiche Spezialbehandlungen, Packungen und Peelings geboten. Fußpflege und Kosmetik für Sie und Ihn dürfen dabei natürlich nicht fehlen. Um einen Termin zu bekommen, melden Sie sich einfach vor Ort, oder sicherer noch ein wenig im Voraus telefonisch im NASS an.

MASSAGEN | WOHLFÜHLANGEBOTE

In unregelmäßigen Abständen finden spezielle themenbezogene Events und Sauna-Nächte statt. Außerdem wechseln monatlich einige Aufgüsse Ihr Thema. Aktuelle Informationen finden Sie im Internet unter www.nass-arnsberg.de .

EVENTS

Über den Chip am Armband ist eine bargeldlose Bezahlung innerhalb der Sauna gewährleistet. Die Zahlung des Eintrittspreises erfolgt zusammen mit dem Verzehr und Getränken im Nachhinein an der Kasse.

ZAHLUNGSVERKEHR

Von der A 46 nehmen Sie die Abfahrt Hüsten und folgen Sie der Ausschilderung Richtung Nass / Solepark. Sollte Ihr Navigationsgerät die Adresse nicht finden, geben Sie bitte „Klosfuhr in 59759 Arnsberg" ein. Vor der Tür können Sie bequem auf einen von über 450 kostenlosen Parkplätzen Ihr Auto abstellen.

PARKMÖGLICHKEITEN

44
ARNSBERG
GUTSCHEINHEFT S. 3

DoriVita »SPORT & WELLNESS«
DoriVita im Dorint Hotel & Sportresort, Zu den drei Bänken, 59757 Arnsberg
02932 200-820 | www.dorint.com/de/dorivita-fitnessclub

GEBOTEN WIRD:

| DAS RESÜMEE | Das »DoriVita« mit 1.600 qm Sport- und Wellnessfläche liegt eingebettet im Hause des »Dorint Hotel & Sportresort«-im Arnsberger Wald, am Rande des Sauerlandes und in einem der größten Waldgebiete Deutschlands. |

DER SAUNABEREICH — In dem etwa 700 qm großen Saunabereich genießen Sie in angenehmem Ambiente Entspannung in drei Saunen und zwei Infrarotkabinen.

DER EMPFANG — Am Check-In zahlen Sie den Eintritt und erhalten den Schlüssel für Ihren Umkleideschrank. Handtücher können gegen Gebühr ausgeliehen werden.

DIE ÖFFNUNGSZEITEN — Montag bis Freitag von 9:00–22:30 Uhr | Samstag von 10:00–20:30 Uhr | Sonntag von 10:00–20:30 Uhr | Feiertags von 10:00–21:00 Uhr bis auf wenige Ausnahmen.

DIE PREISE — Tageskarte inklusive Badelandschaft: gültig zu allen Öffnungszeiten 15,50 Euro

DoriVita »SPORT & WELLNESS«
DoriVita im Dorint Hotel & Sportresort, Zu den drei Bänken, 59757 Arnsberg
02932 200-820 | www.dorint.com/de/dorivita-fitnessclub

45
ARNSBERG

Die Umkleiden und Duschen sind für Damen und Herren getrennt.	UMKLEIDEN | DUSCHEN
Da sich der Sauna-Ofen in dem 95 °C warmen Raum unter den Sitzbänken befindet, wird über einen Trichter neben der Tür stündlich zur halben Stunde aufgegossen. 20 Gäste können sich hier gleichzeitig aufhalten.	**DIE SAUNEN** INNENBEREICH: DIE FINNISCHE SAUNA
Milde 65 °C herrschen in dieser Bio-Sauna, die für 25 Personen Platz bietet. Das wechselnde Farb-licht und ein Aquaviva-Element wirken beruhigend und stimmungsaufhellend.	DIE ERLEBNIS-SAUNA 65 °C
In der 80 °C warmen »Vier Jahreszeiten Sauna« für zehn Badende beeinflussen natürliche Düfte, die in einer Schale über dem Ofen langsam verdampfen, Ihr Wohlbefinden positiv und entführen Sie in die verschiedenen Duftjahreszeiten (Frühling: Orange, Sommer: Maracuja, Herbst: Latschenkiefer, Winter: Eukalyptus).	AUSSENBEREICH: DIE BLOCKHAUS-SAUNA 80 °C
Sie kühlen sich nach Ihrem Saunagang unter der Kalt-, Regen- oder Schwalldusche, mit dem Kneippschlauch oder in der Grottendusche ab. In der Badelandschaft befinden sich zwei weitere Erlebnisduschen.	DAS ABKÜHLEN
Für ein kalt-warmes Fußbad stehen vier Porzellanbecken bereit.	DAS KNEIPPEN
Von der 300 qm großen Außenterrasse haben Sie einen wunderschönen Blick in den Wald. Liegen und Bänke laden Sie zu einem Sonnenbad ein.	DIE AUSSENANLAGE
Die großzügig angelegte 500 qm große Badelandschaft verwöhnt Sie mit angenehmem, 29 °C warmem Wasser. Das 10 x 6 m große Becken verfügt über einen integrierten Whirlpool. Zu bestimmten Zeiten werden Wassergymnastik-Kurse angeboten.	DIE BADELANDSCHAFT
Erholung nach dem Saunagang bieten Ruheliegen und Sitzmöglichkeiten sowohl innen als auch außen. Weitere Liegen und Strandkörbe finden Sie in der Badelandschaft.	RUHEMÖGLICHKEITEN
Die »Beauty-Oase« bietet ein umfangreiches Angebot an Massagen zu unterschiedlichen Preisen. Ebenfalls gegen Gebühr können Sie einen Hydrojet und das Thermarium (Rotlichtbestrahlung) mit vier Liegeplätzen nutzen.	WELLNESS MASSAGEN | SOLARIEN
Leckere Snacks, leichte Gerichte und verschiedene Getränke hält das Bistro für Sie bereit.	GASTRONOMIE
Die von Ihnen in Anspruch genommenen Leistungen werden beim Verlassen des »DoriVita« gezahlt.	ZAHLUNGSVERKEHR
Direkt vor dem »Dorint Hotel & Sportresort« liegen die kostenfreien Parkplätze.	PARKMÖGLICHKEITEN

46
BAD BERLEBURG
GUTSCHEINHEFT S. 3

Rothaarbad »MEiNE STADT, MEiN BAD«
Am Sportfeld 3, 57319 Bad Berleburg
02751 7630 | www.rothaarbad.de

GEBOTEN WiRD:

DAS RESÜMEE — Erleben Sie schöne Stunden im modernen Schwimmbad, direkt am Rothaarsteig. Hier können Sie sportlich aktiv sein und im Sportbecken Ihre Bahnen ziehen oder sich durch die Teilnahme am Aquafitness-Kurs fit halten. Oder aber Sie entspannen sich im warmen Wasser des Variobecken. Das Sportbecken bietet neben der Gegenstromanlage auch Massagedüsen und einen großen Wasserspeier. Für die Kleinen gibt es ein eigenes Becken mit Schiffchenkanal und Bodensprudler.

Zur Entspannung und Stärkung des Immunsystems steht ein Familiendampfbad zur Verfügung. Im Freibad erwartet Sie ein Sprungturm mit 1, 3 und 5 Meter Sprungmöglichkeit sowie ein Wellenbecken mit stündlichem Wellenbetrieb. Außerdem steht eine Kletterwand für Spiel und Spaß zur Verfügung. Einem rundum gelungenen Tag steht also nichts mehr im Weg.

DER SAUNABEREICH — Im 450 qm großen Innenbereich, der durch seinen warmen Anstrich sofort gute Laune macht, können Sie eine Finnische Sauna mit stündlichen Aufgüssen, ein Tepidarium, eine Panorama-Blockhaussauna, ein Dampfbad sowie genügend Abkühl- und Ruhemöglichkeiten nutzen. In der familiären Atmosphäre werden Sie sofort willkommen geheißen!

DER EMPFANG — An der Kasse zahlen Sie den Eintritt und gelangen von dort zu den Umkleiden.

DIE ÖFFNUNGSZEITEN — Dienstag & Mittwoch von 14:00-21:00 Uhr | Donnerstag von 14:00-21:00 Uhr (Damensauna) | Freitag von 14:00-21:00 Uhr | Samstag von 9:00-21:00 Uhr | Sonn- und Feiertags 9:00-19:00 Uhr

Rothaarbad »MEINE STADT, MEIN BAD«

Am Sportfeld 3, 57319 Bad Berleburg
02751 7630 | www.rothaarbad.de

BAD BERLEBURG

Kinder (5-16 Jahre) 2,5 Stunden 7,50 Euro	4 Stunden 8,50 Euro	Tageskarte 9,50 Euro	Erwachsene 2,5 Stunden 11,50 Euro	4 Stunden 12,50 Euro	Tageskarte 13,50 Euro	Jeweils inklusive Frei- und Hallenbadnutzung. Die Ermäßigungen und Preise für Geldwertkarten entnehmen Sie bitte dem Aushang an der Kasse und dem Internet.	**DIE PREISE**
Bade- und Saunagäste teilen sich gemeinsam die Einzelumkleidekabinen. Durch das Hallenbad gehen Sie ein paar Stufen hoch zur Sauna-Landschaft. Die Reinigungsduschen werden von Damen und Herren gemeinsam genutzt. Der Saunabereich ist barrierearm ausgestattet.	**UMKLEIDEN	DUSCHEN**
In der finnischen Sauna finden die Saunagäste auf drei Ebenen Platz. Bei Temperaturen um die 90 °C werden automatische Saunaaufgüsse sowie besondere Aufgusszeremonien durch das Personal geboten. Darüber hinaus bildet die fin-nische Sauna ganzjährig das Kernstück für die regelmäßig stattfindenden Sauna-nächte und Saunaevents.	**DIE SAUNEN** DIE FINNISCHE SAUNA 90 °C
Wer schonender entspannen möchte, gönnt sich einen Besuch in der Bio-Sauna. Bei einer Raumtemperatur von etwa 60 °C werden bei relativ trockener Luft Kräuter oder ätherische Öle verdampft. So kann sich der Körper voll auf die heilende Wirkung der warmen Luft und der Düfte konzentrieren.	DAS TEPIDARIUM 60 °C
Die Panorama Blockhaussauna erweitert das Angebot der Rothaarsauna seit Mai 2016. In der großzügigen Außensauna mit drei Sitz- oder Liegeebenen können wechselnde Aufgüsse und Aufgusszeremonien erlebt werden. Die Sauna ist aus massiven finnischen Blockbohlen gefertigt, welche ein besonders angenehmes Raumklima entfalten. Über das Panoramafenster kann die Schönheit der Natur von Bad Berleburg genossen werden.	BLOCKHAUSSAUNA

Rothaarbad »MEiNE STADT, MEiN BAD«

BAD BERLEBURG
Am Sportfeld 3, 57319 Bad Berleburg
02751 7630 | www.rothaarbad.de

DAS DAMPFBAD 45 °C	Nebelschwaden steigen in dem 45 °C erwärmten, blau-weiß gefliesten Raum empor. Auf den beiden Bänken rechts und links neben der aromaspendenden Säule finden 10 Badende Platz.
DAS ABKÜHLEN	Im Zentrum der Sauna-Landschaft befindet sich der Abkühlbereich mit fünf Kalt-Warm-Duschen, einer Regen- und einer Kübeldusche mit Kneippschläuchen sowie einem beleuchteten Tauchbecken.
DAS KNEIPPEN	Für ein Wechselfußbad stehen vier Porzellanbecken mit Kneippschläuchen bereit.
DER AUSSENBEREICH	Die 150 qm große Sonnenterrasse bietet sichtgeschützt durch einen Holzzaun Liege- und Sitzmöglichkeiten. Hier genießen Sie einen schönen Blick auf das Freibad und den Wald. Zudem gibt es einen kleinen Freigang mit Überdachung, in dem Sie sich vor Regen und Schnee geschützt aufhalten können, und der als Raucherbereich nutzbar ist.
RUHEMÖGLICHKEITEN	Nach den Saunagängen relaxen Sie draußen auf der Sonnenterasse oder original Rothaarsteigliegen oder Sie lassen die Seele im neu gestalteten Ruheraum mit Waldatmosphäre baumeln.
SOLARIEN	Im Hallenbad gibt es zwei moderne Solarien, auf denen Sie sich beneidenswerte Bräune holen können, wenn die Sonne einmal nicht scheint. Außerdem können Sie auf einer attraktiven Massageliege für 2,00 Euro zehn Minuten lang entspannen und sich mit Musik vom Kopfhörer vom Alltag erholen.

Rothaarbad »MEiNE STADT, MEiN BAD«

Am Sportfeld 3, 57319 Bad Berleburg
02751 7630 | www.rothaarbad.de

BAD BERLEBURG

Außerhalb der Sommerferien ist jeden letzten Freitag im Monat die lange Sauna-Nacht bis 24:00 Uhr mit vielen Spezialaufgüssen, kulinarischen Köstlichkeiten und FKK-Schwimmen ab 22:00 Uhr. An jedem ersten Montag im Monat wird eine Textilsauna angeboten, bei der die Gäste den Saunabereich in Badebekleidung nutzen können. — EVENTS

Zur Erfrischung nach den Saunagängen serviert Ihnen das Aufgusspersonal gerne Kaltgetränke an der Bar im Saunabereich. — GASTRONOMIE

Die von Ihnen in Anspruch genommenen Leistungen werden auf Ihren Chip gebucht und sind erst beim Verlassen der Anlage zu begleichen. — ZAHLUNGSVERKEHR

Die kostenlosen Parkplätze liegen direkt vor dem »Rothaarbad«. — PARKMÖGLICHKEITEN

50 Westfalen-Therme »HEISS GENIESSEN UND VOLLKOMMEN ENTSPANNEN«

BAD LIPPSPRINGE
GUTSCHEINHEFT S. 3

📍 Westfalen-Therme GmbH & Co. KG, Schwimmbadstraße 14, 33175 Bad Lippspringe
☎ 05252 964-0 | 📠 05252 964-170 | 🌐 www.westfalen-therme.de

GEBOTEN WIRD:

DAS RESÜMEE
In der Aqua-Erlebniswelt der Westfalen-Therme erleben Sie je nach Bedürfnis eine aufregende oder erholsame Freizeit auf über 18.000 qm. Spannung und Nervenkitzel finden Sie garantiert in der subtropischen Badewelt mit einer rasanten Steilabfahrt von der 125 und 73 m langen Wasserrutsche, im Strömungskreisel, an der Wasserkanone sowie spritzigen Fontänen. Diverse Whirlpools und Sprudel- und Massagedüsen in den Becken sind eine Wohltat für den Körper. Im 25 m Sportbecken können Sie Ihre Bahnen ziehen. Kinder kommen im Abenteuer-Piratenland mit 6m großem Piratenabenteuerschiff, einer wasserspritzenden Affeninsel sowie einer riesigen Wasserkippermelone voll auf ihre Kosten. Ein besonderes Highlight ist der Giant Kipper, der bis 600 l Wasser als Splashfontäne über den Köpfen der Kinder zerbersten lässt. Das Sole SPA SALINARIUM mit Floatingbecken, Gradierwerk und einer Salzstollensauna sowie Massageliegen lädt zum verweilen ein.

DER SAUNABEREICH
Über drei Etagen, die durch einen Elefantenbaum miteinander verbunden werden, finden Sie eine Vielfalt an Angeboten, mit denen Sie Leib und Seele verwöhnen können. Der 900 qm große Innenbereich ist sowohl römisch-mediterran arrangiert als auch in der Asia-Lounge mit Ruhebereich asiatisch angehaucht. An diese beiden Bereiche schließt sich jeweils eine große Außenterrasse mit Außenbecken an. Der großzügige Saunagarten–ein Garten Eden am Rande des Teutoburger Waldes–schließlich erstreckt sich dieser über fast 1.000 qm Freifläche.

DER EMPFANG
Am zentralen Empfang können Bademäntel und Handtücher ausgeliehen und gekauft werden. Im anliegenden Bade-Shop können zudem Badeschlappen sowie Badeutensilien käuflich erworben werden.

Westfalen-Therme »Heiss geniessen und vollkommen entspannen«

Westfalen-Therme GmbH & Co. KG, Schwimmbadstraße 14, 33175 Bad Lippspringe
05252 964-0 | 05252 964-170 | www.westfalen-therme.de

BAD LIPPSPRINGE

Montag bis Sonntag 9:00–23:00 Uhr | 1. Freitag im Monat 9:00–1:00 Uhr

DIE ÖFFNUNGSZEITEN

Tarife für Sauna- und Thermennutzung (Erwachsener): Tageskarte 24,00 Euro | Vital Tarif–3 Stunden 20,00 Euro | Kurzzeit Tarif–2 Stunden 18,00 Euro

DIE PREISE

Männer und Frauen kleiden sich gemeinsam im Badbereich um. Es stehen Einzelkabinen zur Verfügung. Zur Vorreinigung gibt es sowohl für Damen und Herren gemeinsame als auch getrennte Duschen. Über die Badelandschaft erreichen Sie per Drehkreuz an der Delfin Bar die Saunalandschaft.

UMKLEIDEN | DUSCHEN

Ein vielfältiges Sauna-Schwitzangebot mit Temperaturen von 65 bis zu 100 °C erwartet Sie in der Westfalen-Therme. Neben der Asia-Lounge befindet sich die themenbezogene Eukalyptus-Sauna. Eine Etage tiefer bringen drei finnische Saunen, ein Bio-Sanarium und ein 45 °C warmes Dampfbad die Gäste ordentlich ins Schwitzen. Im Saunagarten warten zwei urige Saunakabinen auf Sie. Zum einen eine 95 °C Sauna im Blockhaus, sowie eine Erdsauna mit ca. 100 °C einem herrlichen Kamin untergebracht sind. Das Angebot an Aufgüssen ist schier grenzenlos. Mindestens stündlich werden Aufgüsse in unterschiedlichen Kabinen zelebriert. Neben fruchtigen und frischen Düften für den Ofen werden Obst, Eis, Salz oder Honig für den schwitzhungrigen Gast gereicht.

DIE SAUNEN

Drei mit 75, 85 und 95 °C verschieden temperierte finnische Sauna-Kabinen liegen in unmittelbarer Nähe und bieten insgesamt rund 60 Personen Platz. Jeweils ein Saunaofen mit Steinen erwärmt die mit großen Liegeflächen ausgestatteten Räume.

DIE FINNISCHEN SAUNEN
75-95 °C

Intensiver Duft von Eukalyptus liegt wohltuend in der mit 65 °C erwärmten Luft. Im Hintergrund spielt für die gut 15 Saunafreunde leise entspannende Meditationsmusik.

DIE EUKALYPTUS-SAUNEN, 65 °C

Die finnische Blockhaus-Sauna aus Rundstamm mit Vorraum kann bis zu 30 Personen beherbergen. Der Ofen mit Saunasteinen erhitzt die Kabine auf 95 °C.

DIE BLOCKHAUS-SAUNA
95 °C

52 Westfalen-Therme »HEISS GENIESSEN UND VOLLKOMMEN ENTSPANNEN«

BAD LIPPSPRINGE

Westfalen-Therme GmbH & Co. KG, Schwimmbadstraße 14, 33175 Bad Lippspringe
05252 964-0 | 05252 964-170 | www.westfalen-therme.de

DIE ERD-SAUNA
100 °C

Ein rustikales Ambiente aus Holz, Kaminfeuer und riesigem gemauerten Ofen mit Saunasteinen erwarten bis zu 50 Personen in der in die Erde eingelassenen Erd-Sauna. Das natürliche, erdige Klima ist eine wahre Wohltat bei Temperaturen um die 100 °C. Ursprüngliches Saunieren mit urigen Charme sind in der Blockhaus-Sauna aus Rundstämmen garantiert.

DAS BIO-SANARIUM
65 °C

Die finnische, aromatisierte Saunakabine ist mit 65 °C angenehm mild temperiert. Der seitliche Ofen mit Saunasteinen erwärmt die Kabine und rund 25 Personen, die hier beherbergt werden können. Die farbchangierende Deckenbeleuchtung umspielt beständig die schwitzhungrigen Gäste. Fenster ermöglichen den Blick in die anliegenden Saunen.

SOLE SPA
SALINARIUM

Fernab des Thermen-Publikums erwartet Sie die einzigartig erholsame Welt des Salinariums. Erleben Sie tiefe mentale und körperliche Entspannung im neuen Salz- und Sole-Bereich mit einem Floatingbecken und einer Salzstollensauna (gegen Aufpreis)

DAS DAMPFBAD
45 °C

Etwa 15 Personen finden in dem mit Mosaiksteinchen attraktiv gefliesten Bad Platz. Die aromatisierte, 45 °C warme Luft wird von feinem Nebel durchzogen. Vor der Kabine stehen Salz- und Molke-Peelings bereit. Zweimal täglich wird eine Anwendung mit Honig angeboten. Darüber hinaus ist die Cleopatra-Anwendung mit Milch und Honig bei den Gästen äußerst beliebt.

DAS ABKÜHLEN

Auf jeder Etage sowie im Saunagarten findet sich eine Vielfalt an Abkühlmöglichkeiten. Eine Erlebnisdusche, Kneipp-Schläuche, Schwall- und Regendruckbrausen und Kübelduschen kühlen den Körper ordentlich ab. Mehrere Tauchbecken und ein Crushed-Ice-Brunnen sorgen für den ultimativen Frische-Kick. Zentral an den beiden Warmwasserbecken kümmern sich 6 Fußwärmebecken angenehm um Ihre Füße.

SCHWIMMBAD UND WHIRLPOOLS

An der Blockhaus-Sauna im Außenbereich blubbert ein 35 °C heißer, überdachter Whirlpool leise vor sich hin. Zwei 35 °C heiße, runde Warmwasserbecken sind ein Blickfang im römischen Areal. Auf der Dachterrasse ist das angenehm temperierte Außenbecken.

DIE AUSSENANLAGE

Der weitläufige Saunagarten erschließt sich bis zur Erdsauna mit einem Ranken bewachsenen überdachten Gehweg. Nischenartige Bereiche und eine großzügige Liegewiese werden von altem Baumbestand gesäumt. Ein kleiner Springbrunnen sorgt für beständiges Frischwasser in dem mit Wasserpflanzen versehenen großen Biotop. Zahlreiche Liegen laden zum bequemen Verweilen ein. Gegenüber dem schönen Steingarten gibt es überdachte Sitzmöglichkeiten. Zwei Dachterrassen sind mit vielen gemütlichen Liegen bestückt und ein Traum für Sonnenanbeter.

Westfalen-Therme »HEISS GENIESSEN UND VOLLKOMMEN ENTSPANNEN«

BAD LIPPSPRINGE

Westfalen-Therme GmbH & Co. KG, Schwimmbadstraße 14, 33175 Bad Lippspringe
05252 964-0 | 05252 964-170 | www.westfalen-therme.de

Die lichtdurchflutete Asia-Lounge bietet einen Panorama-Blick auf die umliegende Bäderlandschaft. Die edle Gestaltung mit Holzelementen wird durch schönen Naturstein, Wandgemälde mit Zitrusfrüchten und asiatischer Dekoration aufgelockert. Sehr viele bequeme Bastliegen mit Auflagen und Leselampen machen den Aufenthalt zur reinen Erholung. Im Kamin-Zimmer lodert zentral ein offenes Feuer, welches von gemütlichen Stühlen und Liegen umrundet wird.	RUHEMÖGLICHKEITEN
Das vielseitige Wellness-Programm mit klassischen Anwendungen wie Teil- und Ganzkörpermassagen, Aromaöl- und Sportmassage sowie speziellen Anwendungen steigert das ganzheitliche Wohlbefinden. Zu den speziellen Anwendungen zählen Anti-Aging-Massage, Indische Kopfmassage, Hot-Stone-Massage, Ayurveda-Behandlungen und energetische Massagen. Im Saunagarten steht mit einem Holzblockhaus ein weiterer, entspannender Ort zum Massieren bereit. Vielfältige Arrangements runden das reichhaltige Angebot ab. Bitte buchen Sie Ihren Massagetermin im Voraus. Zwei Hochleistungsbräuner vor der Delfin Bar sorgen für einen schönen Teint.	MASSAGEN	SOLARIEN
Jeweils am 1. Freitag im Monat wird eine Mitternachtssauna bis 1:00 Uhr mit zusätzlichem Aufguss in der Erd-Sauna sowie Schlammanwendungen im Dampfbad durchgeführt.	EVENTS
In der Delfin Bar haben Sie auf gemütlichen Sitzen sowohl vor der Saunalandschaft als auch in der Saunalandschaft einen schönen Ausblick in die Badelandschaft. Löschen Sie Ihren Durst mit vielfältigen Säften und Getränken. Baguettes-Variationen stehen auf der Speisekarte.	GASTRONOMIE
Beim Betreten der Anlage wird der Eintritt in bar oder per Kartenzahlung entrichtet. Der Verzehr in der Gastronomie wird auf einen Chip gebucht und im Nachhinein am Kassenautomat beglichen. Die Angebote der Wellness & Massageabteilung werden in bar bezahlt.	ZAHLUNGSVERKEHR
Unmittelbar an der Anlage stehen ausreichend kostenlose Parkplätze zur Verfügung.	PARKMÖGLICHKEITEN

54
BAD SASSENDORF
GUTSCHEINHEFT S. 3

SoleTherme »HIER DREHT SICH ALLES UM IHRE ENTSPANNUNG«

📍 Gartenstraße 26, 59505 Bad Sassendorf
📞 02921 5014-600 | 🌐 www.soletherme-badsassendorf.de

GEBOTEN WIRD:

| DAS RESÜMEE | Welcher Typ passt zu Ihnen? Sie haben die Wahl: Vielleicht die gleichmäßige, wohltuende Wärme des Caldariums? Oder das Farbenspiel im Sanarium®, das Sie mal zum Träumen verführt und dann wieder in Sommerlaune versetzt?

Oder soll es lieber der heiße Dampf sein, der mit seinem gesundheitsfördernden Klima so völlig anders ist als die Finnische Sauna, die es in der »SoleTherme Bad Sassendorf« natürlich auch gibt. In gepflegtem Ambiente finden Sie hier den Weg zu tiefer Entspannung.

Eine besondere Attraktion ist auch die Meersalzgrotte, die Ihnen das Gefühl vermittelt, einen Urlaubstag am Meer zu machen.

DER EMPFANG — An der Kasse bekommen Sie ein Chip-Armband, mit dem Sie Ihren Schrank verschließen und Ihren Verzehr aus der Gastronomie bequem speichern können.

DIE ÖFFNUNGSZEITEN — Mo. bis Sa. von 8:00–22:00 Uhr. So. bis 21:00 Uhr. Donnerstag ist Damen-Sauna. Der letzte Einlass erfolgt an allen Tagen um 20:00 Uhr.

DIE PREISE — Aufgrund der aktuellen Umbaumaßnahmen entnehmen Sie bitte die Preise dem Hausprospekt oder der Homepage.

UMKLEIDEN | DUSCHEN — Der Umkleidebereich wird von Damen und Herren gemeinsam genutzt. Es stehen zehn abschließbare Umkleidekabinen und 200 Schränke zur Verfügung. Die einzelnen Kabinen mit Vorreinigungsduschen werden ebenfalls gemeinsam benutzt.

SoleTherme »Hier dreht sich alles um Ihre Entspannung«

55
BAD SASSENDORF

📍 Gartenstraße 26, 59505 Bad Sassendorf
📞 02921 5014-600 | 🌐 www.soletherme-badsassendorf.de

DIE SAUNEN

DAS CALDARIUM
40–50 °C

Die meisten Saunen sind hintereinander angeordnet: Gleichmäßige, wohltuende Wärme wird von den gefliesten Böden, Wänden, Sitz- und Liegeflächen ausgestrahlt. Bei 40–50 °C und einer höheren Luftfeuchtigkeit läuft die Erwärmung besonders langsam und schonend ab. Bis zu 25 Personen können die Romantik des Sternenhimmels genießen.

SALZ-STOLLEN-SAUNA
80–90 °C

Die Salz-Stollen-Sauna ist entstanden, indem die ehemaligen kleinen Saunakabinen zu einem großzügigen Raum nach Art eines Salzstollens vereint wurde. Inmitten von hinterleuchteten Salzziegeln und massiven Hölzern wird das Schwitzen bei einer Temperatur von 80–90 °C zu einem einzigartigen Erlebnis.

DAS SANARIUM®
50–60 °C

Hier erwarten Sie Temperaturen zwischen 50 und 60 °C, kombiniert mit dem stimulierenden Spiel farbigen Lichts. 30 Personen können bei leiser Musik und beruhigenden Aromen gesund entspannen.

In einem Seitenflügel erwarten Sie diese beiden Saunen:

BÖRDE DESTILLE
90–95 °C

Bei einer Temperatur von 90–95 °C finden für 35 Gäste ab 8:30 Uhr stdl. automatische Aufgüsse mit dem Duft einer Streuobstwiese statt.

BORDENEBEL
42–45 °C

Bei einer Badetemperatur von 42–45 °C liegt die relative Luftfeuchtigkeit bei 100 %. Es dampft aus allen Poren und Ihre Haut freut sich: Die feuchte Wärme regt die Durchblutung an, reinigt und belebt. Der kreisrunde Raum bietet Platz für 25 Gäste, die in einer Reihe auf einer Bank sitzen. Die farbige Beleuchtung von oben sorgt für eine angenehme Atmosphäre.

DIE FINNISCHE BLOCKHAUS-SAUNA KRISTALL-SAUNA

Im Außengelände finden Sie schließlich noch diese Sauna: 35 Personen blicken hier auf große Kristalle, wie Amehyst, Rosenquarz, Bergkristall & Citrin. Mehrmals am Tag werden Meditations-Aufgüsse und Themenaufgüsse angeboten.

DAS ABKÜHLEN

An mehreren Stellen in Saunanähe gibt es Abkühlungsmöglichkeiten, wie Kalt-Warm-Brausen, Schwall- und Kübelduschen, zwei Tauchbecken sowie einen Crushed-Ice-Brunnen.

SoleTherme »HIER DREHT SICH ALLES UM IHRE ENTSPANNUNG«

BAD SASSENDORF

Gartenstraße 26, 59505 Bad Sassendorf
02921 5014-600 | www.soletherme-badsassendorf.de

DAS KNEIPPEN
17 paarweise angeordnete Fußwärmebecken laden zu Wechsel-Fußbädern ein.

DIE AUSSENANLAGE
Tanken Sie Frischluft auf den großzügigen Liegen oder beim »Wandeln« im Außenbereich. Egal, ob unter den Bäumen, auf der Sonnenterrasse oder auf der Liegewiese, genießen Sie die Umgebung um sich herum und lauschen Sie der Natur.

DIE SOLETHERME
In der Sauna-Anlage steht Ihnen ein Schwimmbecken zur Verfügung. Der unmittelbare Zugang zur großzügigen SoleTherme erlaubt es Ihnen, sich und Ihre Haut mit dem Heilmittel Sole, einem natürlichen Mix aus Quellwasser, Salzen und wertvollen Mineralstoffen, verwöhnen zu lassen. Dieses wirksame Heilmittel wird direkt aus dem Boden gewonnen. Genießen Sie die Schwerelosigkeit im 33 °C warmen Wasser.

Entdecken Sie die großzügige Wasserlandschaft mit fünf Innen- und Außenbecken, Massagedüsen, Wasserschütten und Sprudel-Inseln.

RUHEMÖGLICHKEITEN
Neben dem großzügigen Ruhehaus, können Sie in den zwei Ruheräumen mit Blick in den Innenhof oder draußen in frischer Luft wunderbar entspannen. Eine Vielzahl an bequemen Liegen warten auf Sie zum Relaxen.

MASSAGEN
Es gibt zwei Relax- und Massage-Liegen. In der separaten Massageabteilung wählen Sie zwischen verschiedenen Massagen, einem Ölstirnguss, einer Lymphdrainage und weiteren Angeboten aus. Es finden auch Unterwassergymnastikkurse statt. Im Beauty- & Wellness-Center lassen Sie sich nach allen Regeln der Kunst verwöhnen. Die genauen einzelnen Angebote entnehmen Sie bitte dem Internet.

EVENTS
In regelmäßigen Abständen finden Sauna-Wellness-Nächte statt. Jeden 1. Freitag im Monat von 21:30-0:30 Uhr findet das Mitternachtsschwimmen statt: Baden in ganz besonderer Atmosphäre mit Musik, stimmungsvoller Beleuchtung und einem erfrischenden Fruchtcocktail.

Aktionstage mit unterschiedlichen Themenschwerpunkten und Sonderaktionen bescheren Ihnen mehrmals im Jahr vergünstigte Eintrittspreise. Zusätzlich erhalten Sie zu verschiedenen Terminen Ermäßigung auf alle Tarife und zu Ihrem Geburtstag steht für Sie eine Überraschung bereit.

GASTRONOMIE
Nach einem Wohlfühl-Programm kommt der Appetit von ganz allein. Ein Glas frisch gepresster Orangensaft oder ein knackiger Salat vielleicht? Oder doch lieber etwas Herzhaftes und zum Nachtisch ein leckeres Stück Kuchen? Dann nehmen Sie doch im »Café Sole« Platz-bei schönem Wetter auch unter freiem Himmel. In der Sauna-Landschaft gibt es zusätzlich noch das Sauna-Bistro, das Getränke und kleine, feine Gerichte für Sie bereithält.

SoleTherme »HIER DREHT SICH ALLES UM IHRE ENTSPANNUNG«

Gartenstraße 26, 59505 Bad Sassendorf
02921 5014-600 | www.soletherme-badsassendorf.de

BAD SASSENDORF

ZAHLUNGSVERKEHR

Die von Ihnen in Anspruch genommenen Leistungen werden auf Ihren Chip-Armband gebucht und beim Verlassen der Anlage von Ihnen bezahlt.

PARKMÖGLICHKEITEN

In der Nähe der Therme steht Ihnen ein großer Parkplatz kostenfrei zur Verfügung.

ERWEITERUNG

Schöner- größer- hochwertiger- unter diesem Motto wird die SoleTherme Bad Sassendorf saniert und attraktiviert. Vom Keller, in dem die badewassertechnischen Anlagen und die Elektroinstallation erneuert werden, bis hin zur Erweiterung der Saunaanlage. Die Becken im Badbereich erleben eine Betonsanierung und eine Modernisierung der Wasserattraktionen. Auch hier werden die Außenanlagen erweitert und neu gestaltet.

In der Sauna wird ein neues Ruhehaus gebaut, das auf zwei Etagen Platz für 70 Liegen bietet. Hieraus kann man auf die neue Siedehütte schauen, in der sogar Salz über dem Ofen gesiedet werden kann. Beinahe nebenan, können die Gäste im Schwebebecken schwimmen wie im toten Meer.

Ein weiteres Highlight bietet die Panorama Sauna mit einem einzigartigen Ausblick auf das neue Gradierwerk. Sauna- Besucher können sogar im Gradierwerk eine Sauna nutzen oder in 12 m Höhe auf einer Sonnenterasse die Aussicht genießen. Fertiggestellt sind mittlerweile das Sauna- Bistro mit einer neugebauten Küche, eine Modernisierung der Duschen, der erweiterte Umkleidebereich der Sauna mit Zugang zum Bad. Hier erstrahlt das Therapiebecken in neuem Glanz, eine Infrarotsauna lädt zum Verweilen ein.

58 Inselbad Bahia »Eine Wasserwelt, die verzaubert«

BOCHOLT
GUTSCHEINHEFT S. 5

Ein Erlebnisbad der Bocholter Bäder GmbH, Hemdener Weg 169, 46399 Bocholt
02871 27266-0 | 02871 27266-6 | www.bahia.de

ATTRAKTIONSBECKEN IN DER WASSERWELT

GEBOTEN WIRD:

DAS RESÜMEE	Das »Bahia«-Motto lautet: »Eine Wasserwelt, die verzaubert«. Das ist bei diesem Angebot nicht zu viel versprochen. Karibik-Feeling im Innenbereich: Das lichtdurchflutete Sonnendach, Palmen, Bambus und der Wasserbaum im »Attraktionsbecken« schaffen eine einzigartige Atmosphäre. Und wenn es über dem Tiefbecken im Inneren (mit vier Schwimmbahnen von 25 Metern Länge) mal zu heiß wird–»schwimmsalabim« wird das Cabriodach geöffnet. Es stehen Außenbecken, ein großzügiger Außenbereich, die weltweit erste Weichenrutsche »Aqua Choice« sowie die 70 Meter Event-Rutsche für Familien, Whirlpools, Massagedüsen, Strömungskanal, die Felsengrotte und vieles mehr zur Verfügung, und–die »Bahia«-Sauna-Landschaft.
DIE GRÖSSE	Der orientalisch-karibisch anmutende Innenbereich der Sauna umfasst etwa 1.000 qm, die Außenanlage etwa 3.000 qm–das alles mit viel Komfort und Entspannung pur.
DER EMPFANG	Der moderne Kassenbereich wird von den Sauna- und Badegästen gleichermaßen genutzt, hier können Sie auch alle Gutscheine und Artikel aus dem Online-Shop erwerben.
DIE ÖFFNUNGSZEITEN	Montag bis Samstag von 10:00–22:00 Uhr	Freitag, außer an Feiertagen, von 10:00–23:00 Uhr	Sonntag und feiertags von 9:00–21:00 Uhr. Damen-Sauna: Mittwoch, mit Ausnahme von Feiertagen, von 9:00–13:00 Uhr ist die gesamte Anlage den Damen vorbehalten.
DIE PREISE	Sauna-Landschaft inkl. Wasserlandschaft: Erwachsene ab 16 Jahre 3 Std. 18,10 Euro	Tageskarte 23,60 Euro. Weitere Preise, Familienkarte usw. erfragen Sie bitte vor Ort.

Inselbad Bahia »EINE WASSERWELT, DIE VERZAUBERT«

Ein Erlebnisbad der Bocholter Bäder GmbH, Hemdener Weg 169, 46399 Bocholt
02871 27266-0 | 02871 27266-6 | www.bahia.de

Der Saunagast nutzt den Umkleidebereich mit Reinigungsduschen. Es gibt extra Umkleidebereiche für Damen. Die Gestaltung mit Natursteinen im mediterran-maurischen Stil ist ausgesprochen gelungen.

UMKLEIDEN | DUSCHEN

Im Innenbereich gibt es vier Saunen und ein Dampfbad, im großen Saunagarten fünf weitere Saunen.

DIE SAUNEN

Diese Blockbohlen-Sauna betritt man vom Innenbereich her, sie ist an den eigentlichen Baukörper angeschlossen. Das Sauna-Gebäude–Sie sehen es von außen–steht in einem Teich. Hier finden für etwa 40 Gäste regelmäßig Aufgüsse statt, sogar mit wechselnden Aromen während ein und desselben Aufgusses. Der große ummauerte Sauna-Ofen beheizt den Raum auf etwa 90 °C und ist mit vielen Sauna-Steinen belegt. Durch ein großes Panoramafenster blicken Sie nach außen in Richtung des Tauchbeckens, durch drei weitere Fenster an der Rückseite in den Park.

DIE AUFGUSSSAUNA
90 °C

Hier herrscht für die etwa 20 Gäste eine beruhigende Stimmung. Dazu trägt bei etwa 80 °C sicher der Rosenduft bei, der durch die ätherischen Öle sowie Rosenblüten im Wasserbad oberhalb des (mit 85 kg Rosenquarz belegten) Sauna-Ofens erzeugt wird. Zur Wärmespeicherung ist der Ofen mit Granitplatten ummantelt. Die Sauna ist ebenfalls in Blockbohlenbauweise errichtet, selbst in die Rückenlehnen innerhalb der Sauna sind Rosenmotive eingeschnitzt. Regelmäßig finden Rosenduftaufgüsse statt.

DIE ROSENSAUNA
80 °C

Eine gemäßigte Sauna mit Farblichttherapie für 30 Personen. Bei etwa 50 bis 60 °C und 30–40 % Luftfeuchte sorgt Farblicht für eine entspannende Stimmung. Über dem ebenfalls großen, mit vielen Steinen versehenen Sauna-Ofen befindet sich eine Metall-Wasserschale mit wechselnden Aromen, z.B. Heu.

BIOSAUNARIUM
50-60 °C

60 Inselbad Bahia »Eine Wasserwelt, die verzaubert«
BOCHOLT

Ein Erlebnisbad der Bocholter Bäder GmbH, Hemdener Weg 169, 46399 Bocholt
02871 27266-0 | 02871 27266-6 | www.bahia.de

DAS DAMPFBAD
IM INNENBEREICH

DIE STERNENHIMMEL SAUNA
85 °C
Eine Kräuter-Sauna mit Sternenhimmel, die bei 85 °C etwa 20 Personen Platz bietet. Über einen Kräuterkegel wird der Duft verströmt. Die Aromen wechseln (z. B. Bergkräuter). Ein Sternenhimmel mit wechselnden Lichtfarben sorgt für eine schöne Stimmung.

DAS DAMPFBAD
45 °C
Das Dampfbad ermöglicht Schwitzen wie im alten Rom. Ein mit Mosaiken und Lichthimmel gestalteter Raum, in dem bis zu 18 Gäste Platz finden. Die Temperatur beträgt etwa 45 °C bei 95 % Luftfeuchte.

DIE »SWET KAMER«
85 °C
Das westfälische Sauna-Haus mit der »Swet Kamer«, im Stil eines Bauernhauses, beeindruckt durch seine Größe, die einen großen Teil des hinteren Sauna-Gartens einnimmt. Die Sauna selbst ist sehr rustikal gestaltet, mit breiten naturbelassenen Holzplanken, und verbreitet westfälische Gemütlichkeit. Bei 85 °C finden hier stündlich Aufgüsse für maximal 55 Personen statt. Zusätzlich gibt es mehrmals täglich Spezialaufgüsse. Im vorderen Bereich des Gebäudes befinden sich noch gemütliche Sitzecken aus Holz und ein Kamin.

DIE »MAA®«-SAUNA
100-120 °C
Ein erdiges Vergnügen. Das aus Rundstämmen errichtete Gebäude ist halb in die Erde eingelassen, so dass man einige Stufen hinab geht, um zum Eingang zu gelangen. Die Holzbefeuerung schafft für die maximal 30 Personen eine Temperatur von 100 bis 120 °C. Aber durch das Holzfeuer und ohne Aufguss ist die hohe Temperatur wenig belastend für den Kreislauf.

HOLZBEFEUERTE BLOCKBOHLENSAUNA
90 °C
Diese Sauna im Blockbohlenhaus wird mit einem Holzofen aus Guss beheizt, der durch seine Größe imponiert. Mit seinem Durchmesser von etwa einem Meter, und einer Höhe von etwa 1,60 Meter beheizt er den Raum auf etwa 90 °C. Zusätzlich

Inselbad Bahia »EINE WASSERWELT, DIE VERZAUBERT«

Ein Erlebnisbad der Bocholter Bäder GmbH, Hemdener Weg 169, 46399 Bocholt
02871 27266-0 | 02871 27266-6 | www.bahia.de

BOCHOLT

ENTSPANNEN IN DER SAUNA

ist die Luftfeuchtigkeit mit knapp 20 % leicht erhöht. Auch hier findet sich also eine angenehme Wärmeabgabe für die etwa 30 Personen, die durch die kleinen Fenster in den Saunagarten blicken können.

Schwitzen in 5 Metern Höhe. Die Baumhaussauna bietet einen echten „Hoch"genuss in Sachen Saunabaden. Von sechs Stahlstützen getragen und von Bäumen umgeben, zieht das Saunahaus die Blicke magisch auf sich. Besonderen Flair bietet die urige Terrasse mit einer herrlichen Aussicht auf den Saunagarten.

DIE BAUMHAUSSAUNA

Eine Sauna mit traditionellem Schwitzerlebnis. Ebenfalls ein eigenständiges Gebäude, das genau wie die zuvor beschriebenen Gebäude mit einem Grasdach eingedeckt ist. Bei 90 °C schwitzt man hier mit 20 Personen. Auf der Rückseite des Blockhauses sind Dusch- und Abkühlgelegenheiten untergebracht.

FINNISCHE SAUNA
90 °C

Ein für die Region einzigartiges Entspannungserlebnis bietet die Microsalt-Kabine. Sie findet sich gegenüber der Finnischen Sauna. Bei angenehmen 40-45 °C verteilen sich beim Einatmen kleinste Salzpartikel-anders als bei herkömmlichen Salzanwendungen-über das gesamte Atemwegssystem. Ein wohltuendes Mikroklima wie am Meer.

MICROSALT
40-45 °C

Wie beschrieben gehen die Warm- und Kaltduschen ineinander über; zum Abkühlen steht alles bereit: kräftige Schwallduschen, Regenwasserdruckduschen und Kübeldusche. Eine weitere Kaltduschlandschaft befindet sich direkt beim Dampfbad. Außenduschen sind zusätzlich neben der »Maa®«-Sauna, der „Swet-Kamer" und der Fruchtsauna platziert.

DAS ABKÜHLEN

62 Inselbad Bahia »Eine Wasserwelt, die verzaubert«
BOCHOLT

Ein Erlebnisbad der Bocholter Bäder GmbH, Hemdener Weg 169, 46399 Bocholt
02871 27266-0 | 02871 27266-6 | www.bahia.de

Tauchbecken gibt es gleich zwei: eines im Außenbereich und eines im Innenbereich. Hier gibt es den Luxus des Kalt- und Warmbeckens nebeneinander. Ein etwa vier mal fünf Meter großes Edelstahlbecken mit breiten Stufen ist mittig unterteilt. Einige Düsen sorgen für eine angenehme Unterwassermassage.

CRUSHED ICE — Besondere Abkühlung bietet der Crushed Ice-Brunnen gegenüber des Kalt- und Warmbeckens.

WHIRLPOOL IN DER SAUNALANDSCHAFT

DER WHIRLPOOL — Eingebettet zwischen Rosen und Aufguss-Sauna liegt der großzügig gestaltete Whirlpool im orientalischen Stil. Ein Panoramafenster bietet den Gästen einen wunderschönen Ausblick in den Saunagarten.

DIE AUSSENANLAGE — Abkühlen, ausruhen, die Atmosphäre genießen. Der großzügige Saunagarten lädt zum ausgedehnten erholsamen entspannen ein. Die Sonnenwiese bietet zahlreiche Liege- und Ruhemöglichkeiten.

DAS SOLEBECKEN — Ein weiteres Highlight in der Saunalandschaft ist das 23 qm große Solebecken im Saunagarten. Bei einem Solegehalt von bis zu 3 % können die Gäste unter freiem Himmel entspannen und die wohltuende Wirkung des Salzwassers auf der Haut genießen.

DAS AUSSENSCHWIMM-BECKEN — Einsteigen können Sie auch von innen, denn das Schwimmbad verbindet das Innen mit dem Außengelände. Bei angenehmen Temperaturen ist das Schwimmen in dem etwa 10 x 6 m großen Becken ein Vergnügen.

Inselbad Bahia »EINE WASSERWELT, DIE VERZAUBERT«

Ein Erlebnisbad der Bocholter Bäder GmbH, Hemdener Weg 169, 46399 Bocholt
02871 27266-0 | 02871 27266-6 | www.bahia.de

Im Innenbereich gibt es drei Ruheräume. Das »Beduinenzelt« ist ein mit Tüchern gestalteter Raum mit Matratzen auf dem Boden. Das Maurische Kaminzimmer hat eine offene Feuerstelle und rundherum angeordnet Ruhebänke, auf denen man alleine oder zu zweit entspannen kann. Der dritte Ruheraum bietet den besten Ausblick. Alle Seiten sind mit großen Panoramafenstern ausgestattet, die sich komplett zur Seite schieben lassen, so dass eine fast offene Veranda entsteht. Ein im Saunagarten integriertes Ruhehaus im regionalen Stil bietet zu jeder Jahreszeit 36 weitere Liege- und Ruhemöglichkeiten auf zwei Ebenen.

RUHEMÖGLICHKEITEN

Verschiedene Massage- und Hamam-Anwendungen können vorab unter der Telefonnummer 02871 2726614 gebucht werden.

MASSAGEN | HAMAM

Sie sind zahlreich–von der Mitternachts-Sauna bis zur Westfälischen Bauernnacht; erfragen Sie die Termine am besten vor Ort.

EVENTS

Wenn Sie den Sauna-Bereich betreten, gehen Sie durch das Restaurant zu einer Treppe, die eine Etage tiefer in den Saunabereich führt. Das Restaurant mit einer Größe von etwa 250 qm ist mit venezianischroten Farben, Bambus und Schilf ausgestaltet und bietet alles, was das Herz begehrt. Neben der gemütlichen Sitzecke mit Kamin kann man auch im Wintergarten oder auf der Terrasse Platz nehmen.

GASTRONOMIE

Komplett bargeldlos. Ihr Eintritt und der gesamte Verzehr werden auf einem Chip gespeichert, der auch gleichzeitig als Schrankschlüssel dient.

ZAHLUNGSVERKEHR

Ein großer Parkplatz steht kostenfrei zur Verfügung. Außerdem gibt es zwei Wohnmobilstellplätze.

PARKMÖGLICHKEITEN

SEIFENSCHAUMMASSAGE IM HAMAM

64 Medi-Therme »JEDER TAG EIN URLAUBSTAG«

BOCHUM
GUTSCHEINHEFT S. 5

Am Ruhrpark, Kohlleppelsweg 45, 44791 Bochum
0234 51657-0 | 0234 51657-20 | www.meditherme.de

GEBOTEN WIRD:

DAS RESÜMEE — Die »Medi-Therme« entführt Sie zu einem unvergesslichen Kurzurlaub in den Süden. Ob Wellness, Massagen oder Fitness, Ihnen wird auf 30.000 qm umfangreiche Exklusivität der Extraklasse geboten.

DIE THEMENWELT — Die Thermenwelt erstreckt sich auf nahezu 27.500 qm und ist komplett im mediterranen Stil gestaltet. Sie ist in drei große Bereiche gegliedert; in zwei Bereiche, die jeweils unter einer riesigen Kuppel liegen und in den weitläufigen Sauna-Garten. Die 1. Kuppel ist holzvertäfelt und unter ihr zeigt sich ein im andalusischen Stil gestaltetes Dorf mit traumhaften Hausfassaden im Finka-Stil. Im Zentrum liegen die neue Mühlensauna sowie diverse kleinere Becken. Rundherum gruppieren sich weitere Saunen und ein Dampfbad. Die 2. Kuppel ist verglast, ihr Innenbereich lichtdurchflutet. Hier entfaltet sich eine einzigartige Pool-Landschaft in Kombination mit einer üppigen, natürlichen Pflanzenwelt und einer orientalischen Badelandschaft.

DER WELLNESSBEREICH — Hier werden in wunderschön gestalteten Räumlichkeiten, sowohl Massagen aller Art, wie auch Waschungen und Kosmetikanwendungen angeboten. Von der Sport- über Thai-Massage, bis zum Hamam wird hier alles zelebriert.

DER FITNESSBEREICH — Im 2.500 qm umfassenden Fitnessbereich werden Sie vom kompetenten Fachpersonal individuell betreut. Sie trainieren auf der modernst ausgestatteten Studiofläche an den unterschiedlichsten Kardio- und Kraftgeräten. Außerdem haben Sie die Möglichkeit, aus einem enormen Kursangebot, neben den klassischen Programmen wie Aerobic, Spinning und Pilates, auch Aquakurse–von Aquajogging, Aquafitness bis Aquagymnastik–Ihren passenden Kurs zu wählen.

Medi-Therme »JEDER TAG EIN URLAUBSTAG«

Am Ruhrpark, Kohlleppelsweg 45, 44791 Bochum
0234 51657-0 | 0234 51657-20 | www.meditherme.de

Bademäntel und Handtücher werden am Empfang verliehen und verkauft. Sauna-Utensilien und Badeschlappen werden verkauft.	**DER EMPFANG**
Montag bis Samstag von 11:00–23:00 Uhr	Sonntag und feiertags von 11:00–21:00 Uhr.	**DIE ÖFFNUNGSZEITEN**
4-Stunden-Karte: Montag bis Freitag 30,00 Euro	Samstag, Sonntag und feiertags 34,00 Euro	Tageskarte: Montag bis Freitag 25,50 Euro	Samstag, Sonntag und feiertags 29,00 Euro. Weitere Tarife erfahren Sie an der Kasse oder im Internet. Änderungen vorbehalten!	**DIE PREISE**
Männer und Frauen kleiden sich gemeinsam um, wobei Einzelkabinen ebenfalls vorhanden sind. Geduscht wird getrennt geschlechtlich.	**UMKLEIDEN	DUSCHEN**
Insgesamt 15 verschieden gestaltete Saunen verteilen sich auf die drei Bereiche der Thermenwelt. Stündliche Aufgüsse mit wechselnden Düften werden in der Aufguss-Sauna und der Salz-Sauna zum Teil als Honigzeremonien oder mit Salzpeeling zelebriert. In der Stein-Sauna und der Mühlen-Sauna werden halbstündlich vollautomatisch Aufgüsse geboten. Die gesamte Anlage ist traumhaft beduftet.	**DIE SAUNEN**
Hier finden Sie die riesige 90 °C-Aufguss-Sauna, die bis zu 75 Personen beherbergen kann. In der Mitte steht der große, aus Naturmarmorsteinen gemauerte Aufgussofen.	**1. KUPPEL:** **DIE AUFGUSSSAUNA** 90 °C
Daneben befindet sich eine Infrarot-Sauna mit Tiefen-Wärmebestrahlung bei dezenter Musik für bis zu sechs Personen.	**DIE INFRAROT-SAUNA**

66 BOCHUM

Medi-Therme ›JEDER TAG EIN URLAUBSTAG‹

Am Ruhrpark, Kohlleppelsweg 45, 44791 Bochum
0234 51657-0 | 0234 51657-20 | www.meditherme.de

DIE MÜHLEN-SAUNA
70 °C
Mittig steht eine im Baustil einer spanischen Windmühle nachempfundene, 70 °C heiße Sauna mit halbstündigen Mühlradaufgüssen.

DIE »TV-SAUNA«
55 °C
In der 55 °C warmen »TV-Sauna« werden Sie beim Saunagang mit aktuellen News sowie Sport- und Tagesnachrichten versorgt.

DIE MEDITERRAN-SAUNA
80 °C
Gleich gegenüber liegt die Mediterran-Sauna. Sie zeigt sich ganz im spanischen Stil mit Amphoren-Ofen und Rosenduft bei einer Temperatur um die 80 °C.

DAS DAMPFBAD
45 °C
Das 45 °C warme, aromatisierte Dampfbad schließlich wartet mit Granit-Sitzbänken unter farbigem Sternenhimmel auf. Auf dem mittig aufgestellten Dampfkessel ruhen Rosenquarze.

2. KUPPEL: DIE SALZ-SAUNA
85 °C
Die Salz-Sauna liegt im Übergangsbereich zwischen den beiden Kuppeln in einer Grottenlandschaft. Eine besondere Atmosphäre wird durch die mit ausgesuchten Naturstein zierenden Wände und die warme, indirekte Beleuchtung geschaffen. Gut 35 Personen können sich um den mittigen Ofen gruppieren und den etwa 85 °C heißen Aufgüssen beiwohnen.

DIE STEIN-SAUNA
45 °C
Die 45 °C warme Stein-Sauna liegt auf der Empore und ist in einem rötlich farbenen Häuschen untergebracht. Innen können Sie von den beheizten Sitz- und Liegeflächen aus das »SPEKTAKEL« des automatisch zischenden Aufgusses erleben.

DAS AROMA-BAD
45 °C
Das im maurischen Stil gestaltete, 45 °C warme Dampfbad mit indirekter Wand- und Deckenbeleuchtung lässt bis zu acht Personen bei wechselnden Aromen den Alltag vergessen.

Medi-Therme »JEDER TAG EIN URLAUBSTAG«

Am Ruhrpark, Kohlleppelsweg 45, 44791 Bochum
0234 51657-0 | 0234 51657-20 | www.meditherme.de

Eine aus hinterleuchteten Himalaya-Salzkristallen gestaltete, 60 °C heiße Genuss-Sauna. Ein Erlebnis für die Atemwege …

DIE HIMALAYA-SALZ-SAUNA, 60 °C

Ebenfalls eingebettet in den maurischen Bereich liegt das »Hamam«, mit einer Vielzahl an speziellen Angeboten und Zeremonien.

DAS »HAMAM«

Die mit 95 °C heißeste Sauna der Anlage, die »Sahara«-Sauna, liegt an einem Bioteich mit schönem Ausblick ins Grüne.

DER SAUNA-GARTEN: DIE »SAHARA«-SAUNA

Eine aus massiven Rundstämmen gebaute, rustikale Sauna ist größtenteils in die Erde eingelassen. Die urige Atmosphäre kommt Dank des stirnseitig gemauerten Kamins mit knisterndem Feuer und natürlichem Holzgeruch in dem dunkel gehaltenen Raum schnell auf. Diese Sauna ist mit 80 °C temperiert.

DIE ERD-SAUNA 80 °C

In einem Blockhaus aus Blockbohlen befindet sich die 50 °C warme Bio-Sauna mit wechselndem Farblicht. Ausgesuchte Öl-Essenzen werden über dem Ofen verdampft.

DIE BIO-SAUNA 50 °C

Hier finden Sie auch die 80 °C heiße Panorama-Sauna mit Ausblick auf einen natürlichen Bioteich und das Solebecken.

DIE PANORAMA-SAUNA 80 °C

An den verschiedenen Saunen gibt es auch immer die Möglichkeit, sich ordentlich zu erfrischen. Warm-Kalt-Brausen, Kaltduschen, Kneippschläuche, Schwall- und Regendruckduschen sowie Kübelduschen stehen bereit. Zudem sorgen Tauchbecken und Crushed-Ice-Brunnen für hinreichend Abkühlung.

DAS ABKÜHLEN

Medi-Therme »JEDER TAG EIN URLAUBSTAG«

BOCHUM

📍 Am Ruhrpark, Kohlleppelsweg 45, 44791 Bochum
📞 0234 51657-0 | 📠 0234 51657-20 | 🌐 www.meditherme.de

DAS KNEIPPEN
Ein warmes Fußmassage-Becken und ein Fußkneippgang im Warm- und Kalt-Becken in der 1. Kuppel bringen Ihren Organismus wieder in Schwung.

DAS WARMBECKEN
Neben der riesigen Wasserlandschaft in der 2. Kuppel, welche eine Durchschwimmschleuse zum Außenbecken bietet, können Sie sich in verschiedenen Hot-Whirlpools oder im Sole-Außenbecken erholen.

DIE AUSSENANLAGE
Der weitläufige, hügelige Sauna-Garten mit Palmen und Olivenbäumen wird von hochgewachsenen Bäumen gesäumt und ist in verschiedene Bereiche gegliedert. Neben riesigen Liegewiesen mit zahlreichen Liegen besteht die Möglichkeit zur sportlichen Betätigung auf dem Beachvolleyballfeld. Ein Rundweg, gesäumt von maurisch verzierten Lampen, führt durch den Garten. Um die Außen-Saunen finden Sie angelegte Bioteiche mit Schilflandschaften, Palmen und eine Steinterrasse mit Liegemöglichkeiten.

RUHEMÖGLICHKEITEN
Im beduinenzeltartigen Ruheraum in der 1. Kuppel wird Ihr Aufenthalt auf gemütlichen Rattanliegen mit weichen Auflagen von dezenter Entspannungsmusik untermalt. Offene Liegebereiche mit einer Vielzahl an Ruheliegen finden sich über die gesamte Anlage verteilt. Ein Highlight ist der offene Ruhebereich um den offenen Kamin, welcher wohlige Wärme und Behaglichkeit verbreitet.

Medi-Therme »JEDER TAG EIN URLAUBSTAG«

Am Ruhrpark, Kohlleppelsweg 45, 44791 Bochum
0234 51657-0 | 0234 51657-20 | www.meditherme.de

Vielfältige Zeremonien, Ayurveda-Behandlungen und Wellness-Massagen fördern Ihre Erholung und Entspannung. Das »Beautycenter« bietet Ihnen ein breites Angebot an diversen Kosmetikbehandlungen bis hin zur Farb- und Typberatung.

MASSAGEN | WELLNESS

Drei Hochleistungsbräuner in der Sonnengrotte zwischen 1. und 2. Kuppel fördern Ihren gesunden Teint.

SOLARIEN

Eine Gastronomie befindet sich auf der 1. Etage der 1. Kuppel. Von hier haben Sie einen schönen Ausblick auf die Sauna-Landschaft und in den Sauna-Garten. Im Sauna-Garten erstreckt sich zudem ein großes Außengastronomie-Areal. Serviert werden Ihnen Salate, Nudeln, Fleisch, Fisch, Kartoffel- wie auch saisonale Gerichte. Ein weiterer, im orientalischen Stil gehaltener Gastrobereich mit Brunnen direkt an der Wasserlandschaft in der 2. Kuppel laden zum Verweilen ein. Neu ist im Sommer der Outdoor Lounge Bereich mit reichhaltigem Cocktail Angebot.

GASTRONOMIE

Alle in Anspruch genommenen Leistungen werden auf Ihre Schlüsselnummer gebucht und erst beim Verlassen der Anlage bezahlt.

ZAHLUNGSVERKEHR

Unmittelbar an der Anlage parken Sie kostenlos. Parkplätze sind ausreichend vorhanden.

PARKMÖGLICHKEITEN

70 Bad & Sauna Bönen »ERHOLUNG UND ENTSPANNUNG«

BÖNEN
GUTSCHEINHEFT S. 5

Wolfgang-Fräger-Straße 4, 59199 Bönen
02383 9699910 | www.gsw-freizeit.de

GEBOTEN WIRD:

DAS RESÜMEE	Im Februar 2010 öffnete das Hallenbad mit angeschlossener Sauna in Bönen seine Pforten für Jung und Alt. Das Bad beeindruckt durch seine lichtdurchflutete und leichte Architektur Es verfügt über ein wettkampftaugliches Sportbecken mit einer Länge von 25 m, über 6 Bahnen sowie einen Hubboden, der variabel einstellbar ist. Das 100 qm große Mehrzweck-Bewegungsbecken bietet Platz für Bewegungs- und Kursangebote. Im Kleinkinderbecken mit Wasserspeier und Minirutsche haben auch die Jüngsten bei 32 °C viel Spaß im Hallenbad. Zum Entspannen und Wohlfühlen laden Wärmebänke sowie ein Wintergarten mit Ruheliegen ein. Bis auf wenige Ausnahmen ist die gesamte Anlage Rollstuhlgerecht.
DER EMPFANG	Die modern wie stilvoll geprägte Saunalandschaft ist äußerst großzügig gestaltet. Der helle und freundliche Innenbereich erstreckt sich über gut 350 qm. Der lauschige Saunagarten mit Solebecken hat eine Fläche von rund 500 qm.
DER EMPFANG	Am Empfang können Bademäntel, Saunatücher und Saunaschlappen jeweils geliehen oder käuflich erworben werden. Zusätzlich werden noch Badeutensilien angeboten.
DIE ÖFFNUNGSZEITEN	Montag bis Donnerstag 10:00–22:00 Uhr	Freitag, Samstag 10:00–23:00 Uhr	Sonn- und Feiertag 10:00–20:00 Uhr	montags ist Damentag, außer an Feiertagen.
DIE PREISE	Einzelkarte 18,50 Euro.
UMKLEIDEN	DUSCHEN	Die Saunagäste kleiden sich in Sammelumkleiden um. Es steht jeweils eine Einzelkabine zur Verfügung.

Bad & Sauna Bönen »ERHOLUNG UND ENTSPANNUNG«

📍 Wolfgang-Fräger-Straße 4, 59199 Bönen
📞 02383 9699910 | 🌐 www.gsw-freizeit.de

Ein riesiger, mittiger Badezuber dient als Saunaofen in der für 30 Gäste konzipierten Sauna. Der Ofen befeuert die Sauna aus Fichtenholz auf enorme 90-100 °C, die jedoch erstaunlich gut verträglich sind. Zwei Fenster gewähren den Ausblick in den Innenbereich. Stündlich zur halben Stunde strömen die Aufguss-Fans in die Sauna. Abwechslungsreiche Düfte werden bei den Aufgusszeremonien über den Ofen gegossen.

Dezente Entspannungsmusik untermalt den wohltuenden Aufenthalt für zwölf Saunaliebhaber. Spezielle Beleuchtungselemente dienen als lichttherapeutische Anwendung. Die Kabine ist mit 50 °C sehr mild temperiert und die Luftfeuchtigkeit liegt bei 40-55 %.

Die Kelo-Sauna ist in einem Blockhaus mit begrüntem Dach aus massiven Rundstämmen untergebracht. Da das Haus teilweise in die Erde eingelassen ist, herrscht im Innenraum ein natürliches wie erdiges Klima. Stirnseitig lodert beständig ein Kaminfeuer. Der Ofen ist mit Natursteinen gemauert und erhitzt die Kelo-Sauna auf 90-100 °C. Bis zu 20 Gäste können sich an dem rustikalen Ambiente erfreuen.

Auf mystische Art und Weise verbindet sich das Licht des farbigen Sternenhimmels mit dem feinen Nebel im 48 °C warmen, aromatisierten Dampfbad. Das erleichtert bis zu 8 Personen das Eintauchen in die Stille. Die Kabine ist vollständig gefliest.

Eine ordentliche Abkühlung verheißen drei Regendruckduschen sowie jeweils eine Schwall-, eine Eckbrause und ein Kneipp-Schlauch im attraktiv gefliesten Abkühlbereich. Den ultimativen Frischekick besorgt ein farbig beleuchteter Crushed-Ice-Brunnen oder das zentral gelegene Tauchbecken. Fünf Fußwärmebecken befinden sich unmittelbar am Tauchbecken. Gäste verweilen hier gerne zum angenehmen

DIE SAUNEN

DIE FINNISCHE
AUFGUSS-SAUNA
90-100 °C

DIE LICHT- UND
AROMA-SAUNA
50 °C

DIE KELO-SAUNA
90-100 °C

DAS DAMPFBAD
48 °C

DAS ABKÜHLEN

CRUSHED ICE

Bad & Sauna Bönen »ERHOLUNG UND ENTSPANNUNG«

BÖNEN

📍 Wolfgang-Fräger-Straße 4, 59199 Bönen
☎ 02383 9699910 | 🌐 www.gsw-freizeit.de

Plauschen. Auch im Außenbereich kann sich der Gast nach heißem Saunabad an Regendruckduschen sowie einer Schwallbrause und einem Kneipp-Schlauch kühles Nass verschaffen.

DAS SOLEBECKEN
Ein Highlight der Anlage ist sicherlich das mit 33-35 °C temperierte Solebecken im Saunagarten. Der Salzgehalt von 2,5-2,8 % ist nicht nur angenehm für die Haut, sondern erleichtert das Entspannen ungemein. Fünf Sprudelliegen, zwei Unterwassermassagedüsen, ein Nackenschwaller sowie eine Bodenluftsprudelgruppe versüßen den Aufenthalt nachhaltig.

DIE AUSSENANLAGE
Der Saunagarten kann als uneinsehbarer, ruhiger Innenhof charakterisiert werden. Ein großer Bioteich mit kleinen Fischen, Wasserpflanzen und schön angelegten Blumen- und Steinformationen ist ein erster Blickfang beim Betreten des Saunagartens. Gegenüber laden terrassenförmig konzipierte Sonnendecks mit bequemen Liegen zum ausgiebigen Sonnenbaden ein.

RUHEMÖGLICHKEITEN
Der großzügige wie lichtdurchflutete Ruheraum ermöglicht einen herrlichen Einblick in den Saunagarten. Liebevolle wie stilvolle Dekorationen säumen bequeme Liegen mit Auflagen und Decken. Einige Holzliegen sind ergonomisch geformt und entspannen somit den Rücken.

MASSAGEN
Lassen Sie sich nach Voranmeldung mit Teil- und Ganzkörpermassagen verwöhnen.

EVENTS
Mehrmals im Jahr sind die Themenwochen der Sauna ein attraktiver Anziehungspunkt. Die jeweilige Woche steht unter einem bestimmten Motto und es werden besondere Aufgüsse zelebriert.

Bad & Sauna Bönen »ERHOLUNG UND ENTSPANNUNG«

📍 Wolfgang-Fräger-Straße 4, 59199 Bönen
☎ 02383 9699910 | 🌐 www.gsw-freizeit.de

GASTRONOMIE

Die einladende Gastronomie bietet viel Platz zum Schlemmen von leckeren Salaten, Baguettes- und Toastvariationen, Snacks, Flammkuchen, Nudelgerichten und vielfältigen Fleischgerichten. Innen lässt es sich mit Blick in den Garten auf komfortablen Sitzmöglichkeiten behaglich speisen. Ein kühles Getränk kann vorzüglich in der großen Kaminlounge, am Kaminfeuer auf bequemen Sitzgarnituren, zu sich genommen werden.

ZAHLUNGSVERKEHR

Alle in Anspruch genommenen Leistungen werden direkt in bar beglichen. Der Eintritt kann auch mit EC-Karte bezahlt werden. Stammkunden haben die Möglichkeit, durch den Erwerb einer Geldwertkarte attraktive Rabattierungen auf den normalen Eintrittspreis zu erhalten. Diese Geldwertkarten sind im Wert von 100, 200 und 300 Euro erhältlich und beinhalten je nach Wert eine Rabattierung in Höhe von 10, 20 und 30 % auf den Einzelpreis.

PARKMÖGLICHKEITEN

Unmittelbar an der Anlage stehen ausreichend kostenlose Parkplätze zur Verfügung.

74 Aquarius Borken »EINFACH MAL URLAUB MACHEN«

BORKEN
GUTSCHEINHEFT S. 5

Parkstraße 20, 46325 Borken
02861 935-0 | www.aquarius-borken.de

GEBOTEN WIRD:

DAS RESÜMEE — Einen wohltuenden Kurzurlaub verheißt das Aquarius in Borken. Freizeitschwimmer wie Leistungssportler genießen in dem großzügigen 25 m-Sportbecken ausreichend Platz, um Bahn für Bahn zu ziehen. Sie können sich auch kopfüber vom 1 m-Brett oder 3 m-Turm in die Tiefe stürzen. Heiße Action verspricht die 65 m-Riesenrutsche „Black Hole", ein Wildwasserkanal und ein Hangelgerüst mit Wasserfall. Im Plansch- und Lernbecken kommen die kleineren Gäste auf ihre Kosten. Das Außenbecken–ein Spiel- und Tummelbecken–ist ganzjährig geöffnet. Ein ganz besonderes Erlebnis ist es, wenn bei frostigen Außentemperaturen feiner Nebel über dem 30 °C warmen Becken aufsteigt. Das gesundheitsfördernde Solebecken, ein Massagesprudelbecken sowie ein Whirlpool mit Ruhezone, unterstützen Sie dabei, wirklich zur Ruhe und Erholung zu kommen.

DIE SAUNALANDSCHAFT — »Tervetuloa«–das ist finnisch und bedeutet »herzlich willkommen«. Saunieren in finnischem Ambiente garantiert eine Saunalandschaft, die sich am finnischen Vorbild orientiert. Die Außensaunen–allesamt Blockhäuser aus massiven Rundstämmen–bestehen ausschließlich aus echtem finnischen Kelo-Holz. Die Häuser verteilen sich auf den 8.000 qm großen Saunagarten mit großem Naturteich zum Abkühlen und einzigartigem Flair. Auch der 450 qm große Innenbereich lädt zum angenehmen Verweilen ein.

DER EMPFANG — Am Empfang können Bademäntel und Handtücher ausgeliehen werden. Darüber hinaus werden Badeschlappen und Badeutensilien verkauft.

DIE ÖFFNUNGSZEITEN — Montag bis Donnerstag 9:00–22:00 Uhr | Freitag 9:00–23:00 Uhr | Samstag, Sonn- und Feiertag 9:00–21:00 Uhr.

Aquarius Borken »Einfach mal Urlaub machen«

Parkstraße 20, 46325 Borken
02861 935-0 | www.aquarius-borken.de

Preise: Grundtarif 17,20 Euro für 3 Stunden | Tagestarif 19,50 Euro.

DIE PREISE

Männer und Frauen kleiden sich gemeinsam um. Die Vorreinigung erfolgt nach Geschlechtern getrennt. Weitere Duschen zur Vorreinigung sind im finnischen Ruhehaus im Saunagarten.

UMKLEIDEN | DUSCHEN

Im Innenbereich findet der Saunagast auf der ersten Etage zwei unterschiedlich temperierte Saunakabinen. Das Dampfbad liegt ebenerdig. Vier weitere Saunakabinen sind in massiven Blockhäusern im Saunagarten untergebracht.

DIE SAUNEN

Ganz im finnischen Stil können an die 25 Saunagäste, bei Temperaturen um die 80 °C, saunieren und die regelmäßigen Aufgüsse genießen. Dezente Beleuchtung fällt auf den seitlichen Saunaofen. Ein großes Fenster gewährt den Ausblick in den Innenbereich der Saunalandschaft.

INNENSAUNA
80 °C

Etwa 15 Personen können sich an dem wechselnden Farbspiel sowie an der mit 60 °C milden Temperatur erfreuen.

FARBLICHTOASE
60 °C

Das sibirische Badehaus mit Vorraum, verspricht einen sehr angenehmen Aufenthalt bei rund 80 °C. Stirnseitig thront der enorme Natursteinofen mit Kaminbefeuerung. Auf den seitlichen Sitzbänken der urigen Saunakabine finden gut 40 bis 45 Schwitzhungrige Platz. Ein wohltuender Duft von Birkenzweigen liegt den ganzen Tag in der Luft, denn hier erleben Sie dreimal täglich die wunderbare Wirkung des Banja-Aufgusses.

DIE BANJA-SAUNA
80 °C

Wahrlich die Sauna mit dem besten Ausblick. Fast der gesamte Saunagarten ist, dank großer Fenster und der zentralen Lage der Sauna, einsehbar. Ein Sitzrondell umrundet den erhöhten Saunaofen, der die Kabine auf 70 °C erwärmt. Meistens wird die Kabine mit Rosenduft versehen; ansonsten mit anderen blumigen Düften.

DIE PANORAMA-SAUNA
70 °C

Aquarius Borken »Einfach mal Urlaub machen«

Parkstraße 20, 46325 Borken
02861 935-0 | www.aquarius-borken.de

DIE ERD-SAUNA
100 °C
Die heißeste Kabine der Anlage ist bis zur Hälfte in die Erde eingelassen. Das garantiert ein behagliches, erdiges Klima in der 100 °C heißen Sauna. Die bewusst dunkel gehaltene Erdsauna mit Vorraum, überzeugt durch ihren rustikalen Charme. Bis zu 30 Gäste genießen das beständige Knistern des holzbefeuerten Ofens.

DIE EVENT-SAUNA
90 °C
Der mittige, große Saunaofen befeuert die einladende Kabine mit Vorraum auf gut 90 °C. Bei dezenter Beleuchtung kommen an die 60 Schwitzhungrige ordentlich ins Schwitzen, natürlich insbesondere während der beliebten Aufgüsse. Häufig werden verschiedene Düfte kombiniert und Salz, Obst oder Getränke gereicht. Die urige Holzverkleidung unterstreicht den finnischen Charme.

DAS DAMPFBAD
45 °C
Das bunte Licht der Deckenbeleuchtung verbindet sich auf einmalige Weise mit dem aufsteigenden, feinen sowie aromatisierten Nebel. Das gefliese Bad ist mit 45 °C temperiert und kann an die 10 Liebhaber des Dampfbades beherbergen.

DAS ABKÜHLEN

CRUSHED ICE
Nach einem heißem Saunabad sehnt sich der Körper nach einer ordentlichen Abkühlung. Da gibt es im Aquarius äußerst viele unterschiedliche Möglichkeiten der Erfrischung. Im Innenbereich sind es Kneipp-Schläuche, Schwall- wie Regendruckbrausen und Warm-Kalt-Brausen, neben zwei Tauchbecken und einem Crushed-Ice-Brunnen, die gehörig Abkühlung bringen. Vier Paar Fußwärmebecken sind eine Wohltat für die Füße. Eine wahre Flut von Abkühlungen erwartet den Saunagast im Saunagarten. An fast jeder Außensauna sind unterschiedliche Duschen wie Schwallbrausen, Regendruckduschen, Kneipp-Schläuche sowie eine Kübeldusche angebracht.

DER WHIRLPOOL
Der 36 °C heiße, direkt am Naturteich gelegene Whirlpool, lädt zum gemütlichen Verweilen und Entspannen ein.

Aquarius Borken »EINFACH MAL URLAUB MACHEN«

📍 Parkstraße 20, 46325 Borken
☎ 02861 935-0 | 🌐 www.aquarius-borken.de

DIE AUSSENANLAGE

Ein Highlight der Außenanlage ist sicherlich der gut 1.000 qm große Naturteich. Dank original Grander-Technologie hat der Teich eine sehr gute Wasserqualität; das Wasser ist angenehm weich und schön klar. 400 qm mit besonderen Wasserpflanzen dienen als Filterfläche. Im beschwimmbaren Teil wird der Aufenthalt mit Wassersprudlern, Steinbrunnen und Schwanenhals versüßt. Eine große Holzbrücke führt am Whirlpool vorbei zum finnischen Ruhehaus. Der feine Badestrand am Teich, mit Holzsteg, wird von zahllosen Liegen gesäumt. Natürlicher Baumbestand lockert, neben angelegten Beeten mit Blumen und Grünpflanzen sowie Bambusarealen, die Atmosphäre auf. Eine riesige Brunnenskulptur ist ein Ankerpunkt für weitere Liegen zur Erholung.

RUHEMÖGLICHKEITEN

Das riesige finnische Ruhehaus, mit schönem Holzflair, ermöglicht einen herrlichen Ausblick auf den anliegenden Naturteich. Bequeme Wasserbetten mit Kissen, Decke und Leselampen, stehen ebenso parat wie Liegestühle mit Auflagen, Decken und Nackenrollen. Direkt daran können Sie sich an einer offenen Feuerstelle mit Sitzmöglichkeiten wärmen. Unmittelbar nebenan erwartet Sie das große Kelo-Ruhehaus. Auch von hier hat der Saunagast einen Panoramablick auf den Naturteich. Ein weiteres Ruhehaus, am Anfang des Saunagartens, bietet neben Wasserbetten noch Liegen, Liegestühle mit Decken, einen Strandkorb sowie einer behaglichen Liegemuschel. Im Innenbereich der Sauna verweilen Sie auf weiteren Liegen und Liegestühlen, die sich in der Saunalandschaft auf der ersten Etage verteilen. Im Erdgeschoss können Sie es sich rund um das warme Kaminfeuer bequem machen.

EVENTS

Vierteljährlich locken lange Saunanächte bis 24:00 Uhr mit besonderen Aufgüssen und tollen Attraktionen die Gäste ins Aquarius.

GASTRONOMIE

In der Schwimmbadgastronomie können Imbissgerichte bestellt werden. Freitags ist sie ab nachmittags geöffnet, feiertags, am Wochenenden und in den Ferien bereits am mittags. Die neue Saunagastronomie am Naturteich hat morgens ab 10:00 Uhr geöffnet. Snacks, Sandwich-Brötchen und warme Speisen können in zwei finnischen Holzhäusern oder bei schönem Wetter direkt draußen am Naturteich verspeist werden.

ZAHLUNGSVERKEHR

Der Eintritt wird beim Verlassen der Anlage beglichen. Alle anderen in Anspruch genommenen Leistungen, werden auf einen Chip gebucht und im Nachhinein ebenfalls in bar oder per EC-Karte bezahlt.

PARKMÖGLICHKEITEN

Unmittelbar an der Anlage stehen ausreichend kostenlose Parkplätze zur Verfügung. Nicht weit vom Aquarius entfernt, gibt es auch Wohnmobilstellplätze.

78

COESFELD
GUTSCHEINHEFT S. 5

CoeSauna »RAUS AUS DEM ALLTAG«

Osterwicker Straße 19, 48653 Coesfeld
02541 929-600 | www.coesauna.de

GEBOTEN WIRD:

| DAS RESÜMEE | Eine Oase der Ruhe in einer komplett entspannten Atmosphäre. Ein gemütlicher, verwinkelter Saunagarten, Liegen und Sitzecken, laden dazu ein, dem Alltag zu entfliehen. |

Die Sauna-Landschaft lässt mit Ihren drei Ebenen kaum Wünsche offen. Fünf verschiedene Saunen, eine Ruheebene, Fußbäder und Duschanlagen an verschiedenen Standorten sowie ein Whirlpool im Außenbereich bieten alles, was das Wellness- und Saunaherz begehrt. "Einfach fallen lassen und den Stress abschütteln" lautet das Motto in der CoeSauna. Saunagänge bei Temperaturen zwischen 95 und 45 °C entspannen und reinigen den Körper und Geist. Wechselnde Aufgüsse mit unterschiedlichen Duftaromen erhöhen den Wohlfühlgrad. Ganz nebenbei stärken Sie noch ihr Immunsystem und regen den Stoffwechsel an.

Zwischen den Saunagängen sprechen die Gastronomie mit leiser Musik und Kamin alle Sinne an und laden dazu ein, die Seele baumeln zu lassen. In der neuen geräumige Ruheebene finden Sie sicherlich einen Platz um einfach mal die Füße hoch zu legen und bei einem guten Buch zu entspannen.

DER SAUNABEREICH Ein vielfältiges Sauna-Angebot mit fünf Kabinen in den Temperaturen von 45-95 °C, dazu gepflegte Ruhezonen laden auf rund 1.000 qm zum Entspannen ein. Lehnen Sie sich einfach zurück und vergessen Sie in angenehmem Ambiente für ein paar Stunden den Alltag.

DER EMPFANG An der Kasse bezahlen Sie den Eintritt und erhalten eine Münze, die Sie in das Drehkreuz zur Sauna-Landschaft einwerfen.

CoeSauna »RAUS AUS DEM ALLTAG«

Osterwicker Straße 19, 48653 Coesfeld
02541 929-600 | www.coesauna.de

COESFELD

Montag, Dienstag und Donnerstag bis Samstag von 10:00–21:45 Uhr | Mittwoch von 10:00–14:45 Uhr (Damensauna) und von 14:45–21:45 Uhr (gemischte Sauna) | Sonntag und Feiertag von 10:00–19:00 Uhr I Aktuelle Änderungen oder Veranstaltungen immer auf www.coesauna.de.

DIE ÖFFNUNGSZEITEN

Tageskarte 14,90 Euro (inklusive Frei- und Hallenbadnutzung). Die Ermäßigungen und Preise für Wertkarten entnehmen Sie bitte dem Aushang an der Kasse und dem Internet. Aktuelle Änderungen und weitere Informationen immer auf www.coesauna.de.

DIE PREISE

Gemeinschaftsumkleiden befinden sich auf der rechten Seite, die Damen gehen nach links. In der Mitte liegt die Herrenumkleiden. Die Duschen werden nach Geschlechtern getrennt benutzt.

UMKLEIDEN | DUSCHEN

Über dem Ofen, der für milde 65 °C sorgt, hängt eine Schale mit wechselnden Aromadüften, die Sie beispielsweise von Ihrem letzen Urlaub oder einen Waldspaziergang träumen lassen. Bis zu 10 Gäste können hier bei wechselnden Farben entspannen.

DIE SAUNEN
DIE AROMA-SAUNA
65 °C

Direkt neben der Aroma-Sauna liegt die 95 °C warme »Kelo®«-Sauna mit dem unvergleichlichen Klima durch das »Kelo®«-Holz. 15 Personen schwitzen hier bei gedämpftem Licht.

DIE »KELO® «-SAUNA
95 °C

Die Panoramasauna wird auf klassische 90 °C geheizt. Sie gewährt Ihnen durch eine große Fensterfront einen schönen Blick in den Garten und bietet Platz für knapp 30 Gäste. Im Wechsel zur Blockhaussauna finden hier ebenfalls Aufgüsse statt.

DIE PANORMASAUNA
90 °C

CoeSauna »RAUS AUS DEM ALLTAG«

Osterwicker Straße 19, 48653 Coesfeld
02541 929-600 | www.coesauna.de

DAS DAMPFBAD 45 °C	Das Dampfbad ist eine willkommene Abwechslung zu den anderen Saunen. Mit 45 °C Lufttemperatur und fast 100% Luftfeuchtigkeit können Sie mal so richtig Dampf ablassen
DIE BLOCKHAUS-SAUNA 85 °C	Das Herzstück der CoeSauna befindet sich im Saunagarten und ist mit 85 °C wohlig temperiert. Die Blockhaussauna bietet knapp 45 Gästen die Möglichkeit gleichzeitig zu schwitzen. Der große Saunaofen ist speziell für die Durchführung von Aufgusszeremonien mit verschiedenen Düften konstruiert.
DAS ABKÜHLEN	Auf der Saunaebene sowie im Saunagarten, im neuen Duschhaus, befinden sich Kalt-, Schwall- und Regenduschen mit Kneipschlauch. Ein Tauchbecken ist ebenfalls vorhanden.
DAS KNEIPPEN	Drei Fußbecken stehen für kalt-warm Bäder auf der Saunaebene zur Verfügung. Ebenso befinden sich Kneipschläuche an den Duschstation auf der Saunaebene wie auch im Duschhaus draußen.
DER WHIRLPOOL	Ein Whirlpool mit 36 °C warmen Wasser und belebender Luftfurchströmung verspricht Enspannung unter freiem Himmel.
DIE AUSSENANLAGE	Der 300 qm große Sauna-Garten lädt auf drei Ebenen zum Relaxen und Sonnenbaden ein. Im unteren Saunagarten befinden sich zusätzlich zum Raucherbereich und einem Duschhaus mit Warm- und Kaltwasserduschen das Herzstück der CoeSauna; das Blockhaus. Im oberen Saunagarten warten weitere Ruhemöglichkeiten auf Sie. Außerdem finden Sie hier den Whirlpool und ein Tauchbecken. Die Sonnenterasse ist von drei Seiten windgeschützt, so dass man auch an kälteren Tagen ein ausgiebiges Sonnenbad genießen kann.

CoeSauna »RAUS AUS DEM ALLTAG«

Osterwicker Straße 19, 48653 Coesfeld
02541 929-600 | www.coesauna.de

Schwitzen, abkühlen, genießen–so einfach ist ein Saunabesuch. Die enorm positive Wirkung auf das Wohlbefinden lässt sich mit diesem abstrakten Dreiklang allerdings nur erahnen, so dass Sie herzlich dazu eingeladen sind, diese auch zu erleben. Nach dem Schwitzen und der Abkühlung beginnt die Ruhephase, die Sie in der CoeSauna so genießen können, wie Sie es sich vorstellen. Strecken Sie alle Viere von sich und schließen die Augen, lehnen Sie sich gemütlich zurück und schmökern in Buch oder Zeitung oder stärken sie sich in der Saunagastronomie.

RUHEMÖGLICHKEITEN

Im Obergeschoss befindet sich der Gastronomiebereich mit einer gemütlichen Lounge ecke und Kamin. Nebenan befindet sich auch die windgeschützte Sonnenterrasse.

Gesunde Speisen, kleine Snacks, erfrischende Getränke oder eine gute Tasse Kaffee werden Ihnen im eigenen Saunagastronomiebereich gereicht.

GASTRONOMIE

Die von Ihnen in Anspruch genommenen Leistungen werden direkt bezahlt.

ZAHLUNGSVERKEHR

Direkt vor der »CoeSauna« finden Sie einen kostenfreien Parkplatz.

PARKMÖGLICHKEITEN

Familien- und Erlebnisbad Heringhausen

DIEMELSEE

»PLANSCHEN, BADEN, ENTSPANNEN UND EINFACH SPASS HABEN...«

Kirchstraße 6, 34519 Diemelsee-Heringhausen | 05633-91135 | www.diemelsee.de

GEBOTEN WIRD:

DAS RESÜMEE
Sind Sie auf der Suche nach einem Erholungsort, wo Sie dem Alltagsstress entkommen und Ihr Immunsystem stärken können?

Dann sollten Sie in den wunderschönen Luftkurort Heringhausen fahren. Hier erwartet jeden Besucher eine einzigartige Saunalandschaft. Die Ferienregion Diemelsee bietet neben seinen Erholungsangeboten im Familien- und Erlebnisbad eine faszinierende Landschaft mit vielen historischen Spuren. Innerhalb von 15 Minuten sind Sie in Willingen, Korbach oder Bad Arolsen.

DER SAUNABEREICH
Der Saunabereich im Familien- und Erlebnisbad Diemelsee-Heringhausen bietet eine römische Dampf- und eine finnische Trockensauna mit Farbtherapie sowie Ruheraum. Die Solegrotte rundet das Wohlfühlprogramm ab.

DIE GRÖSSE
Erleben Sie eine traumhafte Erlebniswelt mit Schwimmbad auf über 315 qm. In einer warmen und wohligen Atmosphäre können Sie Ihr Immunsystem, Ihre Seele und Ihre Haut verwöhnen. Für Ihre Erholung stehen in der Sauna Diemelsee ein römisches Dampfbad, eine Solegrotte, eine einzigartige Sauna mit beeindruckenden Farblichtern zur Verfügung.

DIE ÖFFNUNGSZEITEN
Die Saunalandschaft hat großzügige Öffnungszeiten und empfängt sowohl eingespannte Business-Menschen als auch die Familie sehr gerne.

Montag von 13:00-21:00 Uhr Damensauna | Dienstag bis Freitag von 9:00-21:00 Uhr | Samstag von 9:00-19:00 Uhr | Sonntag von 9:00-18:00 Uhr

Familien- und Erlebnisbad Heringhausen
»PLANSCHEN, BADEN, ENTSPANNEN UND EINFACH SPASS HABEN...«

Kirchstraße 6, 34519 Diemelsee-Heringhausen | 05633-91135 | www.diemelsee.de

DIEMELSEE

Das Erholungs-Paradies können Sie für einen Beitrag von 8,00 Euro für Sauna und Schwimmbad erleben. Ermäßigte Personengruppen bezahlen 7,00 Euro für die gleiche Leistung. Wer ermäßigungsberechtigt ist, kann jederzeit online nachgelesen werden.

DIE PREISE

Für das bequeme Umkleiden werden mehrere Einzelkabinen und Gruppenkabinen im Eingangsbereich des Bades zur Verfügung gestellt. Die Gruppenkabinen sind nach Damen und Herren getrennt. Es gibt ausreichend Duschen, die sowohl in der Badewelt als auch in der Saunalandschaft vorzufinden sind.

UMKLEIDEN | DUSCHEN

In der 122 qm großen Saunalandschaft kann sich jeder Gast über eine römische Dampfsauna mit Temperaturen von 40-45 °C freuen. Diese Saunaart stammt aus dem alten Rom und sorgt mit einer feucht-warmen Luft für eine körperliche und geistige Entspannung.

DIE SAUNEN
DAMPFSAUNA
40-45 °C

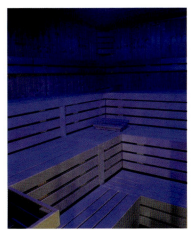

84 Familien- und Erlebnisbad Heringhausen

»PLANSCHEN, BADEN, ENTSPANNEN UND EINFACH SPASS HABEN...«

DIEMELSEE

♀ Kirchstraße 6, 34519 Diemelsee-Heringhausen | ☎ 05633-91135 | 🌐 www.diemelsee.de

FINNISCHE TROCKENSAUNA 80-90 °C — Eher für erfahrene Saunagänger ist die finnische Trockensauna, die Temperaturen von 80-90 °C erreicht, jedoch mit einer niedrigen Luftfeuchtigkeit. Allerdings wird sich Ihre Haut durch das vermehrte Schwitzen sehr gut reinigen und Ihnen ein völlig neues Hautgefühl vermitteln. Ein besonderes Highlight ist die überragende Farbtherapie innerhalb der finnischen Trockensauna.

SCHWIMMBAD — HIer finden Sie ein Innenbecken mit einer Gegenstromanlage welche Sie auch gerne für eine wohltuende Massage im 31 °C warmen Wasser nutzen können. Schwimmen Sie durch die Wärmeschleuse ins ebenfalls beheizte, 31 °C warme Außenbecken. Dort erwarten Sie 4 Massagedüsen, ein Schwanenhals zur Nackenmassage, eine Wasser-

Familien- und Erlebnisbad Heringhausen
»PLANSCHEN, BADEN, ENTSPANNEN UND EINFACH SPASS HABEN...«
📍 Kirchstraße 6, 34519 Diemelsee-Heringhausen | ☎ 05633-91135 | 🌐 www.diemelsee.de

---

grotte mit Wasserfall sowie ein Bodensprudler. Für die kleinen Gäste steht außerdem die 33 °C warme Kinderbadelandschaft mit Kinderrutsche zur Verfügung.

Empfehlenswert ist es, viele kleine Pausen zwischen den Saunagängen einzulegen. Dafür stehen in der Saunalandschaft mehrere schöne Ruheräume bereit. **RUHEMÖGLICHKEITEN**

Sehr empfehlenswert sind die kostenlosen Aquafitness- und Wassergymnastik-Kurse. **EVENTS**

Aquafitness:	Mi	19:30-20:15 Uhr
Wassergymnastik für Senioren	Do	10:30-11:15 Uhr
		11:15-12:00 Uhr
	Fr	10:30-11:15 Uhr

In der einzigartigen Saunalandschaft wird ganz bequem am dortigen Ticketautomat bezahlt. **ZAHLUNGSVERKEHR**

Kostenlose Parkmöglichkeiten gibt es rund um das gesamte Bad. Es sind genügend Parkplätze vorhanden. **PARKMÖGLICHKEITEN**

86 Gesundheitszentrum Lang »Ein Tag wie ein kleiner Urlaub«

DINSLAKEN
GUTSCHEINHEFT S. 7

Krengelstraße 116-118, 46539 Dinslaken
02064 4137-555 | www.gz-lang.de

GEBOTEN WIRD:

| DAS RESÜMEE | Im Jahre 1937 wurde mit der Gründung des Sanitätshauses Lang der Grundstein für eine erfolgreiche geschäftliche Entwicklung gelegt, die mit der Errichtung des heutigen Gesundheitszentrums seinen vorläufigen Höhepunkt gefunden hat. Die Geschäftsfelder erstrecken sich von dem Homecare-Unternehmen Deutsches Zentrum für Stomatherapie über ein ambulantes Rehazentrum mit Ergotherapie, Logopädie und Ernährungsberatung bis zum AktivCenter mit Fitness und Gesundheitssport. Wellness wird durch eine großzügige Saunalandschaft sowie ein Kosmetikinstitut abgedeckt. |

| SAUNALANDSCHAFT | Zentral um das Bistro gruppieren sich im hellen, leicht mediterran angehauchtem Inneren über etwa 300 qm Saunen, ein Abkühlareal und Ruhebereiche. Die sich anschließende Dachterrasse ist mit gut 1.000 qm groß und weitläufig. Sie hält mit schattigen, sehr sonnigen und lauschigen Plätzen für jeden etwas bereit. |

| DER EMPFANG | Benutzen Sie den Eingang B und nehmen den Aufzug oder die Treppe zum 1. Obergeschoss. An dem zentralen Empfang für Fitness und Sauna checken Sie ein. Hier können über eine Wendeltreppe erreichen Sie die Saunalandschaft im 2. Obergeschoss. |

| DIE ÖFFNUNGSZEITEN | Montag 9:00-22:00 Uhr (Damensauna 9:00-15:00 Uhr) Dienstag: Ruhetag | Mittwoch, Donnerstag, Freitag 11:00-22:00 Uhr (Frühschwitzer bis 15:00 Uhr) | Samstag: 10:00-20:00 Uhr | Sonntag und Feiertag: 10:00-18:00 Uhr | (Karfreitag, Pfingstsonntag, 1. Weihnachtstag, Neujahr geschlossen. Öffnungszeiten der anderen Feiertage bitte der Homepage entnehmen. |

Gesundheitszentrum Lang »Ein Tag wie ein kleiner Urlaub«

Krengelstraße 116-118, 46539 Dinslaken
02064 4137-555 | www.gz-lang.de

DINSLAKEN

Preise: 2-Stunden-Karte 14,00 Euro | 4-Stunden-Karte 17,00 Euro | Tageskarte 19,00 Euro | Damensauna 12,00 Euro | Weitere Konditionen finden Sie auf der Homepage.

DIE PREISE

Männer und Frauen kleiden sich getrennt in separaten Sammelkabinen um. Auch die Duschen sind für Frauen und Männer getrennt angeordnet.

UMKLEIDEN | DUSCHEN

Zwei finnische Saunen und ein Dampfbad erwarten die Gäste im Innenbereich der Anlage. Auf der Dachterrasse sind zwei weitere Saunen in einem großen Häuschen aus Holz mit begrüntem Dach untergebracht. Die gegenüberliegende Maa-Sauna ist mit Blockbohle gebaut. Stündliche Aufgüsse mit wechselnden Düften oft mit Reichung von Obst, Eis und anderen Kleinigkeiten werden in der Aufguss-Sauna zelebriert. Ab und zu gibt es auch Verlosungen während des Aufgusses. Als Gewinn locken Getränke nach Wahl.

DIE SAUNEN

Über dem mittigen Ofen mit Saunasteinen hängt ein Kessel mit Sud, dessen Aroma sich angenehm in der schön holzverkleideten Saunakabine verteilt. Bei Temperaturen um die 50-60 °C kommen rund 20 Saunagäste allmählich und schonend ins Schwitzen. Fackelleuchten und ein farbchangierendes Licht illuminieren den Raum wohltuend.

DIE BIO-SAUNA
50-60 °C

Der seitliche Ofen mit Saunasteinen erhitzt die attraktiv holzvertafelte Kabine auf 85 bis 95 °C. Ein Fenster gewährt für etwa 20 Personen den Blick in die innen liegende Saunalandschaft. Fackelleuchten erhellen dezent den Raum.

DIE FINNISCHE SAUNA
85-95 °C

Rund 30 Personen kommen bei 90-95 °C ordentlich ins Schwitzen. Der seitliche Ofen mit Saunasteinen liegt direkt neben dem großen Fenster, welches einen Einblick auf die Dachterrasse ermöglicht.

DIE AUFGUSS-SAUNA
90-95 °C

88 DINSLAKEN
Gesundheitszentrum Lang »Ein Tag wie ein kleiner Urlaub«

Krengelstraße 116-118, 46539 Dinslaken
02064 4137-555 | www.gz-lang.de

DIE RUHE-SAUNA
80-90 °C
80-90 °C herrschen in der mit Unterbanköfen ausgestatteten Saunakabine vor. Rundherum spenden kleine Fenster neben der dezenten Beleuchtung Licht. Die Saunakabine ist für gut 25 Personen konzipiert.

DIE »MAA«-SAUNA
110-120 °C
Trotz der enorm hohen Temperatur von 110-120 °C ist der Aufenthalt für etwa 20 Personen in der in die Erde eingelassenen Maa-Sauna mit begrüntem Dach sehr angenehm. Die Holzbefeuerung und die rustikale Holzverkleidung ermöglichen in der bewusst dunkel gehaltenen Kabine ein einzigartiges Saunaerlebnis.

DAS DAMPFBAD
45 °C
Das Licht des farbwechselnden Sternenhimmels verbindet sich auf interessante Art und Weise mit dem feinen Nebel, der sich in der 45 °C warmen, aromatisierten Dampfkabine verbreitet. Rund 10 Personen finden hier Platz. Salz wie Honig zum Einreiben sind am Bistro erhältlich.

DAS ABKÜHLEN

CRUSHED ICE
Warm-Kalt-Brausen, eine Schwall- und eine Regendruckdusche nebst Kneipp-Schlauch sorgen für eine wohltuende Abkühlung im Innenbereich. Im anschließenden Raum wartet ein Crushed-Ice-Brunnen. Vier Fußwärmebecken liegen an einer schön marmorierten Sitzbank. Die Abkühlschnecke mit Tauchbecken, Schwall-, Regendruck- sowie Kübeldusche ermöglicht eine Erfrischung auch auf der Dachterrasse.

DIE AUSSENANLAGE
Die große Dachterrasse ist von außen uneinsehbar und wird von hochgewachsenen Bäumen gesäumt. Viele attraktiv angelegte Beete mit Grünpflanzen erstrecken sich inselartig über den gesamten Außenbereich. Gemütliche Liegen mit Auflagen finden sich auf Holzterrassen und auf einer großen Liegewiese.

RUHEMÖGLICHKEITEN
In zwei Ruheräumen stehen bequeme Liegen mit Auflagen, Decken und Leselampen zur Erholung parat. Stilvolle Dekorationen sowie Orchideen zieren die Räume. Einer der beiden Ruheräume verfügt über ein großes Panoramafenster mit herrlichem Ausblick auf die Dachterrasse.

Gesundheitszentrum Lang »Ein Tag wie ein kleiner Urlaub«

Krengelstraße 116-118, 46539 Dinslaken
02064 4137-555 | www.gz-lang.de

DINSLAKEN

MASSAGEN UND SOLARIEN

Bei Massage-Highlights für Sie und Ihn kommen die Saunagäste zur Ruhe und in die Entspannung. Hand- und Stone-Massagen, Quarzstempel-Massagen, Aromaöl-Massagen sowie klassische Teil- und Ganzkörpermassagen stehen auf dem Programm. Ein Hochleistungsbräuner sorgt für einen schönen Teint.

EVENTS

Es gibt Saunanächte mit verlängerten Öffnungszeiten und besonderen Aufgüssen.

GASTRONOMIE

Im Bistro mit Innen- und Außenbereich können Salate, Nudeln, Baguettes und auch Fleischgerichte verspeist werden. Zudem wird ein wechselndes Tagesgericht serviert. Helle und freundliche Sitzbereiche laden zum gemütlichen Verweilen ein. Die mit ausgesuchten Natursteinen gebaute Außentheke ist ein sehr kommunikativer Bereich und ideal für ein Getränk zwischendurch.

ZAHLUNGSVERKEHR

Alle in Anspruch genommenen Leistungen werden im Nachhinein beglichen.

PARKMÖGLICHKEITEN

Unmittelbar an der Anlage stehen kostenlose Parkplätze zur Verfügung.

90 — DORSTEN
GUTSCHEINHEFT S. 7

Freizeitbad Atlantis »LASSEN SIE SICH VERWÖHNEN!«

Konrad-Adenauer-Platz 1, 46282 Dorsten
02362 95170 | www.atlantis-dorsten.de

GEBOTEN WIRD:

DAS RESÜMEE — Das Freizeitbad Atlantis ist ein wahres Paradies für Jung und Alt, für Schwimmer wie Fitness- und Wellnessfans. Freuen Sie sich auf das 1.200 qm große Erlebnisbecken, den Strömungskanal, Wasserfälle, Sprudelliegen oder den Whirlpool in der Brodelbucht. Action verheißen fünf High-Tech-Rutschen mit einer Gesamtlänge von 390 m. Im Solebecken gönnen Sie Ihrem Körper und Ihrer Seele etwas Gutes. Auch im Kinderbecken wurde mit Wasserschlange, Wasserdüsen und Wasserfall sowie Krokodilrutsche an alles gedacht. Sportlich geht es im 25 m-Becken auf 5 Bahnen zu. Ebenso lädt das Außenbecken im Freibad, mit Massagedüsen und Schwallduschen ein.

DER SAUNABEREICH — Auf über 500 qm präsentiert sich eine einladende wie lichtdurchflutete Saunalandschaft mit Stein- und Felsformationen. Die Wände sind in violett in unterschiedlichen Nuancen gestaltet. Sehr viele Grünpflanzen lockern die Atmosphäre behaglich auf. An die Innenlandschaft schließt sich der 1.200 qm große Saunagarten mit attraktiven Holzhäusern, die als Saunakabinen oder Ruhehaus dienen, sowie ein Naturteich und ein großes Abkühlbecken an.

DER EMPFANG — Am Empfang werden Bademäntel, Handtücher, Badeschlappen & -utensilien verkauft. Der Saunashop im Wellnessbereich bietet außerdem die Möglichkeit Artikel wie Hamamtücher, Duschschäume oder Saunahüte zu erwerben.

DIE ÖFFNUNGSZEITEN — Montag bis Donnerstag 10:00–21:30 Uhr | Freitag, Samstag 10:00–23:00 Uhr | Sonntag 10:00–21:00 Uhr | feiertags 10:00–22:00 Uhr

DIE PREISE — 3 Std. Ticket 15,00 Euro | Tagesticket 18,50 Euro

Freizeitbad Atlantis »LASSEN SIE SICH VERWÖHNEN!«

Konrad-Adenauer-Platz 1, 46282 Dorsten
02362 95170 | www.atlantis-dorsten.de

Im Badbereich können sich die Saunagäste in Einzelkabinen umkleiden. Im Saunabereich stehen für Frauen eine Sammelkabine sowie für Männer und Frauen eine gemischte Umkleide zur Verfügung. Geduscht wird nach Geschlechtern getrennt.

UMKLEIDEN | DUSCHEN

Zwischen acht unterschiedlich temperierten und gestalteten Saunen und Dampfbädern kann der Saunagast im Atlantis wählen. Drei Saunakabinen sind jeweils in einem Blockhaus aus massiven Rundstämmen mit begrüntem Dach im Saunagarten untergebracht. Die mit 50 °C mildeste Sauna, die Salzsauna, das Sanarium mit farbwechselndem Kristalllicht, sowie die Aufguss-Sauna liegen im Inneren der Anlage.

DIE SAUNEN

Eine schier unermessliche Auswahl an verschiedenen Aufgüssen wird im Atlantis geboten. Dabei wird hauptsächlich in der Aufguss-Sauna, aber auch in der Erdsauna, in der Rosen- sowie der Loftsauna aufgegossen. Stündlich wird mit Kelle oder auch der Gießkanne der Saunaofen mit Wasser beträufelt. Aufgüsse mit der Gießkanne können sehr heiß werden, da das Wasser punktgenau auf den Saunasteinen landet. Gewedelt wird mit Palmwedel, Fächern, Fahnen oder dem Saunatuch. Zu den Aufgüssen werden z. B. Salz, Honig oder eine Zucker-Öl-Mischung zum Hautpeeling ausgeteilt. Sehr beliebt ist der Wenik-Aufguss mit Birkenzweigen oder der Klangschalen-Aufguss, bei dem sanfte Klänge und Schwingungen im Vordergrund stehen.

Ein weiteres Highlight ist der 60-minütige 4-Jahreszeiten-Aufguss in der Erdsauna, der freitags oder an Feiertagen auf dem Programm steht.

Über drei Ebenen können sich etwa 40 Schwitzhungrige bequem verteilen. Der große Ofen erwärmt die dezent beleuchtete Saunakabine auf 85 °C. Viele der angebotenen Aufgüsse werden hier zelebriert.

DIE AUFGUSS-SAUNA
85 °C

Der milde Starter in einen erholsamen Saunatag! Bei ca. 60 °C können gut 35 Personen angenehm verweilen. Der Blick fällt immer wieder auf den riesigen, stirnseitigen Bergkristall, der das bunte Farbspiel der Deckenkristall-Leuchten wiederspiegelt.

DAS SANARIUM
60 °C

Mit Wänden aus Salz lädt die Salzsauna bei wohligen 50 °C zum Entspannen ein. Das Gradierwerk in der Mitte der Sauna in dem Salzwasser an den Birkenzweigen herunterfließt bietet einen zusätzlichen Entspannungsfaktor.

DIE SALZSAUNA
50 °C

Dezente Entspannungsmusik empfängt etwa 25 Saunagäste in der 70 °C warmen Rosensauna mit Vorraum und überdachter Sitzmöglichkeit vor der Sauna. Zwei seitliche Fenster gewähren den Ausblick in den Saunagarten.

DIE ROSEN-SAUNA
70 °C

In rustikalem Gewand gibt sich die 80 °C warme Saunakabine, die gut 30 Schwitzhungrige beherbergen kann. Die Sitzbänke sind L-förmig um den Saunaofen angeordnet. Über dem Ofen hängt eine kleine Schale mit Kräutersud.

DIE LOFT-SAUNA
80 °C

92 Freizeitbad Atlantis »LASSEN SIE SICH VERWÖHNEN!«

DORSTEN

📍 Konrad-Adenauer-Platz 1, 46282 Dorsten
📞 02362 95170 | 🌐 www.atlantis-dorsten.de

DIE ERD-SAUNA
90 °C
Die mit 90 °C heißeste Kabine der Anlage ist tief in die Erde eingelassen. So herrscht ein angenehmes und erdiges Klima in der sechseckigen Erdsauna. Kreisförmig verlaufen die Bänke um den enormen wie massiven Ofen in der Mitte. Sechzig Personen fasst die urige, bewusst dunkel gehaltene Sauna.

DAS DAMPFBAD
45 °C
Auf Marmorsitzbänken an den Wänden rundherum finden an die 15 Gäste Platz. Aromatisierter, feiner Nebel liegt in der 45 °C warmen Luft des attraktiv gefliesten Dampfbades.

DIE DAMPFKABINE
Die kleine Dampfkabine mit drei Schalensitzen im Abkühlbereich ist perfekt für Schlammkuren mit Heilerde oder Zucker-Öl-Anwendungen, die zum geringen Preis beim Saunameister erworben werden können.

DAS ABKÜHLEN

CRUSHED ICE
Der attraktiv gefliese Abkühlbereich bietet eine große Auswahl an Abkühlattraktionen. Neben Warm-Kalt-Brausen stehen zwei Kneipp-Schläuche zur Verfügung. Kühles Nass beherbergen auch die Duschnischen mit einer Erlebnisdusche, Kneipp-Schläuchen, Eckbrausen sowie einer Schwall- und einer Kaltdusche. Den ultimativen Abkühlkick verheißen das anliegende Tauchbecken und der Crushed-Ice-Brunnen. Äußerst kommunikativ ist der Bereich mit den vier Fußwärmebecken. Auch im Saunagarten kann sich der erhitzte Saunagast an zwei Duschsäulen mit vielfältigen Duschen sowie im Tauchbecken eine ordentliche Abkühlung verschaffen. Danach geht's ins große, runde Schwimmbecken welches in der Nähe des Naturteiches angesiedelt ist.

DER WHIRLPOOL
Der in die Steinlandschaft eingearbeitete, 33 °C warme Whirlpool bietet viel Platz als Wohlfühloase.

DIE AUSSENANLAGE
Die Außenanlage hat mit ihren Saunahäuschen, dem Ruhehaus am Naturteich und einem Rundweg aus Stein Dorfcharakter. Bequeme Liegen auf Rasenarealen säumen ebenso den Weg wie schön angelegte Beete mit Blumen und Grünpflanzen und wie große Steinformationen. Auf dem Holzsteg unmittelbar am Naturteich mit Wasserspeiern, Wasserspflanzen und kleinen Fischen lässt es sich angenehm verweilen. Auch an die Raucher wurde in Form eines Holzpavillons mit massiven Rundstämmen gedacht. Überdacht, mit bequemen Sitzmöglichkeiten und Infrarotstrahlern zum Wärmen ausgestattet, zeigt er sich einladend dekoriert.

RUHEMÖGLICHKEITEN
Der lichtdurchflutete Ruheraum ist, mit über 20 behaglichen Liegen mit Decke und Nackenrolle sowie Grünpflanzen, ein idealer Ruheort. Ein wahres Refugium stellt das massive, aus Douglasie-Rundstämmen erbaute Ruhehaus im Saunagarten dar. Das angenehme Plätschern des Wasserspeiers auf dem Naturteich erleichtert ebenso das Zur-Ruhe-Kommen wie das schöne, natürliche Holzklima und die behagliche Wärme des Holzkamins. Von den zahlreichen Liegen mit Auflagen, Decken

Freizeitbad Atlantis »LASSEN SIE SICH VERWÖHNEN!«

Konrad-Adenauer-Platz 1, 46282 Dorsten
02362 95170 | www.atlantis-dorsten.de

und Fußrollen hat der Erholungssuchende einen Panoramablick auf den Saunateich.

MASSAGEN

Lassen Sie sich mit Hot-Chocolate-, Hot-Stone- sowie Gesichtsmassagen verwöhnen. Ebenso stehen Ayurveda-Massagen oder Salzmassagen neben Aromaölmassagen, als Teil- oder Ganzkörpermassagen, auf dem Programm. Last but not least, können Sie in den Genuss einer ganz besonderen Massage, wie z.B. die Schröpf- oder Honigmassage kommen, indem Sie eine Massage des Monats in Anspruch nehmen.

EVENTS

Mehrere über das Jahr verteilte lange Saunanächte bis 2:00 Uhr locken mit einer besonderen Vielfalt an Aufgüssen die Schwitzhungrigen in die Sauna. Von Zeit zu Zeit werden Mottotage oder Mottowochen mit ausgefallenen Attraktionen angeboten. Nähere Informationen erhalten Sie im Internet oder im Bad.

GASTRONOMIE

Bequeme Sitzmöglichkeiten, mit herrlichem Ausblick in den Saunagarten, lassen den Saunagast Salate, Nudeln, leckere Kleinigkeiten und vegetarische Gerichte gemütlich verspeisen. Die lichtdurchflutete, große Gastronomie finden Sie zentral im Innenbereich der Anlage. Am Außenpool kann bei schönerem Wetter ebenfalls behaglich gegessen werden. Weitere köstliche Speisen können im Badbereich oder Bistro Jamaika im Eingangsfoyer zu sich genommen werden.

ZAHLUNGSVERKEHR

Der Eintritt wird beim Betreten der Anlage bezahlt. Alle in Anspruch genommenen Leistungen werden auf einen Chip gebucht und im Nachhinein in bar, mit Wertkarten, per ec-Karte oder Kreditkarte beglichen.

PARKMÖGLICHKEITEN

Im hauseigenen Parkhaus, unmittelbar an der Anlage, stehen ausreichend kostenlose Parkplätze zur Verfügung. Ein großer Wohnmobilstellplatz ist nicht weit entfernt.

94 Radisson Blu Hotel, Dortmund

DORTMUND
GUTSCHEINHEFT S. 7

»ABSCHALTEN UND AUFTANKEN – MACHEN SIE URLAUB ZU HAUSE!«

An der Buschmühle 1, D-44139 Dortmund | 0231 1086-645 | 0231 1086-777

GEBOTEN WIRD:

DAS RESÜMEE	Entspannen in den Saunen oder im Dampfbad, ausgiebig schwimmen im größten Hotel-Pool Dortmunds, Fitness mit modernsten Precor-Geräten, leckere Wellness-Drinks und eine Vielfalt gesunder Speisen an der Active Club Bar – im »Active Club« werden auf 1.050 qm all diese Wünsche an sieben Tagen in der Woche wahr. Dortmunder aufgepasst: Der »Active Club« ist für alle Wellness- und Fitnessbegeisterten geöffnet – nicht nur für Hotelgäste!
DIE ÖFFNUNGSZEITEN	Täglich von 6:30–22:30 Uhr.
DIE PREISE	Tageskarte 19,00 Euro	Monatskarte 99,00 Euro. Rabatte für Zehner-, Jahres- und Partner-Karten erfragen Sie bitte vor Ort.
UMKLEIDEN	DUSCHEN	Für den Sauna- und Schwimmbadbereich gibt es getrennte Umkleiden für Damen und Herren. Die Reinigungsduschen befinden sich direkt im Umkleidebereich.
DIE FINNISCHEN SAUNEN	Die klassischen 90 °C- und 70 °C-Saunen haben auf drei über Eck angeordneten Etagen eine Kapazität von maximal je 15 Personen.
DIE DAMPFBÄDER	Das Dampfbad besteht aus einer Kunststoffkabine und bietet Einzelsitze für 11 Personen. Bei 100 % Luftfeuchtigkeit herrscht hier eine Temperatur von 48 °C. Nach dem Dampfbad fühlen Sie sich wie neu geboren.
DAS ABKÜHLEN	Zwischen dem Dampfbad und Sauna 1 stehen eine Eiskübel, eine Schwalldusche und eine Regenwalddusche zum Abkühlen bereit.

Radisson Blu Hotel, Dortmund
»ABSCHALTEN UND AUFTANKEN–MACHEN SIE URLAUB ZU HAUSE!«
An der Buschmühle 1, D-44139 Dortmund | 0231 1086-645 | 0231 1086-777

DORTMUND

Sie schwimmen gerne? Mit seinen 17 x 8 Metern ist das Schwimmbecken der größte Hotelpool Dortmunds. Sie brauchen schon mehr als zwei kräftige Züge, um vom einen Ende zu dem anderen zu gelangen. Brust-, Rücken- oder Kraullagen können bei hier voll durchgezogen werden. Textilfreie Nutzung der Saunen und des Dampfbades sowie Nutzung des Pools mit Badebekleidung.

DAS SCHWIMMBECKEN

Ruhebereiche finden Sie im Innenbereich rund um den Pool, vor Sauna 2 und auf der von außen nicht einsehbaren Aussenterrasse, die zum Entspannen an der frischen Luft einlädt. Bevor Sie auf den komfortablen Lounge-Liegen ausspannen oder frische Luft tanken, können Sie sich einen köstlichen Wellness-Drink servieren lassen oder Sie lassen sich von der Bar einen leckeren Fitnessteller kommen.

RUHEMÖGLICHKEITEN

Der 200 qm große klimatisierte Fitnessbereich ist mit exklusiven Precor Cardio- und Kraftgeräten ausgestattet. Zudem können Sie zwischen klassischen- und Wellness-Massagen sowie professionellen Kosmetikbehandlungen wählen. Hierzu ist eine Terminabsprache notwendig.

MASSAGEN | SOLARIEN

Neu im Angebot des Activ Clubs des Radisson Blu ist die EMS, die elektrische Muskelstimulation. Für den Körper vollkommen ungefährlich wird die Muskulatur durch Stromimpulse im Niederfrequenzbereich angeregt. Bei normalem Training wird diese in der Regel nicht erreicht. So sind 20 Minuten EMS-Training mit etwa 1,5 Stunden konventionellem Training vergleichbar. Nach nur wenigen Wochen sind bereits Erfolge bei Muskelaufbau, Rücken-Kräftigung und Gewichtsreduktion sichtbar. Die Personaltrainer des Radisson Blu stehen tatkräftig und hilfsbereit zur Seite.

ZUSATZANGEBOTE

Ob Sie saunieren oder schwimmen, sich an Geräten auspowern oder massieren lassen, Sie bezahlen bequem an der Hotelrezeption.

ZAHLUNGSVERKEHR

Direkt am Haus stehen 67 Plätze auf dem hoteleigenen Parkplatz und 50 Plätze in der hoteleigenen Tiefgarage gegen eine Gebühr von 2 Euro für die erste Stunde und 1 Euro für jede weitere Stunde zur Verfügung, wobei eine Tagespauschale von 10 Euro nicht überschritten wird. In der direkten Nähe des Hotels gibt es über 1.000 weitere Plätze auf öffentlichen Parkplätzen (teilweise gegen Gebühr).

PARKMÖGLICHKEITEN

96 VIP-RU Sauna »SAUNIEREN WIE IN RUSSLAND«

DORTMUND
GUTSCHEINHEFT S. 7

Westricherstr 62, 44388 Dortmund
0231-58 93 58 55 | viprusauna@gmail.com | www.vip-ru.de

GEBOTEN WIRD:

| DAS RESÜMEE | Diese kleine Saunalandschaft liegt mitten in Lütgendortmund, einem kleinen Vorort von Dortmund. In guter russischer Tradition und herzlichem Ambiente erhalten Sie Zutritt in eine private Saunawelt, in der ungestört entspannt und relaxt werden kann. Als Highlight können Sie hier einen Aufguss mit Besen–einer Birkenrute–erleben und haben zudem in der gesamten Wellness-Anlage freien WLAN-Zugang. |

| DER SAUNABEREICH | Die VIP-RU Sauna bietet Ihnen drei verschiedene Saunen, in denen Sie sich eine Auszeit gönnen können. Die Finnische Sauna, die Russische Sauna sowie die Holzsauna versprechen pure Erholung und geben Ihnen die Möglichkeit, neue Kraft zu tanken. Jeder Gruppe wird eine eigene Sauna zugewiesen, sodass Sie in privatem Ambiente einen wunschlosen Aufenthalt verbringen können. |

| DER EMPFANG | Im Eingangsbereich empfängt Sie das freundliche Personal und steht Ihnen bei Fragen, sowohl zum Saunagang als auch zur russischen Küche, gerne zur Seite. Je nach Bedarf können Sie sich hier auch Badetücher, -schuhe und -mäntel ausleihen. |

| DIE ÖFFNUNGSZEITEN | Donnerstags 12:00–22:00 Uhr | Freitags und samstags 12:00–23:00 Uhr | Sonntags und feiertags 10:00–22:00 Uhr. Der Besuch der Sauna ist nur nach telefonischer Vereinbarung möglich. Auch Termine an anderen Wochentagen können telefonisch vereinbart werden. |

| DIE PREISE | Eine 2,5 Std.-Karte kostet für zwei Person 50,00 Euro. Dasselbe Angebot am Donnerstag kostet 37,50 Euro. Weitere Preise finden Sie auf der Internetseite www.vip-ru.de/preise/. |

VIP-RU Sauna »SAUNIEREN WIE IN RUSSLAND«

Westricherstr 62, 44388 Dortmund
0231-58 93 58 55 | viprusauna@gmail.com | www.vip-ru.de

Jede Sauna besitzt einen eigenen Bereich mit Umkleideschrank und eigener Dusche.

UMKLEIDEN | DUSCHEN

Die VIP-RU Sauna bietet Ihnen Sauna nach Auswahl.

DIE SAUNEN

Diese Sauna lädt zwei Personen zum Entspannen ein. Die Pärchensauna verfügt über einen eigenen Innenbereich, in dem Sie, neben einem kalten Tauchbecken, zwei komfortable Liegen sowie einen Tisch mit Stühlen vorfinden. Ebenso wird der Bereich durch einen separaten Ruheraum ergänzt, in dem ganz privat meditative Ruhe gefunden werden kann.

PÄRCHENSAUNA

Die VIP-Sauna ist für drei bis acht Person ausgelegt und besitzt einen eigenen Ruheraum und einen großen Tisch mit bequemen Stühlen, die zur Feier eines Geburtstags oder für auch für einen Junggesellenabschied einladen. Die Menükarte für einen perfekten Saunatag finden Sie auf der Internetseite: http://vip-ru.de/deutsch-speisekarte/.

VIP SAUNA

98 DORTMUND — VIP-RU Sauna »SAUNIEREN WIE IN RUSSLAND«

Westricherstr 62, 44388 Dortmund
0231-58 93 58 55 | viprusauna@gmail.com | www.vip-ru.de

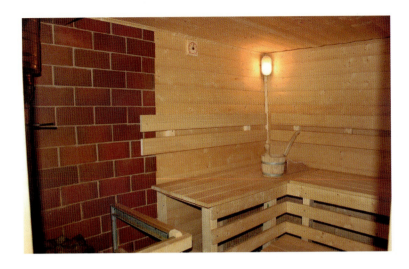

HOLZSAUNA — Die komplett holzverkleidete Sauna kann für Gruppen von sechs bis zwölf Personen genutzt werden. Der Schwitzraum der Anlage wird selbstständig mit Holz beheizt. Die Sitzmöglichkeiten in der geräumigen Sauna bestehen aus selbstgebauten Paletten-Möbeln, die einen individuell geselligen Saunagang in großer Runde versprechen.

DAS DAMPFBAD — Sie erwartet ein komplett in bunten Mosaiksteinchen gefliestes Hammam. In dem dampfgesättigten Raum lässt es sich bei hoher Luftfeuchtigkeit und relativer Temperatur optimal Schwitzen.

DAS ABKÜHLEN — Jede der drei Saunen ist mit einer Eimerdusche mit kaltem Wasser ausgestattet.

RUHEMÖGLICHKEITEN — Ruhemöglichkeiten finden Sie jeweils in den separaten Bereichen der einzelnen Saunen.

VIP-RU Sauna »SAUNIEREN WIE IN RUSSLAND«

Westricherstr 62, 44388 Dortmund
0231-58 93 58 55 | viprusauna@gmail.com | www.vip-ru.de

Die VIP-RU SAUNA bietet die klassische Massage an–komplette Entspannung durch sanfte Massage-Bewegungen: stimuliert das Immunsystem, optimiert den Blutkreislauf und entspannt die Muskulatur.

WELLNESS | MASSAGEN

Genießen Sie während Ihres Saunabesuches erfrischende Getränke, Bier und Wein. Zudem bietet die Sauna verschiedene Speisen und Leckereien der russischen Küche, die Sie sich in den Ruhebereichen bestellen können. Auch Vegetarier und Veganer kommen hier auf Ihre Kosten.

GASTRONOMIE

Zusatzangebote: In der Sauna steht den Gästen ein kostenloser Internet-Zugang zur Verfügung.

ZUSATZANGEBOTE

Alle in Anspruch genommenen Leistungen können Sie mit Bargeld oder EC-Karte bezahlen.

ZAHLUNGSVERKEHR

Direkt am Standort sind kostenfreie Parkplätze in ausreichender Zahl vorhanden.

PARKMÖGLICHKEITEN

DIE SAUNA INSEL® »IHR VITALITÄTSZENTRUM IN DÜLMEN«

⚲ Wierlings Busch 16, 48249 Dülmen
☎ 02594 3014 | ✉ info@sauna-insel.de | 🌐 www.sauna-insel.de

GEBOTEN WIRD:

DAS RESÜMEE	Im Vitalitätszentrum „Die Sauna Insel®" finden Sie in einem einzigartigen, echt finnischen Blockhaus Erholung und Entspannung pur. Sechs Saunas sind für Sie aufgeheizt. Ein über 8.500 qm großer Saunagarten, Tiefenentspannung durch Massage, Kosmetik, Dampfbad und Badekultur sorgen für Fitness und Erholung. Abgerundet wird das Angebot mit frisch zubereiteten, gesunden und schmackhaften Speisen sowie Getränken im Restaurant.
DER EMPFANG	Wenn Sie das Vitalitätszentrum zum ersten Mal besuchen, werden Sie persönlich herumgeführt und mit den Gegebenheiten vertraut gemacht.
DIE ÖFFNUNGSZEITEN	Täglich ab 9:00 Uhr geöffnet. Damen-Sauna: Mittwoch von 9:00-14:00 Uhr. Gemeinschafts-Sauna: Zutritt ab 16 Jahren.
DIE PREISE	Einzeleintritt (ganztägig): 27,90 Euro. Samstags, sonntags und an Feiertagen Tarifaufschlag: 4,00 Euro pro Person. Darüber hinaus gibt es Angebote für VIP-Karten, 10er-, 20er- und Jahreskarten. Informieren Sie sich dazu bitte an der Rezeption bzw. im Internet.
UMKLEIDEN | DUSCHEN	Die ansprechend gestalteten Umkleideräume werden in der Regel von Damen und Herren gemeinsam benutzt. Jedoch gibt es zusätzlich geschlechtergetrennte Umkleideräume. Jeder Umkleideraum hat seine eigene Reinigungsdusche. Wertfächer stehen kostenlos zur Verfügung.
DIE SAUNEN	Der über 8.500 qm große Garten mit insgesamt vier echtfinnischen, teilweise holzbefeuerten Sauna-Blockhäusern stellt zweifelsohne den Höhepunkt des

DIE SAUNA INSEL® »IHR VITALITÄTSZENTRUM IN DÜLMEN«

♀ Wierlings Busch 16, 48249 Dülmen
☎ 02594 3014 | ✉ info@sauna-insel.de | 🌐 www.sauna-insel.de

DÜLMEN
GUTSCHEINHEFT S. 7

Angebots dar. Aber auch im Inneren erwarten Sie Sauna-Highlights: Neben einem Dampfbad stehen die Ruusu®-Sauna und das Valo®-Bad den Gästen zur Verfügung.

In dem feuchten Warmluftbad wird bei einer Temperatur von ca. 45 °C und einer relativen Luftfeuchtigkeit von ca. 100 % gebadet-wo man sich in der dampfenden Wärme geborgen und verwöhnt fühlt.

DAS DAMPFBAD
45 °C

Nicht ohne Grund wurde dieser Name Valo® (finnisch: Licht) für das Warmluftbad (ca. 60 °C, relative 40 % Luftfeuchtigkeit) gewählt, ziert doch ein Sternenhimmel mit farb-wechselnden Kugellichtern die Decke der Kabine.

DAS VALO®-BAD
60 °C

Im Zentrum des Warmluftbades befindet sich der Saunaofen, auf dem mittig eine große Granitkugel liegt. Der heißen Granitkugel entspringt mit ätherischen Ölen angereichertes Wasser, das sanft über die Oberfläche der Kugel fließt. Stimmungsvolle und beruhigende Klänge umschmeicheln zusätzlich die Sinne des Badegastes.

Liebevolle Rosenschnitzereien in den Saunaleuchten sowie in den Rückenlehnen verleihen der Saunakabine ihren anheimelnden und romantischen Charakter. Besonderer Blickfang ist der zentral angeordnete Saunaofen (ca. 85 °C, relative 40 % Luftfeuchtigkeit) auf dem rund 85 kg Rosenquarz-Steine eine außergewöhnliche Atmosphäre schaffen.

DIE RUUSU®-SAUNA
85 °C

Effektvoll beleuchtet, kommt der geheimnisvolle Edelstein voll zur Geltung. Eine mit Wasser und Rosenaroma gefüllte Edelstahlschale über den Rosenquarz-Steinen gewährleistet eine milde Freisetzung der ätherischen Öle und verwöhnt zusätzlich die Sinne.

DIE SAUNA INSEL® »IHR VITALITÄTSZENTRUM IN DÜLMEN«

DÜLMEN

Wierlings Busch 16, 48249 Dülmen
02594 3014 | info@sauna-insel.de | www.sauna-insel.de

DIE STUGA-REX®-SAUNA 90 °C	Die Stuga-Rex®-Sauna (ca. 90 °C, relative 10 % Luftfeuchtigkeit) steht für Schwitzgenuss pur. Die großzügigen Panoramafenster geben den Blick frei auf den liebevoll gestalteten Saunagarten. Die überdimensionale gusseiserne Ofenstelle mit über 650 kg echtfinnischem Saunagestein stellt das Highlight in dieser Sauna dar. Durch die spezielle Nachheizkammer wird die Temperatur des Saunaraumes automatisch reguliert.
DIE MAA®-SAUNA 110 °C	In der Maa®-Sauna, der echtfinnischen Erdsauna, schwitzen Sie auf die wohl ursprünglichste Art und Weise. In dem zum Teil in den Boden eingelassenen Saunablockhaus verbreitet ein ständig prasselndes, sichtbares Herdfeuer eine unvergleichlich behagliche Stimmung. Selbst bei hohen Temperaturen (ca. 110 °C, relative 5 % Luftfeuchtigkeit) ist das Saunaklima noch überraschend angenehm und mild. Überzeugen Sie sich selbst!
DIE TULI®-SAUNA 100 °C	In der Tuli® Sauna stehen Feuer und Flamme im wahrsten Sinne des Wortes im Mittelpunkt. In dem sechseckigen Sauna-Blockhaus zieht eine überdimensionale, mittig aufgesetzte, verglaste Feuerstelle die Blicke auf sich. Die Saunagäste können hier entspannt von allen Seiten in das prasselnde Feuer blicken. Das Feuer trägt nicht nur zu einer unnachahmlichen Stimmung bei, sondern auch zu dem milden und einzigartigen Saunaklima (ca. 100 °C, relative 10 % Luftfeuchtigkeit). Sicherlich werden auch Sie in der Tuli®-Sauna bald „Feuer und Flamme" sein.
DIE SUURI®-SAUNA 90 °C	In der echtfinnischen Suuri®-Sauna (ca. 90 °C, relative 10 % Luftfeuchtigkeit), der großräumigen Event-Sauna, werden wechselnde Spezial-Sauna-Aufgüsse zelebriert. Darüber hinaus verwöhnen Saunameister Sie hier regelmäßig mit besonderen Aufguss-Ritualen und heizen Ihnen bei abwechslungsreichen Sauna-Events so richtig ein. Der große Sauna-Vorraum mit Theke und Eisbrunnen bieten Ihnen eine Vielzahl von Erfrischungsmöglichkeiten.

DIE SAUNA INSEL® »IHR VITALITÄTSZENTRUM IN DÜLMEN«

Wierlings Busch 16, 48249 Dülmen
02594 3014 | info@sauna-insel.de | www.sauna-insel.de

In der Nähe der Saunas befinden sich sowohl innen wie außen genügend Abkühlmöglichkeiten, die in der Regel aus Schwall-, Kübel- und normalen Duschen bestehen. Außerdem gibt es Tauchbecken und Kneippschläuche.

DAS ABKÜHLEN

Ein Pool mit einer Tiefe von 1,35 m lädt Sie ein, zwischendurch ein paar Runden zu schwimmen. Im Innenbereich gibt es acht Fußwärmebecken in einem stimmungsvollen Ambiente.

DAS TAUCH- UND BEWEGUNGSBECKEN

Als großes Highlight bietet ein neuer, 500 qm großer Naturschwimmteich eine Abkühlung der besonderen Art. Sonnenliegen rund herum laden zum Relaxen ein. Abkühlung gefällig? Dann hüpfen Sie rein!

SCHWIMMTEICH

Der 8.500 qm große Saunagarten darf zu Recht als ein Paradies bezeichnet werden. Umgeben und geschützt von einem dichten Fichten- und Kiefernwald finden Sie neben den Saunas auch einen idyllischen See, echt finnische Findlinge und viel Grün mit genügend Raum für Bewegung und Ruhezonen.

DIE AUSSENANLAGE

Weithin sichtbar ist die 8,30 m hohe und ca. 1,5 t schwere Skulptur „Vierjahreszeiten". Das aus einem Eichenstamm gefertigte Kunstwerk nimmt Bezug auf die ganzjährige Öffnung der „Sauna Insel".

Im Haus und im Garten stehen Ihnen großzügig bemessene Ruhemöglichkeiten zur Verfügung. Durch die Panoramafenster haben Sie einen herrlichen Ausblick auf den Saunagarten. Auf den bequemen Liegen finden Sie kuschlige Decken zum Wohlfühlen. Im Erdgeschoss des Hauses befindet sich der „Raum absoluter Ruhe" mit Wasserliegen. Seit Mitte 2018 lädt ein neues, liebevoll eingerichtetes Ruheliegehaus, direkt am Schwimmteich, zum Entspannen ein. Wasserbetten, Relaxschaukeln sowie bequeme Liegen sorgen für Ihr Wohlbefinden. Quasi eine Insel in der Insel.

RUHEMÖGLICHKEITEN

DIE SAUNA INSEL® ›IHR VITALITÄTSZENTRUM IN DÜLMEN‹

DÜLMEN

📍 Wierlings Busch 16, 48249 Dülmen
☎ 02594 3014 | ✉ info@sauna-insel.de | 🌐 www.sauna-insel.de

MASSAGEN | SOLARIEN KOSMETIK
Gerne stellen Kosmetikerinnen für Sie ein individuelles Pflegeprogramm zusammen. Sie beraten Sie kompetent und gehen gezielt auf Ihre Wünsche und Bedürfnisse ein. Lassen Sie sich verwöhnen mit einer kosmetischen Gesichts- und Körperbehandlung, Kopfmassage oder mit einer kosmetischen Fußpflege. Auch ohne einen Saunabesuch sind diese Leistungen buchbar.

EVENTS
Einmal im Monat findet je nach Jahreszeit jeweils ein besonderes Event, wie z. B. die Lichternacht oder die Show Time, statt. Bis 2:00 Uhr morgens hat „Die Sauna Insel®" an den Event-Tagen ihre Pforten für Sie geöffnet.

An jedem 10., 20. und 30. eines Monats (Ausnahmen vorbehalten) wird für Sauna-Fans 1 x täglich das „Vihta-Ritual" angeboten. Zwei Saunameister betreuen die Teilnehmer des Rituals. Klopfmassagen mit Birkenruten fördern die Durchblutung und garantieren ein prickelndes Hauterlebnis. Vorab gibt es eine kleine Stärkung, es werden Früchte gereicht sowie Tee oder Eistee (je nach Jahreszeit) als Erfrischung. Beendet wird das Ritual mit dem Genuss von deftigem Schinken, frischem dunklem Brot und einer Flasche Lapin Kulta. (Auf Wunsch auch andere Getränke möglich) Gesamtdauer: ca. eine Stunde. Für Anmeldungen oder Informationen wenden Sie sich an das Personal. Für das Ritual können Sie sich am Empfang anmelden oder Sie buchen telefonisch vor.

GASTRONOMIE
Bei Erholung für Körper, Geist und Seele, darf das leibliche Wohl nicht fehlen. Smoothies, Drinks, Cocktails, Kaffee und Kuchen, erlesene Speisen-vom kleinen Appetithappen bis hin zum kulinarisch anspruchsvollen Menü-ist alles im Restaurant darauf ausgerichtet Ihren Gaumen zu verwöhnen.

DIE SAUNA INSEL® »IHR VITALITÄTSZENTRUM IN DÜLMEN«

Wierlings Busch 16, 48249 Dülmen
02594 3014 | info@sauna-insel.de | www.sauna-insel.de

DÜLMEN

Alle von Ihnen in Anspruch genommenen Leistungen werden auf Ihren Schlüssel gebucht. Erst beim Verlassen der Anlage bezahlen Sie.

ZAHLUNGSVERKEHR

Direkt neben der Anlage finden Sie genügend kostenfreie Parkplätze.

PARKMÖGLICHKEITEN

Für Reisemobile stehen Stellplätze zur Verfügung. In Kombination mit einem Aufenthalt im Vitalitätszentrum–Die Sauna Insel® ist die Stellplatznutzung kostenfrei.

REISEMOBILSTELLPLATZ

106

DÜLMEN

GUTSCHEINHEFT S. 7

Düb–Freizeitbad Dülmen »ENTSPANNEN-ENTSCHLEUNIGEN-«

Nordlandwehr 99, 48249 Dülmen
02594 9149-0 | www.dueb.de

GEBOTEN WIRD:

| ACHTUNG | Das düb befindet sich bis Herbst 2019 in einer Baumaßnahme. Informieren Sie sich bitte im Vorfeld Ihres Besuches auf der Website www.dueb.de |

DAS RESÜMEE

Das düb in Dülmen bietet seinen Besuchern eine einladende wie abwechslungsreiche Landschaft aus Schwimmbereich (dübFun) und der WohlfühlLandschaft (dübRelax). Und ab Herbst 2019 eine neue Aktivhalle mit einem Hubbodenbecken (dübAktiv). Freuen Sie sich im dübFun auf über 1.500 qm Wasserfläche mit acht unterschiedlichen Becken und einem komplett neu gestalteten Kinderbereich rund um den düb Piraten johnny düb, sowie einem neuartigen Kinderaktionsbereich. So finden sich ein 25 m Mehrzweckbecken mit neuem Klippensprungturm und Wasserfall, sowie integrierter Kletterwand. Ein Nichtschwimmerbecken mit Kleinkindplanschbereich, ein Erlebnisbecken innen mit Sternenhimmel, Lichteffekten und der beliebten Grotte, ein Erlebnisbecken außen und schließlich ein 25-m-Sportbecken. Highlights wie Wasserfälle, Wassersprudler und -fontänen, zwei Röhrenrutschen, eine Breitrutsche und ein 3-Meter Klippensprungturm verheißen ein absolutes Wasservergnügen. Erholung pur ist in zwei Solebecken innen und außen, bei mindestens angenehmen 30 °C Wassertemperatur, garantiert. Spüren Sie das Salz auf Ihrer Haut und atmen Sie die wohltuende saline Luft ein.

WOHLFÜHLLANDSCHAFT

Der moderne, edel und stilvoll geprägte Wohfühlbreich dübRelax erstreckt sich über eine 650 qm große innen liegende, lichtdurchflutete Landschaft. Viele Sitz- und Liegegelegenheiten laden zum erholsamen Verweilen ein. An einem Wasserspender kann kostenlos energetisiertes Wasser getankt werden. Das BadeHaus mit Warmluftbad, musikalischer Untermalung und großem lichtdurchflutetem Sitzbereich ist

Düb-Freizeitbad Dülmen »ENTSPANNEN-ENTSCHLEUNIGEN-«

Nordlandwehr 99, 48249 Dülmen
02594 9149-0 | www.dueb.de

ein Ort der Stille. Weitere Highlights wie zum Beispiel: SalzRelaxHaus, TiefenWärmeSauerstoffBad und SinnesDampfBad bieten vielfältige Möglichkeiten der Ruhe und Entspannung. Zudem wird mit der Wiederöffnung im Herbst 2019 ein weiteres Warmluftbad (PanoramaSauna) in Betrieb genommen. An das Badehaus schließt sich der etwa 2.000 qm große Kneippgarten mit großzügigem Ruhehaus und Salineturm an. In der Wohlfühllandschaft dübRelax ist Textilpflicht.

DER EMPFANG

Am Empfang sind Bademäntel, Badetücher, Badeschlappen sowie Bade- und Saunautensilien käuflich erwerbbar (teilweise auch im Verleih zu erhalten).

DIE ÖFFNUNGSZEITEN

Bitte informieren Sie sich unter: www.dueb.de

DIE PREISE

Bitte informieren Sie sich unter: www.dueb.de

UMKLEIDEN | DUSCHEN

Nach der Wiedereröffnung steht ein noch großzügigeres Angebot an Einzel- und Gruppenumkleiden zur Verfügung und neue und moderne Duschanlagen in denen getrennt geschlechtlich geduscht wird.

DAS WARMLUFTBAD

Das Warmluftbad ist mit 60 °C angenehm temperiert und stellt somit eine besonders kreislaufschonende Textilsaunavariante dar. Rund 60 Schwitzhungrige finden Platz unter dem stimmungsvollen Sternenhimmel mit Farblichtwechsel. In der Luft liegen sowohl dezente Entspannungsmusik als auch anregende bzw. beruhigende ätherische Öle. Die Luftfeuchte beträgt ca. 40 Prozent. Täglich zur vollen Stunde werden im Wechsel Salzpeelings mit Salzsäckchen und Honigpeelings, Aufgüsse und Anwendungen zelebriert.

Düb-Freizeitbad Dülmen »ENTSPANNEN-ENTSCHLEUNIGEN-«

Nordlandwehr 99, 48249 Dülmen
02594 9149-0 | www.dueb.de

PANORAMA SAUNA — Ein neues Angebot im KneippGarten ab Herbst 2019 nutzbar.

TIEFENWÄRME-SAUERSTOFFBAD — Die behagliche Wohlfühlkabine hat, dank zweier kleiner Öfen, eine Grundtemperatur um die 35 °C. An 12 Sitzplätzen ist darüber hinaus, individuell per Knopfdruck, ein Infrarotwärmestrahler im Rücken zuschaltbar. Der Sauerstoffanteil liegt um ca. 5 % höher als in normaler Atemluft. Ein farbiger Sternenhimmel verstärkt noch das WohlfühlAmbiente.

SINNESDAMPFBAD — 15 Liebhaber des Dampfbades können ihre Anwesenheit mit all ihren Sinnen bei 42 °C im attraktiven Bad genießen. Warmer Wassernebel verbindet sich mit ätherischen Düften im farbigen Lichtspiel.

SALZRELAXHAUS — Die Luft des Relaxhauses ist mit Jod, Magnesium, Kalium und Kalzium angereichert. Die Raumtemperatur liegt bei ca. 30 °C. 25 Personen verteilen sich auf gemütliche Liegestühle. Eine wohltuende Tiefenentspannung wird angeregt durch Salzvernebelung, farbwechselnde Beleuchtung, Hintergrundmusik und verschiedene Landschaftsfilme mit ursprünglichen wie natürlichen Landschaften aus aller Welt auf der Großbildleinwand. Der besondere Clou ist, dass die interessante Beleuchtung auf die wechselnden Filmsequenzen angepasst wird. Durch indirekte Beleuchtung erstrahlte Salzziegelwände zieren den großzügigen Raum über drei Ebenen.

DAS ABKÜHLEN — Im Badehaus können sich die Gäste an einem Kneipp-Schlauch und an Warm-Kalt-Brausen abkühlen. Ebenso stehen Eiswürfel bereit. Am SinnesDampfbad befinden sich weitere Warm-Kalt-Brausen, Eckbrausen, ein Kneipp-Schlauch und eine Schwallbrause. Auch im Kneippgarten können sich die Gäste an eisigen Duschen, einer Kübeldusche und Kneipp-Schläuchen ordentlich erfrischen. Zudem lockt auch das in einem Holzfass untergebrachte Tauchbecken.

Düb-Freizeitbad Dülmen »ENTSPANNEN-ENTSCHLEUNIGEN-«

📍 Nordlandwehr 99, 48249 Dülmen
☎ 02594 9149-0 | 🌐 www.dueb.de

DÜLMEN

DÜBKNEIPP

Das gesunde wie wohltuende Kneippen wird im düb groß geschrieben. Im Jungbrunnen im Innenbereich mit vier Paar Fußwärmebecken und drei Paar Armwärmebecken kann ausgiebig gekneippt werden. Ein großes, rundes und kaltes Fußbecken im Kneippgarten dient als Watbrunnen für die Füße.

DIE AUSSENANLAGE

Der weitläufige Außenbereich wird von hochgewachsenen Bäumen gesäumt. Ein Highlight stellt der zentrale, neun Meter hohe Salinenturm dar. Abends wird er mit einem wechselnden Farblichtspiel sehr attraktiv beleuchtet. Es schließt sich eine Steinlandschaft aus Kies mit vielen Grünpflanzen, Bambussträuchern, Liegen und Sonnenschirmen aus Reet an. Der Barfußpfad ist mit verschiedenen Elementen versehen und schlängelt sich im Halbkreis durch den Garten. Sodann erschließt sich ein Erwachsenenspielplatz und eine riesige Liegefläche aus Rasen mit Liegen, Strandkörben und Rosenbeeten.

RUHEMÖGLICHKEITEN

Das große Holz-Ruhehaus mit begrüntem Dach im Kneippgarten lädt zur wohl-tuenden Erholung ein. Äußerst bequeme Rattanliegen mit Auflagen und Decken sind in zwei großzügigen Ruheräumen untergebracht. Von hier haben Sie jeweils einen herrlichen Ausblick in den Außenbereich. Vier Wasserbetten sind zudem im Raum der Stille aufgestellt. Zwischen den beiden Erholungsräumen wartet die Kaminlounge mit zentralem Kaminfeuer mit Armsesseln und Fußhockern auf. Ein geeigneter Ort zur Kommunikation oder zum Lesen. Unter dem Vordach können sich die Gäste auf Liegen niederlassen.

EVENTS

Dienstags lockt der Honig-Wellness-Abend und freitags der Chill-Out-Abend die Gäste mit zusätzlichen Peelings und Anwendungen ins düb. Die Öffnungszeit ist dann jeweils bis 23:00 Uhr verlängert. Einmal jährlich wird die Lange Nacht mit verlängerten Öffnungszeiten, besonderen Aufgüssen und gastronomischen Highlights angeboten. Unter dem Punkt Schöner Feiern werden besondere Events auch für Gruppen konzipiert und angeboten.

GASTRONOMIE

Im Badbereich, vor der Wohlfühllandschaft, können im dübBistro Salate, Suppen, Hamburger-Variationen und Fleischgerichte verspeist werden. Für alle Besucher des Relaxbereichs steht ab Herbst 2019 ein RelaxBistro mit speziellen Angeboten in ruhigem Ambiente zur Verfügung.

ZAHLUNGSVERKEHR

Der Eintritt wird beim Betreten der Anlage beglichen. Alle anderen in Anspruch genommenen Leistungen werden auf einen Chip aufgebucht und im Nachhinein beglichen. Es kann sowohl bar als auch mit EC-Karte bezahlt werden.

PARKMÖGLICHKEITEN

Unmittelbar an der Anlage stehen ausreichend kostenlose Parkplätze zur Verfügung.

110 Grugapark-Therme »KUR VOR ORT«

ESSEN
GUTSCHEINHEFT S. 9

Kurhaus im Grugapark GmbH, Lührmannstr. 70, 45131 Essen
0201 85610-0 | 0201 85610-99 | info@kur-vor-ort-essen.de | www.grugapark-therme.de

GEBOTEN WIRD:

DAS RESÜMEE	Eingebettet in die Landschaft des »Grugaparks« lädt die Grugapark-Therme mit Ihrem asiatischen Ambiente zur aktiven Entspannung ein. Träumen im 34 °C warmen Sole-Wasser, Energie tanken oder aktive Teilnahme an einem Aqua-Kurs ist wie ein Kurzurlaub in fernöstlicher Welt. Tauchen Sie in eine Wohlfühlwelt ein und nehmen Sie Urlaub vom Alltagsstress.	
DER SAUNABEREICH	Saunafreunde können sich auf die Benutzung einer Bio-Sauna, einer Kristall-Sauna, einer Finnischen Sauna sowie des neuen Shinto Dampfbades und der neuen Infrarot-Lounge freuen. Im Außenbereich laden eine große Aufguss-Sauna und eine Himalayasalz-Sauna im Japanhaus sowie ein Ruhehaus zum Aufenthalt ein. Im Obergeschoss gibt es zwei weitere Ruheräume und eine große Sonnenterasse mit über 40 Liegen und Doppelliegen. Alle Neuigkeiten zur Grugapark-Therme erhalten die Gäste auf der Facebook Seite facebook.com/grugaparktherme	

DIE ÖFFNUNGSZEITEN	Saunalandschaft		
	Montag	09:00-22:00 Uhr	Damensauna
	Dienstag bis Donnerstag	09:00-22:00 Uhr	gemischte Sauna
	Freitag und Samstag	09:00-23:00 Uhr	gemischte Sauna
	Sonntag	09:00-19:00 Uhr	gemischte Sauna
	»lange Sauna-Nacht«	18:00-01:00 Uhr	gemischte Sauna

Weitere Informationen, z. B. zu den Sauna-Nächten, entnehmen Sie bitte der Internetseite.

Grugapark-Therme >KUR VOR ORT<

111
ESSEN

Kurhaus im Grugapark GmbH, Lührmannstr. 70, 45131 Essen
0201 85610-0 | 0201 85610-99 | info@kur-vor-ort-essen.de | www.grugapark-therme.de

	2 Stunden	3 Stunden	Tageskarte
Erwachsene	18,00 Euro	20,00 Euro	22,00 Euro
Wochenendaufschlag	+ 2 Euro	+ 2 Euro	+ 2 Euro

DIE PREISE

Die Eintrittskarte berechtigt zur Nutzung der gesamten Anlage. Sonderpreise gibt es bei den 10er-Karten und vormittags unter der Woche.

Die Umkleiden und Reinigungsduschen sind getrennt für Damen und Herren und sind gleichermaßen für den Bade- und Saunabereich. Nach dem Duschbereich teilt sich der Bade- und Saunabereich.

UMKLEIDEN | DUSCHEN

Über dem mit Steinen gefüllten Ofen ist ein Kessel mit Wasser angebracht, der Aromaduft verströmt. Auf den drei breiten Ebenen finden bis zu 20 Personen Platz. Diese Bio-Sauna zeichnet sich durch milde 65 °C Temperatur bei einer 25-prozentigen Luftfeuchtigkeit aus. Über den Bänken sind Farblichtlampen angebracht.

DIE SAUNEN
DIE LICHT- UND DUFT-SAUNA
65 °C

Die Rosenquarz-Sauna zeichnet sich durch zahlreiche Kristalle auf dem Sauna-Ofen aus. Der Ofen, zwei Säulen und ein Teil der Rückwand sind schwarz verkleidet. In den Ecken leuchten zwei Salzkristall- Lampen, die durch die Hitze negative Ionen abgeben und so eine erhöhte Sauerstoffaufnahme unterstützen. Mit drei Ebenen für 10 Personen schwitzt man in dieser Kristall-Sauna bei 75 °C.

DIE ROSENQUARZSAUNA
75 °C

Diese klassische Finnische Sauna mit 90 °C ist eine der zwei Aufguss-Saunen. Die Zeiten der Aufgüsse sowie der Pausen entnehmen Sie bitte dem Aushang am Eingang oder am Dampfbad sowie der Tafel im Restaurantbereich. Mit den drei breiten Ebenen, auf denen man selbst unten noch bequem liegen kann, ist die Espen-Sauna für bis zu 30 Personen ausgelegt. Ein Fenster an der Seite bietet den Blick in den Ruhebereich mit der Fensterfront zum Sauna-Garten.

DIE ESPEN-SAUNA
90 °C

112 Grugapark-Therme »KUR VOR ORT«

ESSEN

⚲ Kurhaus im Grugapark GmbH, Lührmannstr. 70, 45131 Essen
☎ 0201 85610-0 | 🖨 0201 85610-99 | ✉ info@kur-vor-ort-essen.de | 🌐 www.grugapark-therme.de

DAS SHINTO DAMPFBAD	Das neue SHINTO Dampfbad ist im März 2018 eröffnet worden. Es bietet Platz für 20 Personen und beeindruckt durch die Lichtspiele und das großflächige Glasmotiv. Mehrmals am Tag wird Salz gereicht. Entspannen Sie mit Blick auf die Vulkan- oder Wasserfalllandschaft bei angenehmem Minzeduft.
DAS JAPANHAUS 95 °C	Das große Japanhaus fasst 75 Personen. Mit dem geschwungenen Japanischen Dach ist es sehr authentisch gestaltet. Die zwei großen Öfen in der Mitte heizen die Sauna auf 95 °C hoch. Die Bänke sind auf drei breiten Ebenen angebracht. Jede Stunde findet ein Aufguss statt.
DIE HIMALAYASALZ SAUNA 85 °C	Im Untergeschoss des Japanhauses findet sich die Himalayasalz-Sauna. Hier können 40 Personen bei 85 °C das salzige Prickeln und den optischen Genuss von drei Tonnen illuminierten, 250 Millionen Jahren alten Salzkristallen genießen. Diese wurden per Hand auf eine Natursteinmauer geschichtet, die als echter Hingucker in dieser heilklimatischen Sauna dient.
DIE INFRAROT-LOUNGE	Die Infrarot-Lounge ist im September 2018 eröffnet worden und bietet 6 Einzelsitze mit Infrarotstrahlung, zusätzlich ist eine kleine Loungeecke mit 2 gemütlichen Kaminen eingerichtet worden, die zum Lesen und Entspannen einlädt.
DAS ABKÜHLEN CRUSHED ICE	Im Außenbereich, direkt vor dem Japan-Haus, können Sie sich an den zwei Duschen abkühlen und anschließend ins schneckenförmige Tauchbecken steigen. Im Innenbereich ist der Kaltbereich mit Kneippschlauch, Kübel-, Schwall- und Horizontaldusche sowie einer warmen einstellbaren Dusche ausgestattet. Neben dem Dampfbad befindet sich der Crushed-Ice-Brunnen, so dass auch in dieser Hinsicht kein Wunsch offen bleibt.
DAS WARMBECKEN	Die Fußbäder sind neben dem Ruhebereich im Innenraum platziert. Mit Blick in den Garten kann man sich so aufwärmen.
DIE AUSSENANLAGE	Das Sole-Außenbecken lädt zum Schwimmen und Ruhen ein. Mit einem erhöhten heißen Pool in der Mitte des Beckens, Sprudelliegen, Massagedüsen und einem Wasserfall bleibt kein Wunsch offen. Eingebettet in den Garten steht das Sole-becken den Bade- und Saunagästen zur Verfügung. Der Garten ist mit vielen unterschiedlich großen Felsformationen gestaltet. Dazwischen Bambus und andere asiatische Pflanzen. Ein Pavillon bietet Schutz vor Sonne und ein Bachlauf, der in einem kleinen See endet, ergänzt die Idylle. Zusätzlich bietet im Sommer eine nicht einsehbare Dachterrasse Möglichkeiten zum Sonnenbaden. Hier durchschreiten Sie die drei Portalschreine und haben die Wahl sich auf den neuen Sonnenliegen oder in einer großzügigen Loungegruppe zu entspannen.
RUHEMÖGLICHKEITEN	Der Ruhebereich im Innenraum gruppiert sich um einen offenen Kamin. Sitzen Sie lieber direkt am Kamin und wärmen sich die Füße oder genießen Sie gerne den Ausblick

Grugapark-Therme »KUR VOR ORT«

Kurhaus im Grugapark GmbH, Lührmannstr. 70, 45131 Essen
0201 85610-0 | 0201 85610-99 | info@kur-vor-ort-essen.de | www.grugapark-therme.de

ESSEN

FOTOGRAF TOM BENDIX

in den Garten durch die großen Panoramascheiben. Genügend Liegen sind vorhanden. Den Garten können Sie auch aus dem zweiten Ruheraum betrachten. Vom Garten aus zugänglich, sind die Liegen hier ebenfalls direkt vor großen Panoramafenstern platziert. Die neuen Ruheräume befinden sich auf der oberen Ebene, die über einen Aufzug an den Umkleiden oder eine Außentreppe zu erreichen ist. Hier finden Sie über 30 Liegen und Ruhemöglichkeiten in den Tempeln und Schreinen. Aus den Ruheräumen genießen Sie den Blick über die Sonnenterrasse und in den Grugapark.

MASSAGEN

Massagen und Anwendungen können in der neuen Wellnessabteilung vereinbart werden. Termine für Massagen sollten im Vorfeld des Besuches telefonisch vereinbart werden. An der Eingangsrezeption können Bademäntel und Handtücher ausgeliehen werden.

GASTRONOMIE

Der Restaurantbereich befindet sich im Badebereich. Es werden leichte Speisen und Salate angeboten. Im Sommer gibt es auch eine Außengastronomie am Teich im japanischen Garten. Hier kann der Gast das Plätschern des Bachlaufs hören und auf der Sonneninsel träumen.

ZAHLUNGSVERKEHR

Die verzehrten Speisen und Getränke können auf den Eintritts Chip Coin gebucht werden und beim Verlassen der Therme bar oder per ec-Karte bezahlt werden. Die Zahlung von Dienstleistungen wie Massagen oder Wellnessanwendungen erfolgt direkt in bar oder per ec-Karte.

PARKMÖGLICHKEITEN

Es gibt die Möglichkeit, in der Nähe des Kurhauses »Grugapark-Therme« kostenfrei zu parken. Folgen Sie der Beschilderung »Kurhaus / Grugapark-Therme«, oder nutzen Sie einen der Shuttle Busse, die Sie vom Parkplatz zur Grugapark-Therme bringen.

114 Zentralbad Gelsenkirchen »WASSERSPASS UND WOHLBEFINDEN«

GELSENKIRCHEN
GUTSCHEINHEFT S. 9

Zentralbad Gelsenkirchen, Overwegstraße 59, 45881 Gelsenkirchen
0209 9543226 | www.baeder-gelsenkirchen.de

GEBOTEN WIRD:

DAS RESÜMEE
In der Sauna einfach nur entspannen und den Alltag vergessen: Die Trockensaunen, die Dampfsauna und das Kaldarium im Zentralbad Gelsenkirchen versprechen Alltagsflucht und Saunaspaß. Daneben überzeugt das Bad auch durch kühles Nass in den zwei großen Becken, die auch Wettkampfansprüchen genügen. Gäste profitieren zudem von der angeschlossenen Massage- und Physiotherapie-Praxis.In der Anlage des Zentralbads Gelsenkirchen finden Besucher nicht nur zwei 25-Meter-Becken und weitere Bassins Platz, sondern auch eine Gymnastikhalle, zwei Solarien und die Saunalandschaft des Hauses.

DER EMPFANG
Gegen eine geringe Gebühr ist das Ausleihen von Hand- und Badetüchern möglich

DIE ÖFFNUNGSZEITEN
Sauna: Dienstag bis Freitag 8:00 bis 21:00 Uhr, Samstag 8:00-17:00, Sonntag 8:00-12:30 Uhr | Donnerstag Damentag | Montag und an allen gesetzlichen Feiertagen geschlossen.

Schwimmbad: Dienstag und Freitag 7:00-21:00 Uhr, Mittwoch und Donnerstag bis 18:00 Uhr | Samstag 7:00-17:00 Uhr, Sonntag wie Sauna. Montag und an allen gesetzlichen Feiertagen geschlossen.

DIE PREISE
Schwimmbad: Einzelkarte Erwachsene 4,70 Euro | Einzelkarte ermäßigt 3,00 Euro (Kinder von 6 bis 14 Jahre, Schüler, Studenten und Schwerbehinderte) | Kinder unter sechs: Kostenloser Eintritt | Mit Zehner-/Halbjahres- und Jahreskarten Rabatte möglich.

Sauna: Einzelkarte 14,00 Euro, Fünferkarte 55,00 Euro.

Zentralbad Gelsenkirchen »WASSERSPASS UND WOHLBEFINDEN«

Zentralbad Gelsenkirchen, Overwegstraße 59, 45881 Gelsenkirchen
0209 9543226 | www.baeder-gelsenkirchen.de

Der Umkleide- und Duschbereich des Schwimmbads lässt keine Wünsche offen. Auch für behinderte Gäste ist das Areal gerüstet: Blindenstreifen führen zum Mehrzweckbecken und ein Poollifter kann Bewegungseingeschränkten beim Betreten des Beckens helfen.

UMKLEIDEN | DUSCHEN

Mit 80 und 95 °C sind die Trockensaunen sehr hoch temperiert–bei geringer Luftfeuchtigkeit. Einen Kick geben passende Spezialaufgüsse.

DIE SAUNEN
DIE TROCKENSAUNEN

Die Dampfsauna erreicht nicht die hohen Temperaturen der Trockensaunen. Dafür ist die Luftfeuchtigkeit höher, um den Saunafreunden so richtig einzuheizen.

DIE DAMPFSAUNA

Bei geringerer Raumtemperatur und Luftfeuchtigkeit ist der Aufenthalt im Kaldarium länger als in anderen Saunatypen. 55 °C und 55 % Luftfeuchtigkeit machen das Kaldarium zu einer schonenden Alternative für Saunierer.

DAS KALDARIUM
55 °C

116 Zentralbad Gelsenkirchen »WASSERSPASS UND WOHLBEFINDEN«

GELSENKIRCHEN

Zentralbad Gelsenkirchen, Overwegstraße 59, 45881 Gelsenkirchen
0209 9543226 | www.baeder-gelsenkirchen.de

DAS ABKÜHLEN
Neben einem kleinen Freiluftraum sorgt auch ein Kaltbecken für Erfrischung. Für Kneipp-Anwendungen im Wechselbad steht auch ein Warmbecken bereit.

SCHWIMMBÄDER
Sportschwimmer ziehen ihre Bahnen im regelmäßig auch für Wettkämpfe genutzten 25-Meter-Becken. Am Beckenrand ist eine Sprunganlage mit Brettern bis zu fünf Metern angebracht. Das Mehrzweckbecken bietet ebenfalls eine Sprunganlage mit einem Ein- und einem Drei-Meter-Brett. Im Lehrschwimmbecken lernen Anfänger die Basics. Ganz dem Spaß verschrieben ist das Planschbecken für die kleinen Gäste.

RUHEMÖGLICHKEITEN
Im Ruheraum entspannen Erholungssuchende nach ausgiebigen Saunagängen.

MASSAGEN
Dank der Kooperation mit der Massagepraxis Karski können sich Geplagte von geübten Händen verwöhnen lassen: Der Masseur Herr Hennings steht für Termin-

Zentralbad Gelsenkirchen »WASSERSPASS UND WOHLBEFINDEN«

♥ Zentralbad Gelsenkirchen, Overwegstraße 59, 45881 Gelsenkirchen
☎ 0209 9543226 | 🌐 www.baeder-gelsenkirchen.de

GELSENKIRCHEN

vereinbarungen unter der Telefonnummer 0178 9619699 zur Verfügung. An Physiotherapie Interessierte wenden sich an Krankengymnastik Agnes Karski (Tel. 0209 875596).

Besuchern des Zentralbades steht die Teilnahme an einem der regelmäßig angebotenen Kurse frei. Dienstag jeweils halbstündig ab 9:00, 10:00 und 11:00 Uhr können Interessierte bei der kostenlosen Wassergymnastik mitmachen. Kinder freuen sich über den Nachmittag mit eigenem Spielgerät jeden Mittwoch von 16:00-18:00 Uhr.

EVENTS UND KURSE

Gegen den kleinen Hunger und Durst zwischendurch können Besucher das Snack- und Getränkeangebot des Bistros nutzen.

ZAHLUNGSVERKEHR

Anreisende finden direkt hinter dem Bad kostenlose Parkplätze

PARKMÖGLICHKEITEN

118 Hallenbad GE-Buer »WASSERSPASS UND WOHLBEFINDEN«

GELSENKIRCHEN
GUTSCHEINHEFT S. 9

📍 Hallenbad Gelsenkirchen-Buer, Gustav-Bär-Platz 1, 45894 Gelsenkirchen
☎ 0209 954-3161 | 🌐 www.baeder-gelsenkirchen.de

GEBOTEN WIRD:

DAS RESÜMEE	Die vertraute Atmosphäre im Buerer Hallenbad steigert den Wohlfühlfaktor der Gäste. Mit seinen verschiedenen Saunen unterschiedlicher Intensität lässt der Saunabereich keine Wünsche offen. Nach den Saunagängen können die Gäste im malerischen Saunagarten ausspannen. Buchbare Aquafitkurse stärken das Herz-/Kreislaufsystem und dienen der Gesundheit.
DIE GRÖSSE	Mit einem 25-Meter-Becken, einem Kinderschwimmbereich und dem ausgiebigen Saunagarten, der an den Saunabereich angeschlossen ist, bietet das Hallenbad Gelsenkirchen-Buer ein Füllhorn an Möglichkeiten zur Entspannung.
DER EMPFANG	Vor Betreten des Schwimm- und Saunabereichs können Handtücher und Badetücher gegen eine geringe Gebühr geliehen werden.
DIE ÖFFNUNGSZEITEN	Schwimmbad: Dienstag, Mittwoch und Freitag 7:00-18:00, Donnerstag bis 21:00 Uhr	Samstag 7:30-14:00, Sonntag 8:00-12:30 Uhr. Montag und an allen gesetzlichen Feiertagen geschlossen. Sauna: Dienstag und Freitag 8:00-18:00 Uhr, Mittwoch und Donnerstag bis 21:00 Uhr	Samstag 8:00-14:00 Uhr, Sonntag bis 12:00 Uhr	Mittwoch Damentag. Montag und an allen gesetzlichen Feiertagen geschlossen.
DIE PREISE	Schwimmbad: Einzelkarte Erwachsene 4,70 Euro	Einzelkarte ermäßigt 3,00 Euro (Kinder von 6 bis 14 Jahre, Schüler, Studenten und Schwerbehinderte)	Kinder unter sechs: Kostenloser Eintritt	Mit Zehner-/Halbjahres- und Jahreskarten Rabatte möglich. Sauna: Einzelkarte 14,00 Euro, Fünferkarte 55,00 Euro.

Hallenbad GE-Buer »WASSERSPASS UND WOHLBEFINDEN«

📍 Hallenbad Gelsenkirchen-Buer, Gustav-Bär-Platz 1, 45894 Gelsenkirchen
☎ 0209 954-3161 | 🌐 www.baeder-gelsenkirchen.de

GELSENKIRCHEN

Das Hallenbad Gelsenkirchen-Buer hat in seinem Saunabereich Finnische-Sauna-Varianten mit 80 und 90 °C in petto. Regelmäßige Aufgüsse mit ätherischen Ölen und Zitrusfrüchten beruhigen oder regen an.

DIE TROCKENSAUNEN
80 | 90 °C

Bei niedrigeren Temperaturen entspannen Gäste in der Dampfsauna. Dank hoher Luftfeuchtigkeit ist der gewünschte Schwitzeffekt aber auch dort vorhanden.

DIE DAMPFSAUNA

Den erwünschten Kühleffekt nach dem Saunagang nutzen Besucher im kleinen Tauchbecken, in das sie hinabtauchen können, um sich zu erfrischen.

DAS ABKÜHLEN

Im großen Freiluftbereich des Saunagartens stehen Stühle und Liegen zur Verfügung, um nach dem Saunieren zu entspannen.

DIE AUSSENANLAGEN

Das optisch ansprechende Schwimmbad hält ein 25-Meter-Becken zur sportlichen Betätigung bereit. Der Sprungturm lädt ein, ins kühle Nass zu springen. Das Kinderschwimmbecken ist angepasst an die Bedürfnisse der jungen Besucher.

SCHWIMMBÄDER

Nicht nur im Außenbereich mit Liegen und Stühlen können sich Gäste erquicken, sondern auch im Indoor-Ruheraum auf entsprechenden Ruhemöglichkeiten. Er bietet Platz für die Saunafreunde, um nach dem Schwitzen im Sitz- oder Liegebereich zu entspannen.

RUHEMÖGLICHKEITEN

Die Physiotherapiepraxis Riedle direkt neben dem Saunabereich hat verschiedene Anwendungen im Angebot, darunter Massagen und verschiedene physiotherapeutische Behandlungen.

MASSAGEN

Gelenkschonende Fitness verspricht die Wassergymnastik. Am Freitag jeweils um 9:00 und 10:00 Uhr starten die halbstündigen Angebote, an denen Besucher kostenlos teilnehmen können. Am gleichen Tag, zweistündig ab 16 Uhr, lädt das Hallenbad die kleinen Gäste ein beim Spielenachmittag mit eigenen Spielgerät den Wasserspaß zu genießen.

EVENTS UND KURSE

Ein besonderes Angebot des Hallenbads in Gelsenkirchen-Buer sind die jeden Donnerstag angebotenen Aquafit-Spezialkurse. Das sanfte aber intensive Fitnesstraining findet in den Varianten Aquajogging PP um 17:00 und 18:00 Uhr und Aquafit Mix um 19:00 Uhr statt. Die Kurse umfassen zehn Wochen-Einheiten, die jeweils 45 Minuten dauern.

Die Vitaminbar hält kleine Snacks und Getränke für hungrige und durstige Gäste bereit.

DIE GASTRONOMIE

Durch die verkehrsgünstige Lage ist nicht nur die Anreise sorgenfrei zu bewältigen: Direkt vor Ort stehen Gästen kostenlose Parkplätze zur Verfügung.

PARKMÖGLICHKEITEN

120 Hallenbad GE-Horst »WASSERSPASS UND WOHLBEFINDEN«

GELSENKIRCHEN
GUTSCHEINHEFT S. 9

📍 Hallenbad Gelsenkirchen-Horst, Turfstraße 15, 45899 Gelsenkirchen
☎ 209 954-32 | 🌐 www.baeder-gelsenkirchen.de

GEBOTEN WIRD:

DAS RESÜMEE
Klein, aber fein: Das Hallenbad in Gelsenkirchen-Horst vertraut auf die Basics: Ein Schwimmbecken, zwei Saunen, Ruheräume und Tauchbecken bieten ausreichend Möglichkeiten, um entspannte Stunden zu verleben. Eine familiäre Atmosphäre trägt Sorge, dass sich auch Eltern mit Kindern im Hallenbad wohlfühlen.

DIE GRÖSSE
Das Hallenbad in Gelsenkirchen-Horst überzeugt mit minimalistischem Charme: Bahnenzieher werden mit dem 25-Meter-Becken fündig, Saunafreunde können wählen zwischen finnischer Trockensauna und Dampfbad.

DIE ÖFFNUNGSZEITEN
Schwimmbad: Dienstag und Donnerstag 7:00-18:00 Uhr, Mittwoch bis 21:00, Freitag bis 20:00 Uhr | Samstag 7:30-13:00, Sonntag 8:00-12:30 Uhr | Donnerstag von 18:00-20:00 Uhr Damentag | Montag und an allen gesetzlichen Feiertagen geschlossen.

Sauna: Dienstag und Donnerstag 8:00-19:00 Uhr, Mittwoch und Freitag bis 21:00 Uhr | Samstag 8:00-12:30 Uhr, Sonntag 8:00-12:00 Uhr. | Dienstag und Freitag Damentag, Mittwoch und Donnerstag Herrentag. Montag und an allen gesetzlichen Feiertagen geschlossen.

DIE PREISE
Schwimmbad: Einzelkarte Erwachsene 4,70 Euro | Einzelkarte ermäßigt 3,00 Euro (Kinder von 6 bis 14 Jahre, Schüler, Studenten und Schwerbehinderte) | Kinder unter sechs: Kostenloser Eintritt | Mit Zehner-/Halbjahres- und Jahreskarten Rabatte möglich.

Sauna: Einzelkarte 14,00 Euro, Fünferkarte 55,00 Euro.

Hallenbad GE-Horst »WASSERSPASS UND WOHLBEFINDEN«

♀ Hallenbad Gelsenkirchen-Horst, Turfstraße 15, 45899 Gelsenkirchen
☏ 209 954-32 | 🌐 www.baeder-gelsenkirchen.de

Bei hohen 85 °C kommen Besucher in der trockenen Finnischen Sauna so richtig ins Schwitzen. Aufgüsse intensivieren das Erlebnis.

DIE SAUNEN
DIE FINNISCHE SAUNA

Das Dampfbad trägt seinen Namen aufgrund der hohen Luftfeuchtigkeit bei geringerer Temperatur. Auf diese Weise kann auch ohne hohe Gradzahl ein durchdringendes Saunaerlebnis erzielt werden.

DAS DAMPFBAD

Zur Erfrischung steht ein Kalt-Tauchbecken zur Verfügung, das den Kontrapunkt zur heißen Saunakabine setzt. Für Kneipp-Anwendungen bietet sich das Wechselbad in Kalt- und Warmbecken an.

DAS ABKÜHLEN

Schwimmer nutzen das 25-Meter-Schwimmbecken. Dort können sie in Ruhe ihre Bahnen ziehen oder dem eigenen persönlichen Rekord nachjagen.

SCHWIMMBÄDER

Mehr als genug Platz zur Entspannung bieten die Liege- und Sitzmöglichkeiten in den beiden Ruheräumen.

RUHEMÖGLICHKEITEN

Für alle Gäste offen ist die Wassergymnastik jeden Mittwoch. Jeweils um 9:30 und 10:30 Uhr startet das kostenlose Kursangebot. Kinder freuen sich über den Spielnachmittag am Donnerstag: Von 16:00-18:00 Uhr dürfen die kleinen Gäste eigene Spielgeräte im Schwimmbad nutzen.

EVENTS UND KURSE

Gäste können direkt hinter dem Hallenbad kostenfrei parken. Für bewegungseingeschränkte Besucher stehen zudem zwei Behinderten-Parkplätze zur Verfügung.

PARKMÖGLICHKEITEN

122 Birkensauna »DAS PARADIES FÜR ANSPRUCHSVOLLE SAUNAFANS«

HAAN-GRUITEN
GUTSCHEINHEFT S. 9

Birkenweg 15a, 42781 Haan-Gruiten
02104 62220 | 02104 6311 | www.birkensauna.de

GEBOTEN WIRD:

DAS RESÜMEE Mitten in Haan-Gruiten, zwischen Düsseldorf und Wuppertal, liegt die »Birkensauna«– ein organisch gewachsenes Sauna-Paradies auf 4.000 qm Grundfläche. Sechs Saunen und zwei Dampfbäder verteilen sich auf das Haupthaus, mit Empfang und »Birkenstübchen«, sowie das große Nebenhaus mit Cafeteria und Solarium. Zwischen den beiden Häusern befindet sich ein mit vielen Grünpflanzen und Bäumen bewachsener Innenhof, in dem eine Blockhaus-Sauna angesiedelt ist.

Die Saunen im Haupthaus sind mit schönem Holz verkleidet; die Bäder ruhen in steiniger Landschaft. Die breite Fensterfront erlaubt den Blick zum reizvollen Innenhof. Im Nebenhaus lädt die Szenerie aus Palmen, Blockhäusern, Pools und Wandbildern mit großen Seenlandschaften zum Erholen und Verweilen ein. Ein Wohlgefühl wie im Urlaub stellt sich ein.

DER EMPFANG Am Empfang werden Bademäntel und -tücher sowie Badeschlappen verliehen. Badeschlappen können auch gekauft werden.

DIE ÖFFNUNGSZEITEN Montag bis Donnerstag von 10:00–23:00 Uhr | Freitag und Samstag von 10:00–24:00 Uhr | Sonntag von 10:00–22:00 Uhr. Saunanacht-jeden ersten Samstag im Monat von 10:00–4:00 morgens.

DIE PREISE Tageskarte 26,90 Euro.

UMKLEIDEN | DUSCHEN Männer und Frauen kleiden sich gemeinsam um. Geduscht wird ebenfalls gemeinsam.

Birkensauna »DAS PARADIES FÜR ANSPRUCHSVOLLE SAUNAFANS«

♥ Birkenweg 15a, 42781 Haan-Gruiten
☎ 02104 62220 | 📠 02104 6311 | 🌐 www.birkensauna.de

HAAN-GRUITEN

DIE SAUNEN

Das Wasserfall-Erholungsbad, zwei Infrarotkabinen und zwei Dampfbäder befinden sich im Haupthaus der Anlage. Im gegenüber liegenden Haus sind eine Infrarotkabine für eine Person und, jeweils in einem Blockhaus, die Trocken-Sauna und das Bio-Sanarium untergebracht. Die Aufguss-Sauna, mit stündlichen Aufgüssen von wechselnden Aromadüften, wird von einem Blockhaus im Innenhof der Anlage beherbergt. Zum Aufguss werden Leckereien wie Vanilleeis, Wassereis und kleine Cocktails gereicht und ausschließlich 100 % hochwertige, naturreine ätherische Öle und Trinkbranntwein verwendet.

DAS WASSERFALL-ERHOLUNGSBAD

Leises Vogelgezwitscher und Wassergeplätscher durchdringt den Raum. Grünes, schummriges und wasserfallartiges Licht wird von zwei »Aquaviva«-Elementen im holzvertäfelten Raum verbreitet. Fackelleuchten erhellen die für 40 Personen konzipierte Sauna. Der mit großen Steinen gemauerte Ofen mit Sudkessel befeuert den Raum mit 80 °C.

HAAN-GRUITEN

124 Birkensauna »DAS PARADIES FÜR ANSPRUCHSVOLLE SAUNAFANS«

📍 Birkenweg 15a, 42781 Haan-Gruiten
☎ 02104 62220 | 📠 02104 6311 | 🌐 www.birkensauna.de

DIE TROCKEN-SAUNA
95 °C

Auf bis zu 95 °C erwärmt der stirnseitig aufgestellte Ofen mit großen, ausgesuchten Sauna-Steinen das Blockhaus aus Blockbohlen. Etwa 20 Personen finden Platz in der schön holzverkleideten Sauna. Ein Fenster gewährt den Blick zur Pool-Landschaft. In einem 16:9 Fernseher laufen Filme mit Unterwasseraufnahmen von exotischen Fischen.

DAS BIO-SANARIUM
60 °C

Farbige Deckenlampen umspielen bis zu zehn Personen in dem rustikalen Blockhaus aus Blockbohlen. Aromatisierter Duft liegt in der mit milden 60 °C temperierten Luft, die zusätzlich ionisiert ist. In Kombination mit dem elektrostatischen Feld wird so das vegetative Nervensystem angeregt.

DIE BLOCKHAUS-SAUNA
100 °C

Rund 40 Personen kommen in dieser Sauna ordentlich ins Schwitzen. 100 °C und stündliche Aufgüsse wissen zu begeistern. Während Sie entspannen haben Sie dank eines größeren Fensters einen guten Einblick in den Innenhof. Der enorme Ofen ist mit großen Sauna-Steinen belegt.

DIE INFRAROT-KABINEN
65-70 °C

Insgesamt drei Infrarot-Kabinen können aufgrund ihrer Abstrahlfläche besonders gut Tiefenwärme erzeugen. So kann der Kreislauf stabilisiert, der Blutdruck gesenkt und der Stoffwechsel beschleunigt werden. Die sanfte Hitze hat eine schonende Wirkung auf den Organismus. Die zwei Kabinen im Haupthaus bieten

Birkensauna »DAS PARADIES FÜR ANSPRUCHSVOLLE SAUNAFANS«

Birkenweg 15a, 42781 Haan-Gruiten
02104 62220 | 02104 6311 | www.birkensauna.de

---

zusammen gut 23 Personen Platz. Sie sind von 65-70 °C temperiert. Eine Kabine ist mit Entspannungsmusik, die andere ohne. In der Infrarot-Kabine für eine Person läuft Musik aus dem Radio und die Temperatur ist am Eingang einstellbar.

Vier Personen werden bei 45-55 °C mit Sole bedampft. Über einen Brunnen wird der Dampf dem Bad zugeführt. Ausgesuchte Fliesen zieren den Raum.

DAS SOLE-DAMPFBAD
45-55 °C

Dieses Dampfbad liegt direkt neben dem Sole-Dampfbad. Es ist gleichgroß und wird mit gleicher Temperatur gefahren. Wohltuende Aromastoffe sind dem Dampf beigemischt. Die Kacheln des Bades sind mit Bildern von Kräutern versehen.

DAS AROMA-DAMPFBAD
45-55 °C

Zwei Schwall-, eine Stachelbrause, eine Kaltdusche und zwei Kneippschläuche sorgen für eine angenehme Erfrischung. Weitere Abkühlung bringen ein Crushed-Ice-Brunnen sowie ein Tauchbecken. In den Erlebnisduschen wird Tropen-, Gewitter- und Eisregen nachempfunden.

DAS ABKÜHLEN

Zwei Fußwärmebecken laden zum Kneippen ein. Im gegenüber liegenden Haus sind weitere Abkühlmöglichkeiten vorhanden. Hier finden Sie zudem sieben weitere Fußwärmebecken an einer gefliesten Sitzbank. Im Innenhof steht ein Duschrondell mit einer Schwall-, einer Kaltbrause und zwei Kneippschläuchen.

126 HAAN-GRUITEN — Birkensauna »DAS PARADIES FÜR ANSPRUCHSVOLLE SAUNAFANS«

📍 Birkenweg 15a, 42781 Haan-Gruiten
☎ 02104 62220 | 🖨 02104 6311 | 🌐 www.birkensauna.de

DAS WARMBECKEN
Zwei runde Warmwasserbecken sind über eine Innen-Außen-Schleuse miteinander verbunden. Mindestens 3 % Solegehalt kann das mit 32,5 °C erwärmte Becken mit Springbrunnen und Massagedüsen vorweisen. Der anliegende Hot-Whirlpool im Nebenhaus ist mit 38 °C sogar noch etwas wärmer.

DIE AUSSENANLAGE
Der Innenhof wird von Gebäuden und hochgewachsenen Bäumen eingeschlossen. Angelegte Beete, viele Grünpflanzen und Bäume säumen die Liegewiese und das Warmwasserbecken. Etliche Liegen unter einem überdachten Liegebereich und auf der Steinterrasse vor dem Schwimmbad laden zum Verweilen und Entspannen ein.

DAS SCHWIMMBAD
Das 10 x 5 Meter messende Schwimmbad im Nebenhaus ist mit 30 °C beheizt.

RUHEMÖGLICHKEITEN
Im Nebenhaus liegt der gemütliche Aufenthaltsraum mit einem großen, gemauerten offenen Kamin. Viele Sitzgelegenheiten mit Tischen sowie Liegestühle bieten sich an. Sie genießen den Ausblick auf den malerischen Innenhof. Im anschließenden Ruheraum stehen Liegen mit Auflagen und Decken für den kleinen Schlaf parat. In der 1. Etage ist neben der Cafeteria ein ca. 100 qm großer Liegebereich unter einem halbseitigen Glasdach eingerichtet. Während Sie die warme Sonne spüren, können Sie alkoholfreie Cocktails zu sich nehmen. Direkt nebenan finden Sie eine große Sonnenterrasse mit vielen Grünpflanzen und Liegen. Von hier blicken Sie auf den Innenhof herab.

Birkensauna »DAS PARADIES FÜR ANSPRUCHSVOLLE SAUNAFANS«

Birkenweg 15a, 42781 Haan-Gruiten
02104 62220 | 02104 6311 | www.birkensauna.de

HAAN-GRUITEN

Lassen Sie sich mit Teil- und Ganzkörpermassagen oder Fango verwöhnen. Es kann mit Privatkassen abgerechnet werden. Vier Turbo-Bräuner sorgen für den nötigen Teint.

MASSAGEN | SOLARIEN

Die monatliche Sauna-Nacht findet jeweils am ersten Samstag im Monat unter speziellem Motto mit besonderen Aufgüssen statt.

EVENTS

Rund um den zentralen, attraktiven Thekenbereich der Cafeteria mit Barhockern gruppieren sich etliche Sitzgelegenheiten. Verzehren können Sie leicht bekömmliche Speisen und Kleinigkeiten. Die Cocktailkarte ist sehr vielseitig. Für den großen Hunger ist die rustikale Gastronomie im Haupthaus–das »Birkenstübchen«–zu empfehlen. In behaglicher Atmosphäre haben Sie die Auswahl zwischen 120 verschiedenen, gut bürgerlichen bis europäischen, Gerichten. Sehr beliebt und im Umkreis geschätzt sind die Muschelgerichte. Bei schönem Wetter haben Sie auch die Möglichkeit, im Innenhof an einem Naturteich mit Schilf, grünen Pflanzen und Fischen, zu speisen.

GASTRONOMIE

Alle in Anspruch genommenen Leistungen, auch der Eintritt, werden beim Verlassen der Anlage bezahlt.

ZAHLUNGSVERKEHR

Benutzen Sie den großen Kundenparkplatz auf der Milratherstraße 30.

PARKMÖGLICHKEITEN

128 WESTFALENBAD »HAGENS FREIZEIT- UND WELLNESSOASE«

HAGEN
GUTSCHEINHEFT S. 9

📍 Stadionstraße 15, 58097 Hagen
☎ 02331 208600 | 🌐 www.westfalenbad.de

GEBOTEN WIRD:

DAS RESÜMEE

Genießen Sie Ihren Urlaub vom Alltag in Hagens Sauna- und WellnessOASE. Das WESTFALENBAD ist verkehrsgünstig gelegen und über die „Sauerlandlinie" A 45 aus ganz NRW gut zu erreichen. Der Öffentliche Personennahverkehr fährt zwei Haltestellen in unmittelbarer Nähe des WESTFALENBADes an. Die Anlage besticht durch ihr großzügiges Platzangebot mit weitläufigen Rasenflächen und alten Baumbeständen. Hier können Sie ungestört den entspannten Aufenthalt genießen.

Regelmäßig finden im WESTFALENBAD wechselnde Aktionen statt. Dann verwandelt sich beispielsweise die Inselsauna in ein klassisches Brechelbad mit duftendem Kessel und Tannenzweigen. Auch im Wellnessbereich sorgen z.B. jahreszeitlich abgestimmte Kosmetikbehandlungen für ein stets aktuelles und umfangreiches Angebot an Anwendungen und Massagen. Jeder Saunaeintritt beinhaltet immer die Nutzung des Sport-, Freizeit- und Solebereiches.

DER SAUNABEREICH

Im Innenbereich befinden sich die Finnische Sauna, die Panorama-Sauna und das Dampfbad. Zudem sind dort Fußbadebecken, eine Erlebnisdusche mit Regen und Lichtapplikationen und drei Ruhezonen zu finden. Der Außenbereich bietet die Aufguss-Sauna, die Insel-Sauna, die Erd-Sauna, die Entspannungssauna »Fenster zur Welt« und die Kelo-Sauna sowie ein Gradierwerk. Drei Ruheräume außen mit Panoramaausblick bieten anschließend perfekte Entspannung. Der 900 qm große Naturbadeteich lädt auf rund der Hälfte der Fläche zum Schwimmen ein und das weitläufige Gelände bietet Platz zur Erholung und für ausgedehnte Spaziergänge. Im Wellnessbereich kommen Besucher bei Massagen und verschiedenen Anwendungen voll und ganz auf ihre Kosten.

WESTFALENBAD »HAGENS FREIZEIT- UND WELLNESSOASE«

129
HAGEN

◉ Stadionstraße 15, 58097 Hagen
☎ 02331 208600 | 🌐 www.westfalenbad.de

DER EMPFANG

Am Empfang erhalten Sie gegen eine geringe Gebühr Bademäntel und Handtücher. Zudem bekommen Sie auf Wunsch eine eingehende Beratung durch das kompetente Servicepersonal.

DIE ÖFFNUNGSZEITEN

Montag bis Mittwoch von 10:00–22:00 Uhr | Donnerstag und Samstag von 10:00–23:00 Uhr | Freitag von 10:00–24:00 Uhr | Sonntag von 10:00–21:00 Uhr. Dienstag ist Damensauna außer an Feier- und Brückentagen und innerhalb der Weihnachtsferien.

DIE PREISE

Wochentags	Erwachsene	Kinder/Jugendliche/Studenten*
3 Stunden-Karte	17,00 Euro	14,00 Euro
Tageskarte	22,00 Euro	17,00 Euro
Wochenende/Feiertage	Erwachsene	Kinder/Jugendliche/Studenten*
3 Stunden-Karte	18,00 Euro	
Tageskarte	24,50 Euro	

*Ermäßigter Eintritt für Kinder/Jugendliche bis 17 Jahren | Studenten bis 27 Jahren | Kinder bis zu einer Körpergröße von 1,11 Metern haben freien Eintritt. Bei Veranstaltungen gelten gesonderte Preise, die nicht rabattiert werden können. Im Saunaeintritt ist die Nutzung des Sport- und Freizeitbereiches mit Solebecken enthalten.

UMKLEIDEN | DUSCHEN

In den geräumigen Umkleideräumen sind Duschen und Sanitärbereiche zu finden und im Saunabereich zahlreiche Wertschließfächer.

DIE SAUNEN
DIE AUFGÜSSE

Täglich erwartet die Gäste ein abwechslungsreiches Aufgussprogramm, das ohne Aufpreis genutzt werden kann. Erfrischende Düfte aus Früchten und Kräutern entführen die Gäste in neue Erlebniswelten. Darüber hinaus bietet das WESTFALENBAD Peelings, Cremes, Honig, Klangschalenspiel und als Highlight den Wellnessgruß.

DIE FINNISCHE SAUNA
90 °C

Der Klassiker unter den Saunen mal anders: die finnische Sauna. Das Highlight ist das Wechselspiel der Farben, die den Saunaraum dezent durchleuchten und sich positiv auf das Wohlbefinden auswirken. Drei rustikale Metallöfen sorgen für einen gleichmäßig, intensiven Aufguss und lassen Sie bei ca. 90 °C unterschiedliche Duftaromen erleben.

WESTFALENBAD »HAGENS FREIZEIT- UND WELLNESSOASE«

HAGEN
Stadionstraße 15, 58097 Hagen
02331 208600 | www.westfalenbad.de

DIE »KELO«-SAUNA
100 °C

Den Namen hat die Kelo-Sauna von dem finnischen Kiefernholz Kelo. In dieser Sauna erwarten Sie Temperaturen bis zu 100 °C.

DIE PANORAMA-SAUNA
65 °C

Mit 65 °C und einer höheren Luftfeuchtigkeit ist die Panorama-Sauna die ideale Sauna für Einsteiger. Zudem bietet die Sauna mit ihrem großen Panoramafenster einen sagenhaften Blick auf die Außenanlage.

DIE INSEL-SAUNA
70 °C

Die Insel-Sauna befindet sich mitten im Naturbadeteich und ist durch kleine Brücken erreichbar. Die runde Bauweise und die großen Fensterelemente ermöglichen einen Panoramablick auf die große Außenanlage. Mit 70 °C erwartet Sie in der Insel-Sauna eine angenehme Wärme.

ENTSPANNUNGSSAUNA »FENSTER ZUR WELT«
75 °C

In der 75 °C warmen Sauna, mit vier Bankstufen, werden Ihnen mit beeindruckender Technik verschiedene Erlebniswelten vermittelt, die zum Träumen einladen und vom Alltag entschleunigen. Hier können Sie abschalten und in eine andere Welt eintauchen. Störungsfrei, denn die Sauna bietet automatisierte Aufgüsse. Bei wohliger Hitze, untermalt mit sanfter Musik, entspannen Sie mitten in den Eisbergen der Antarktis, den Wasserfällen Nordamerikas oder der Flora des tropischen Regenwaldes. Ein einmaliges Erlebnis der Entspannung!

DAS DAMPFBAD

Das Dampfbad hat die niedrigste Raumtemperatur, aber zugleich die höchste Luftfeuchtigkeit, die durch den Ausstoß von Wasserdämpfen im Raum erzeugt wird. An der Decke befindet sich ein Sternenhimmel, der seine Farbe stetig wechselt. Im Dampfbad werden Ihre Atemwege befeuchtet, die Poren der Haut geöffnet und Ihr Organismus wird zum Schwitzen angeregt. Ihr Körper wird dadurch entgiftet und entspannt.

WESTFALENBAD »HAGENS FREIZEIT- UND WELLNESSOASE«

Stadionstraße 15, 58097 Hagen
02331 208600 | www.westfalenbad.de

131
HAGEN

In der Aufguss-Sauna verwöhnt Sie das Personal regelmäßig mit verschiedenen Aufgüssen. Bei 85 °C können Sie dabei das schöne großflächige Holzdesign genießen, während der Saunameister am freistehenden Saunaofen die verschiedenen Duftaromen aufträgt. Ein Blickfang ist zudem die grün hinterleuchtete Birkenstamm-Wand.

DIE AUFGUSS-SAUNA
85 °C

In der Erd-Sauna erleben Sie ein rustikales, in die Natur eingebettetes Saunaerlebnis. Im Zentrum der Sauna steht ein holzbefeuerter Ofen, der ein natürliches Lichtspiel erzeugt. Für eine wohnliche Atmosphäre sorgen die Kelo-Stammscheiben, die an den Wänden angebracht sind. Bei bis zu 90 °C können Sie angenehm schwitzen.

DIE ERD-SAUNA
90 °C

Im Innen- und Außenbereich stehen Ihnen jeweils Duschen, Kneippschläuche, Tauchbecken oder auch Kübelduschen zur Abkühlung zur Verfügung.

DAS ABKÜHLEN

Im Innenbereich des »WESTFALENBADes« finden Sie die Becken für ein wohltuendes Fußbad, bei dem Sie sich in aller Ruhe entspannen können. Auf dem Fußerlebnispfad können Sie die Natur mit den Füßen fühlen.

DAS KNEIPPEN

Die weitläufige Außenanlage verfügt neben zahlreichen Liegemöglichkeiten noch über den großen Naturbadeteich, eine üppige Bepflanzung und ein Ruhehaus mit Holzkamin. Ein weiteres Ruhehaus besticht durch einen hervorragenden Ausblick auf die gesamte Saunaanlage. Es besteht aus zwei Räumen sowie einer Außenterrasse. In die Landschaft sind die verschiedenen Saunen im Außenbereich integriert, zudem bietet die weitläufige Fläche verschiedene Möglichkeiten, um einen erholsamen Spaziergang zu unternehmen. Ein besonderer Anlaufpunkt ist das Gradierwerk. Ein Gang dort entlang ist so gesund wie ein Spaziergang am Meer.

DIE AUSSENANLAGE

Im direkten Umfeld des Gradierwerkes, an dessen Zweigen die Sole herunter rieselt, herrscht ein ähnliches Klima wie im Sommer an der See. Bei Hitze im Sommer ist die Temperatur am Gradierwerk bis zu 10 % kühler als in der Umgebung. Durch das Einatmen salzhaltiger Luft werden die Atemwege befeuchtet und die Wandungen der Atemorgane positiv beeinflusst. Des Weiteren besitzen die feinen Salzkristalle eine sekretlösende Wirkung, die die Atemwege intensiv von Bakterien reinigen und die Schleimhäute abschwellen lassen.

DAS GRADIERWERK

132 WESTFALENBAD »HAGENS FREIZEIT- UND WELLNESSOASE«
HAGEN Stadionstraße 15, 58097 Hagen
02331 208600 | www.westfalenbad.de

DER NATURBADETEICH
In der Außenanlage befindet sich ein 900 qm großer Naturbadeteich. Dieser lädt mit seinem naturbewussten Charme-ganz ohne Chemikalien-die Saunagäste zum Schwimmen und zur Abkühlung ein, denn 450 qm des Badeteiches sind beschwimmbar. Als optisches Highlight befindet sich die Insel-Sauna in der Mitte des Badeteichs und kleine Stege führen zur Sauna hin.

SOLEBECKEN
Das neue Solebecken in der Saunalandschaft ist 72 qm groß, 32 °C warm, hat eine Wassertiefe von 1,30 Meter und ist mit ca. 4 % Naturthermalsole angereichert. Drei leistungsstarke Massagedüsen und eine Unterwassersitzbank sorgen zusätzlich für Entspannung. In unmittelbarer Nähe befindet sich der neue 35 °C warme Whirlpool, der ausreichend Platz für acht Personen bietet. Ein 200 qm großes Holzdeck rundet den neuen Bereich ab. Ein Regen- und Sonnensegel sorgt zudem für eine ganzjährige Nutzung und bietet viel Platz für weitere Liegen. Alle Einrichtungen sind seniorengerecht ausgestattet und bieten auch für Gäste mit Einschränkungen eine fast vollständig autarke Nutzung. Optisch passt sich der neue Bereich zudem mit Gabionen und Holz gut an das Gesamtkonzept des Saunabereiches an. Die LED Beleuchtung kann dank Farbwechselmöglichkeit die Stimmung zum Beispiel bei Veranstaltungen ideal aufnehmen. Orange oder Rottöne unterstreichen dabei die lockere und ausgelassene Stimmung bei Saunanächten mit Musik, während blaues Licht bei entspannenden und entschleunigenden Events eingesetzt wird.

RUHEMÖGLICHKEITEN
Das »WESTFALENBAD« hält zahlreiche Möglichkeiten zum Ruhen bereit. So gibt es mehrere Ruheräume, sowohl innen als auch außen. Hier gibt es unterschiedliche Räume, in denen Sie bei absoluter Stille oder mit leiser Hintergrundmusik entspannen können aber auch Räume, in denen Unterhaltungen zwischen den Gästen gestattet sind. Für Leseratten gibt es ein Bücherregal mit einem Fundus an Lesematerial. Zudem stehen Ihnen zur Erholung die Terrasse und der wunderschöne Saunagarten mit einem weiteren Ruhehaus zur Verfügung.

WESTFALENBAD »HAGENS FREIZEIT- UND WELLNESSOASE«

📍 Stadionstraße 15, 58097 Hagen
📞 02331 208600 | 🌐 www.westfalenbad.de

MASSAGEN

Im »WESTFALENBAD« können Sie sich durch verschiedene Wellness-Angebote verwöhnen lassen. Entspannen Sie bei verschiedenen Massagen, Körperpackungen oder Beauty-Spa-Angeboten wie z.B. Ayurveda, Hot Stone, Rhassoul und vielen anderen. Sie können auch ganze Wellness-Arrangements nutzen entweder alleine, gerne zu zweit oder auf Anfrage auch als Gruppe. Diese können Sie vorab unter wellness@westfalenbad.de oder telefonisch unter 02331 208621 buchen oder Sie lassen sich vor Ort von den freundlichen Mitarbeitern am Wellnesscounter beraten.

EVENTS

Regelmäßige Events tragen zur Vielfältigkeit bei. Das beginnt im WESTFALENBAD mit Wellness für die ganz Kleinen (0-4 Jahre), hin zu geführten Saunagängen beim Saunaführerschein und endet in den Saunanächten, bei denen die Gäste besondere Darbietungen von Künstlern und Musikern in der Saunaanlage erleben. Das Highlight ist jedes Jahr die Silvester-Saunanacht.

GASTRONOMIE

In der Gastronomie findet jeder Besucher das passende für sein leibliches Wohl. Die Speisekarte umfasst eine hochwertige Vielfalt an Gerichten und Getränken- Saunagäste können sich auf spezielle Fitness- und Wellness-Menüs sowie saisonale oder themenbezogene Angebote freuen.

PARKMÖGLICHKEITEN

Badegäste können in dem nahegelegenen Parkhaus, mit ca. 600 Stellplatzen, kostenlos parken. Die Entwertung des Parktickets erfolgt an der Kasse. Bitte beachten Sie, dass man bei der Anfahrt von der Alexanderstraße kommend links und von »Am Sportpark« kommend, rechts in die Stadionstraße einbiegen muss, um zum Parkhaus zu gelangen.

Freizeitbad Aquarell »UNSER FREIZEITBAD IN HALTERN AM SEE«

Hullerner Str. 45-49, 45721 Haltern am See
Info-Hotline 02364-924027 | www.freizeitbad-aquarell.de

GEBOTEN WIRD:

DAS RESÜMEE	Erleben Sie eine Sauna-Landschaft, die Lebensfreude durch Erholen, Entspannen und Träumen für die ganze Familie bietet. Gönnen Sie sich eine Auszeit vom Alltag und genießen Sie die wohltuende Wärme, die es ermöglicht abzuschalten, zu relaxen und neue Kräfte zu sammeln.
DER SAUNABEREICH	Sie sind Willkommen in einer Sauna-Landschaft, die neben einer typischen Finnischen Sauna im Innenbereich auch ein Dampfbad mit Sternenhimmel, einem Salz-Raum, ein Biobad, eine Aroma-Sauna und eine Infrarot-Kabine sowie eine Finnische Event-Blockbohlen-Sauna im Außenbereich bietet. Im schön angelegten Sauna-Garten mit Tauchbecken lässt es sich herrlich entspannen. Der Besuch der Cafeteria in gemütlicher Atmosphäre, die vielfältigen Angebote an Massagen und das Freizeitbad runden Ihren Saunabesuch ab.
DER EMPFANG	An der Kasse im Eingangsbereich lösen Sie Ihre Karte. Nützliche Merchandising-Artikel werden zum Kauf angeboten.
DIE ÖFFNUNGSZEITEN	Montag: 17:30-22:00 Uhr (Familie)	Dienstag: 14:00-22:00 Uhr (Familie)	Mittwoch: 08:00-22:00 Uhr (Damen)	Donnerstag: 14:00-22:00 Uhr (Familie)	Freitag: 14:00-17.00 Uhr (Herren), 17:00-21:30 Uhr (Familie)	Samstag: 09:00- 19:00 Uhr (Familie), Sonntag: 09:00-19:00 Uhr (Familie). Änderungen bleiben vorbehalten.
DIE PREISE	Erwachsene 14,00 Euro Kinder bis 15 Jahre 12,00 Euro (jeweils ohne zeitliche Begrenzung) Feierabendtarif (3 Stunden vor Ende der Öffnungszeit) 10,00 Euro. Die Eintrittspreise in die Sauna-Landschaft beinhalten den Besuch des Freizeitbades »Aquarell«

Freizeitbad Aquarell »UNSER FREIZEITBAD IN HALTERN AM SEE«

Hullerner Str. 45-49, 45721 Haltern am See
Info-Hotline 02364-924027 | www.freizeitbad-aquarell.de

HALTERN AM SEE
GUTSCHEINHEFT S. 11

(Hallen- und Freibad). Die Ermäßigungen, wie Familien- und 10er-Karte, entnehmen Sie bitte dem Aushang an der Kasse bzw. dem Internet.

Es stehen Ihnen insgesamt drei Umkleideräume zur Verfügung. Für die Schränke benötigen Sie ein 1-Euro-Geldstück als Pfand. Damen und Herren nutzen gemeinsam die insgesamt fünf Reinigungsduschen.

UMKLEIDEN | DUSCHEN

In der Sauna-Landschaft erwarten Sie folgende Attraktionen:

DIE SAUNEN

Über den dreireihigen Bänken, auf denen 20 Personen bei 50 °C schwitzen können, befinden sich an der Decke zwei Sterne und ein Mond, die mit Lämpchen geschmückt sind. Das wechselnde Farblicht wirkt beruhigend.

DAS BIO-BAD
50 °C

Ebenso wie bei der Bio-Sauna wird auch hier eine romantische Atmosphäre durch Lämpchen und wechselndes Farbspiel geschaffen. 20 Personen können bei 85 °C gemeinsam erleben, wie die Aromen automatisch auf die heißen Steine geträufelt werden.

DIE AROMA-SAUNA
85 °C

In der 90 °C-Sauna für 25 Personen werden abwechslungsreiche Aufgüsse angeboten. Eine Sauna-Meisterin wedelt Ihnen die warmen Dämpfe mit einem Handtuch zu.

DIE FINNISCHE SAUNA
90 °C

Die massiven Holzstämme der Finnischen Event-Blockbohlen-Sauna im Außenbereich sorgen für eine einzigartige Wärmeabgabe, eine urtümliche Atmosphäre und ein tolles Saunaerlebnis. Bei 90 °C werden hier für etwa 30 Personen regelmäßig Handaufgüsse durchgeführt. Danach können Sie im angrenzenden Ruheraum oder auf der großen Holzterrasse entspannen.

DIE EVENT-SAUNA
90 °C

Freizeitbad Aquarell »UNSER FREIZEITBAD IN HALTERN AM SEE«

Hullerner Str. 45-49, 45721 Haltern am See
Info-Hotline 02364-924027 | www.freizeitbad-aquarell.de

DIE INFRAROT-KABINE Wer seinen Körper nicht über die heiße Raumluft erwärmen lassen möchte, kann das per Infrarotstrahlen machen.

DAS DAMPFBAD 45 °C Bis zu sechs Personen gleichzeitig können die wohltuende Wirkung in dem komplett neu gestalteten Raum bei 45 °C und 100 % Luftfeuchte genießen. Sie entspannen hier wunderbar, bei wechselnden Düften, auf den erwärmten Bänken.

DER SALZ-RAUM Mit jedem Atemzug wertvolle Mineralien und Spurenelemente aufnehmen. Der Besuch des Salz-Raumes wirkt unterstützend bei: Asthma bronchiale, allergischer, akuter und chronischer Bronchitis, Heuschnupfen, Nasennebenhöhlenentzündungen, überempfindlichen Atemwegen, Hauterkrankungen wie Neurodermitis und Psoriasis (Schuppenflechte), MCS (multiple chemical sensitive) Patienten, Schlafstörungen, Tinnitus, Depressionen und Burn-Out Syndrom. Gesunde Menschen finden im Salz-Raum tiefe Entspannung bis in die Seele.

RUHEMÖGLICHKEITEN Wie schon erwähnt stehen im Außenbereich Ruheliegen für Sie bereit. In der Blockbohlen-Sauna lädt außerdem ein geräumiger Ruheraum zum Relaxen und

Freizeitbad Aquarell »UNSER FREIZEITBAD IN HALTERN AM SEE«

Hullerner Str. 45-49, 45721 Haltern am See
Info-Hotline 02364-924027 | www.freizeitbad-aquarell.de

Träumen ein. Im Innenbereich sind mehrere Liegen und Strandkörbe aufgestellt. Wenn Sie lieber absolute Ruhe wünschen, suchen Sie einen der zwei Wintergärten auf und lassen dort die Seele baumeln …

In der Nähe der Saunen gibt es Schwallduschen, Tauchbecken und einen Eimer mit Crushed Ice.

DAS ABKÜHLEN
CRUSHED ICE

Für Fußbäder stehen angewärmte, gekachelte Sitzbänke bereit.

DIE FUSSBÄDER

Im großen Sauna-Garten lädt eine Vielzahl von Ruheliegen zum Verweilen ein. Auch ein Tauchbecken ist vorhanden. An Tischen und Stühlen können Sie eine Erfrischung zu sich nehmen. Vor neugierigen Blicken schützt Sie ein hoher Zaun.

DIE AUSSENANLAGE

Mit dem Kombiticket gehen Sie durch eine Schranke von der Sauna in das Schwimmbad.

DAS SCHWIMMBAD

Über regelmäßige Events in der Sauna-Landschaft können Sie sich direkt an der Kasse oder aktuell im Internet informieren.

EVENTS

Mehrmals in der Woche wird eine Wohlfühlmassage angeboten. Die Termine vereinbaren Sie bitte direkt mit dem Masseur. Zwei Wellness-Massage-Liegen versprechen außerdem eine vitalisierende Rückenmassage der Extraklasse. Durch diese Geräte wird Ihre gesamte Muskulatur gelockert und das Gewebe gestrafft. Außerdem gibt es noch ein Solarium.

MASSAGEN | SOLARIEN

In einer Cafeteria werden Ihnen kleine Erfrischungen gereicht. Für den größeren Hunger gibt es außerhalb der Sauna das Bistro ‚Aquarell'.

GASTRONOMIE

Die von Ihnen in Anspruch genommenen Leistungen werden direkt vor Ort bezahlt.

ZAHLUNGSVERKEHR

Unmittelbar am »Aquarell« gibt es einen großen kostenfreien Parkplatz.

PARKMÖGLICHKEITEN

Maximare »IN DER SAUNA VERRAUCHT DER ZORN«

Erlebnistherme Bad Hamm GmbH, Jürgen-Graef-Allee 2, 59065 Hamm
02381 878-0 | 02381 878-3809 | www.maximare.com

GEBOTEN WIRD:

| DAS RESÜMEE | Das »Maximare« liegt am Rande des Kurparks, eingebettet in einen großen Freizeitkomplex mit Erlebnis-Schwimmbad und Wellnessbereich in Hamm (Westf.). Die Sauna-Landschaft ist in zwei Ebenen angelegt. Die einzelnen Saunen repräsentieren in unverwechselbarer Weise das Zusammenspiel der Elemente Wasser, Feuer, Erde und Luft. Jede Sauna setzt das ihr gesetzte Thema mit viel Liebe zum Detail um. |

| DIE GRÖSSE | Der 3.500 qm große Sauna-Garten beherbergt drei Saunen und ein Sole-Dampfbad. Er besticht durch die harmonische Gestaltung im Feng-Shui-Stil. |

| DER EMPFANG | Handtücher und Bademäntel können ausgeliehen werden. Das Chip-Coin-System wird vom freundlichen Empfang bei Bedarf gerne erklärt. |

| DIE ÖFFNUNGSZEITEN | Täglich von 9:00–23:00 Uhr, montags ist Frauensauna (nicht an Rosen-, Pfingst-, & Ostermontag & an Feiertagen). |

| DIE PREISE | Mo-Fr: Bis zu 4 Std. 22,00 Euro, Tageskarte 24,00 Euro | Sa/So/Feiertag: Bis zu 4 Std. 24,00 Euro , Tageskarte 26,00 Euro. Die weiteren Tarife können Sie auf der Internetseite einsehen. Zu Saunaevents gelten eigene Eintrittspreise, die Sie auf der Internetseite einsehen können. |

| UMKLEIDEN | DUSCHEN | Es existiert ein Gemischt-Umkleidebereich mit mehreren u-förmigen Umkleidemöglichkeiten, getrennt von den Umkleiden für den Erlebnis-Schwimmbadbereich. Zusätzlich gibt es einige Einzelkabinen. Die Reinigungsduschen sind für Damen und Herren getrennt. |

Maximare »IN DER SAUNA VERRAUCHT DER ZORN«

Erlebnistherme Bad Hamm GmbH, Jürgen-Graef-Allee 2, 59065 Hamm
02381 878-0 | 02381 878-3809 | www.maximare.com

HAMM
GUTSCHEINHEFT S. 11

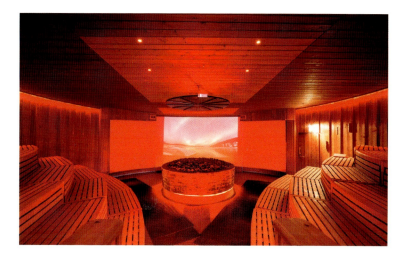

DIE SAUNEN

Drei Saunen, ein Dampfbad, ein Medibecken und eine Tiefenwärmelounge befinden sich im Innenbereich, weitere drei Saunen und ein Grotto-Geysir im Außenbereich. Der Aufguss-Plan gibt Auskunft über die halbstündlich zelebrierten Aufgussvarianten.

Neben den Aroma-Aufgüssen gibt es Salz-, Honig- und Eis-Aufgüsse. Bei den monatlichen, jeweils am 1. Freitag stattfindenden Sauna-Nächten werden die Aufgussvarianten noch verfeinert und es erfolgen Specials vom Sauna-Meister, jeweils passend zu den unterschiedlichen Themen des Abends.

DIE SALZSAUNA
90 °C

Mit gegenüberliegenden Bänken auf zwei Ebenen haben in der bis zu 90 °C warmen Salzsauna etwa 20 Personen Platz. Ein beleuchteter Salzblock aus dem Himalaya-Gebirge ionisiert die Luft. Über die Gradierwerke tropft Sole. Der Dampf befreit die Atemwege.

DAS SINNESBAD
65 °C

Hier werden alle Sinne angesprochen. Die 65 °C warme Luft liebkost die Haut, während das Farblicht die Stimmung beeinflusst. Die leise Musik entspannt. Der Aufguss in dieser Sauna spricht zusätzlich zwei weitere Sinne an, den Geruch und den Geschmack.

Der Ofen ist mit Schiefer eingefasst und strahlt somit eine angenehme Wärme ab. In dieser großzügig gestalteten Sauna finden 30 Personen Platz.

DAS DAMPFBAD
45 °C

Das 45 °C warme Dampfbad ist ausgelegt für 15 bis 20 Personen. Es wird stimmungsvoll beleuchtet von einem Farbsternenhimmel. Auf der linken Seite befindet sich ein kleiner See. Reine ätherische Öle reichern die aus dem See austretenden Schwaden an. Über Druckknöpfe kann man einen zusätzlichen Dampfstoß auslösen. Das Dampfbad verbindet die Elemente Wasser und Luft.

Maximare »IN DER SAUNA VERRAUCHT DER ZORN«

HAMM

Erlebnistherme Bad Hamm GmbH, Jürgen-Graef-Allee 2, 59065 Hamm
02381 878-0 | 02381 878-3809 | www.maximare.com

DER MEDITATIONS BRUNNEN	Der Meditationsbrunnen ist umgeben von im Kreis aufgestellten Wärmebänken. Das leise plätschernde Wasser hat eine beruhigende Wirkung. Hier wirkt das Element Wasser.
DIE ERDSAUNA 110 °C	Aus »Kelo«-Holz ist diese Sauna gebaut, 30 Personen finden Platz in dem 110 °C heißen Raum. An der Stirnseite befindet sich der große gemauerte Kamin. An beiden Seiten kann man auf zwei Etagen schwitzen. Durch das »Kelo«-Holz in Verbindung mit dem Kaminfeuer entsteht eine urige Atmosphäre mit einem einzigartigen Holzduft. Hier hat das Element Erde seinen Platz.
DIE FEGEFEUERSAUNA 90 °C	Wie eine Felsenhöhle im Schoß der Erde gestaltet, präsentiert sich die »Fegefeuer«- Sauna. Der Ofen an der Stirnseite ist im Boden eingelassen, darüber 130 °C heiße Peridot-Steine. Die großräumige 90 °C heiße Sauna fasst 40 Personen.
DIE ARENAMARE 90 °C	In dieser über 100 Personen fassenden multimedialen Theater-Sauna erleben Sie szenarische Aufgüsse auf einem riesigen, mit Steinen ummantelten Ofen, die Sie sowohl unterhalten als auch die Faktoren Erlebnis und Gesundheit integrieren. Freuen Sie sich bei 90 °C auf nie erlebte Video-Illuminationen, Lichtshows und Spezialeffekte.
DER GROTTO-GEYSIR	In der einzigartigen Felsen- und Höhlenlandschaft entspannen Sie beim Blick auf das brodelnde Gemisch aus Wasser und Dampfschwaden. Dazu lauschen Sie den beruhigenden Musikklängen im Hintergrund, während der aktive Geysir abwechselnd Fontänen in die Höhe schießt und so für eine wohltuende Luftfeuchtigkeit in der Grotte sorgt. Dabei wechselt die thermische Springquelle Formen und Farben.

Maximare »IN DER SAUNA VERRAUCHT DER ZORN«

Erlebnistherme Bad Hamm GmbH, Jürgen-Graef-Allee 2, 59065 Hamm
02381 878-0 | 02381 878-3809 | www.maximare.com

DAS ABKÜHLEN

Der Kaltbereich ist ausgestattet mit Schwallduschen, Regenduschen, Kübelduschen sowie Kalt- und Warmduschen. Zusätzlich gibt es im Innenbereich ein Kalt- und ein Warmwasserbecken. Mit 12 und 40 °C ein Gegensatz, der den Kreislauf in Schwung bringt. Ein Crushed-Ice-Becken fehlt natürlich auch nicht. Neben der ArenaMare finden Sie zwei Gabionen mit integrierten Kaltduschen.

CRUSHED ICE

DIE AUSSENANLAGE

Der im Feng-Shui-Stil gestaltete Sauna-Garten ist mit 3.500 qm Fläche eine Oase der Ruhe. Ein Bach windet sich von der Erdsauna an der Fegefeuersauna vorbei durch den Garten und mündet in einen kleinen See. Die Fegefeuersauna und der Solesee sind in ein Stollensystem integriert, das sich stilvoll in den Garten einfügt. Im Kräutergarten wachsen regionale und saisonale Kräuter, die frisch in der hauseigenen Küche verwendet werden–Natur pur!

SAUNAAUSSENBECKEN

Das Saunaaußenbecken (31 °C) ist auch von innen zugänglich und ca. 100 qm groß. Im Außenbereich befinden sich Schwanenhälse mit Massagedüsen und Sprudelliegen.

RUHEMÖGLICHKEITEN

Auf beiden Ebenen der Anlage sind Liegen verteilt. Im oberen Bereich gibt es zusätzlich einen abgetrennten Schlafraum. Bei gutem Wetter können zusätzlich die Liegen im Saunagarten genutzt werden. Im Ruhe- und Liegehaus im Saunagarten kann man durch Panoramascheiben auf die grüne Oase und den kleinen See blicken. Für eine besondere Atmosphäre sorgt auch die Wand aus beleuchteten Kristallen aus dem Himalaya.

MASSAGEN

„Wellnesswelt NATUR" heißt sich der neu konzipierte Wellnessbereich im Maximare Hamm. Zurück zur Natur, Natürlichkeit und Regionalität lautet das Motto auf 500 qm. Moos, Heu, Birke und Bambus prägen nun das Bild in

142 Maximare »IN DER SAUNA VERRAUCHT DER ZORN«

HAMM
Erlebnistherme Bad Hamm GmbH, Jürgen-Graef-Allee 2, 59065 Hamm
02381 878-0 | 02381 878-3809 | www.maximare.com

den Behandlungsräumen. Holz–sämtlich aus dem westfälischen Raum-dominiert sämtliche Räume, sei es als Deko, in Form von Ästern, auf Bilder oder als recycelte Möbel.

Asien trifft Europa oder umgekehrt könnte auch das neue Motto im Maximare-Wellnessbereich lauten. Denn die Hälfte der insgesamt acht Behandlerinnen sind Chinesinnen, die traditionelle chinesische Massage durchführen.

Höhepunkt im Wellnessbereich ist die Sand-Quarzliege „Psammo". Deren sanfte, tiefenwirksame Wärme sorgt neben einer seelischen und körperlichen Entspannung auch Stoffwechselanregend und entschlackend.

Die Quarzliege verbindet Wellness und Wohlbefinden auf außergewöhn-liche Weise.

Das Alles kann man allein oder als Paar erleben–Letzteres ein angesagter Trend.

EVENTS Jeden 1. Freitag im Monat findet eine themenbezogene SaunaNacht mit besonderen Aufgüssen zu spezifischen Themen statt. Aktuelle Informationen und Anmeldung finden Sie auf der Internetseite.

GASTRONOMIE Die Küche hält eine reichliche Auswahl an Getränken und Speisen bereit. Es gibt sowohl einen gemütlichen Innen- als auch einen Außenbereich auf der Terrasse. Das Küchenteam verwendet, wo es möglich ist, regionale Produkte. Herkunft der Lebensmittel und kurze Beschaffungswege genießen hohe Priorität. Für den Mittagstisch, als auch in den jahreszeitenbezogenen Speisekarten werden stets saisonale Produkte verwendet.

Maximare »IN DER SAUNA VERRAUCHT DER ZORN«

Erlebnistherme Bad Hamm GmbH, Jürgen-Graef-Allee 2, 59065 Hamm
02381 878-0 | 02381 878-3809 | www.maximare.com

Nach dem Eintritt wird in der Anlage alles auf den modernen Funk-Chip, der in den Garderobenschlüssel gesteckt wird, aufgebucht und am Ende an der Kasse bezahlt.

BEZAHLMÖGLICHKEITEN

Direkt links neben dem Eingangsbereich gibt es ausreichend kostenlose Parkmöglichkeiten für die Gäste des »Maximare« und des angrenzenden Kurparks.

PARKMÖGLICHKEITEN

144 Heljensbad »ERLEBEN SIE DAS HELJENSBAD«

HEILIGENHAUS
GUTSCHEINHEFT S. 11

Selbecker Straße 12, 42579 Heiligenhaus
02056 922-171 | 02056 922-172 | www.heljensbad.de

GEBOTEN WIRD:

DAS RESÜMEE Das »Heljensbad« kann mit einem umfangreichen Kursprogramm rund um das Schwimmen und die Bewegung im Wasser für Groß und Klein aufwarten. Von Babyschwimmen und Kleinkinderschwimmen über gezielten Schwimmunterricht hin zu Aquafitness, Wassergymnastik und therapeutischem Aqua-Training reicht das Programm. Ein Sportbecken mit Schwimmer- und Nichtschwimmerbereich sowie ein Kinderbecken mit Wasserrutsche liegen im Inneren der Anlage. Die Wassertemperatur beträgt das ganze Jahr über 30 °C. Im Freibad erwarten Sie ein 50-Meter-Becken, eine lange Erlebnisrutsche und großzügige Liegewiesen. Das Bad ist in das Bergische Land eingebettet, so dass das Freibad von vielen hochgewachsenen Bäumen umsäumt wird. Übrigens: Das Heljensbad findet man jetzt auch auf Facebook.

DER SAUNABEREICH Die Saunen und das Dampfbad sind mit einer schönen und hellen Holzverkleidung versehen. Der Abkühlbereich im Mittelpunkt der Anlage ist ansehnlich gefliest. Der direkt anliegende Bistrobereich ist mediterran angestrichen. Der Innenbereich ist etwa 400 qm groß; die Dachterrasse 200 qm.

DER EMPFANG Am Empfang werden Bademäntel und -tücher verliehen. Sie können auch verschiedene Wellnessprodukte für die Sauna im Shop erwerben.

DIE ÖFFNUNGSZEITEN Montag Grundreinigungstag | Dienstag von 10:00–22:00 Uhr: Gemeinschaftssauna zum Spartarif | Mittwoch: Damen-Sauna von 10:00–22:00 Uhr | Donnerstag: Gemeinschaftssauna 10:00–22:00 Uhr | Freitag: Gemeinschaftssauna 10:00–22:00 Uhr | Samstag, Sonntag und Feiertag: Gemeinschaftssauna 10:00–19:00 Uhr.

Heljensbad »ERLEBEN SIE DAS HELJENSBAD«

HEILIGENHAUS

Selbecker Straße 12, 42579 Heiligenhaus
02056 922-171 | 02056 922-172 | www.heljensbad.de

Normaltarif sowie Samstag, Sonntag und feiertags 15,50 Euro	Spartarif 13,00 Euro	Kinder und Jugendliche 11,00 Euro	11er Coin Sauna 155,00 Euro	Familienkarten jeden Samstag in der Sauna z.B. 2 Erwachsene und 1 Kind: 37,00 Euro	Alle Tarife ohne zeitliche Begrenzung. Die Hallen- bzw. Freibadnutzung ist inklusive.	DIE PREISE
Männer und Frauen kleiden sich separat um. Geduscht wird ebenfalls getrennt geschlechtlich.	UMKLEIDEN	DUSCHEN
Die Vital-Sauna, die Finnische Aufguss-Sauna und das Dampfbad sind im Innenbereich gelegen. Die stündlichen Aufgüsse mit wechselnden Aromadüften werden über ein Mikrofon der Hausanlage durchgesagt. Eine »Kelo«-Blockhaus-Sauna befindet sich auf der Dachterrasse.	**DIE SAUNEN**
Der große, mit Schiefersteinen gemauerte Ofen erwärmt den Raum auf 75 °C. Sauna-Steine ruhen auf dem Ofen. Dezente Entspannungsmusik sowie ein Farbspiel umschmeicheln etwa 25 Personen in dem holzverkleideten Raum. Ein Fenster gewährt den Blick zum Innenbereich.	DIE VITAL-SAUNA 75 °C
90 °C herrschen in der dezent beleuchteten Sauna, die gut 30 Personen aufnehmen kann. Der enorme gemauerte Ofen mit Sauna-Steinen bringt jeden Gast ordentlich ins Schwitzen. Auch hier haben Sie Ausblick zum Innenbereich der Anlage.	DIE AUFGUSS-SAUNA 90 °C

146 Heljensbad »ERLEBEN SIE DAS HELJENSBAD«

HEILIGENHAUS

Selbecker Straße 12, 42579 Heiligenhaus
02056 922-171 | 02056 922-172 | www.heljensbad.de

DIE »KELO«-
BLOCKHAUS-SAUNA
95 °C

Solide 95 °C liegen in dem Blockhaus aus Rundstämmen mit begrüntem Dach in der Luft. Der in Holz eingefasste große Ofen mit Sauna-Steinen steht seitlich. Rustikales Ambiente bei dezenter Beleuchtung versprüht ursprüngliches, finnisches Saunaflair. Sie haben einen phantastischen Ausblick auf den Freibadbereich sowie auf das umliegende Bergische Land.

DAS DAMPFBAD
45 °C

Das Bad lockt mit Salzaufgüssen, die viermal täglich stattfinden. Rund 14 Personen finden Platz in dem mit 45 °C temperierten, grünlich gefliesten Bad. Stirnseitig steht ein Salzkristall unter farbig leuchtendem Deckenhimmel.

DAS ABKÜHLEN

CRUSHED ICE

Der Abkühlbereich ist zentral im Inneren der Anlage gelegen. Eine Stachelbrause, zwei Kaltduschen, eine Schwallbrause und ein Kneippschlauch leisten hervorragende Abkühldienste. Ein Crushed-Ice-Brunnen und ein Tauchbecken bringen eine zusätzliche, erfrischende Abkühlung.

DAS KNEIPPEN

In vier Fußwärmebottichen lässt es sich angenehm kneippen.

DIE AUSSENANLAGE

Die Dachterrasse mit Holzboden ist mit etlichen Liegen, Liegestühlen sowie Strandkörben bestückt. Zahlreiche Grünpflanzen säumen die Terrasse. Sie haben hier einen noch umfassenderen, phantastischen Ausblick auf das Bergische Land und das Außengelände des Freizeitbades als in der Blockhaus-Sauna.

RUHEMÖGLICHKEITEN

Entspannt schmökern lässt es sich im Leseraum auf diversen Sitzgelegenheiten mit Ausblick auf die Dachterrasse. Im anliegenden Ruheraum erwarten Sie an breiter

Heljensbad »ERLEBEN SIE DAS HELJENSBAD«

Selbecker Straße 12, 42579 Heiligenhaus
02056 922-171 | 02056 922-172 | www.heljensbad.de

HEILIGENHAUS

Fensterfront sechs Holzliegen mit Auflagen und Decken. Bunte Vorhänge dunkeln den Raum leicht ab. Bilder örtlicher Künstler verzieren die Wände. Baststühle sowie gefliese Sitzbänke im zentralen Innenbereich, am offenen Kamin mit loderndem Feuer, erweitern das Angebot an Ruhemöglichkeiten.

Lassen Sie sich mit unterschiedlichen Massagen verwöhnen: unter anderem mit Fuß- und Beinmassagen, Wellness- und energetischen Massagen, Shiatsu- und Ayurveda-Anwendungen. Drei Hochleistungsbräuner im Badebereich sorgen für den nötigen Teint.

MASSAGEN | SOLARIEN

Monatliche Aktionen mit verlängerten Öffnungszeiten wie »Finnischer Sauna-Abend«, 24-Stunden-Saunieren oder »Feuriger Mexikanischer Sauna-Abend« locken Schwitzhungrige in das »Heljensbad«. Besondere Aufgüsse und FKK-Schwimmen sind dabei selbstverständlich. Informieren Sie sich am Empfang.

EVENTS

In der Sauna-Gastronomie finden Sie eine große Auswahl an Getränken und Speisen, die Ihnen auch auf der Dachterrasse der Sauna serviert werden.

GASTRONOMIE

Alle in Anspruch genommenen Leistungen werden sofort bar bezahlt.

ZAHLUNGSVERKEHR

Unmittelbar an der Anlage parken Sie kostenlos.

PARKMÖGLICHKEITEN

148
HERNE
GUTSCHEINHEFT S. 11

Wananas »DAS WANANAS MACHT ALLE NASS«
Sport- und Erlebnisbad Wananas, Am Wananas 1, 44653 Herne
02325 9260-0 | info@herner-baeder.de | www.wananas.de

GEBOTEN WIRD:

DAS RESÜMEE — Das in Hernes Stadtteil Wanne-Eickel 2016 neu erbaute Sport-und Erlebnisbad „Wananas" vereint Badespaß mit Saunagenuss in modernem Design. Wasserratten jeden Alters kommen in einem der zahlreichen Becken garantiert auf ihre Kosten. Zwei Planschbecken mit unterschiedlicher Tiefe, ein Erlebnisbecken mit Strudel, Kletterwand und breiter Rutsche sorgen für stundenlangen Kinderspaß im Wasser. Im räumlich abgegrenzten Sportbecken kann dann an der Bestzeit gearbeitet werden oder man taucht einfach mal vom 1- oder 3-Meter-Brett ins Wasser ein. Das ganze Jahr über steht zudem ein Außenbecken mit angenehmen 30 °C Wassertemperatur zur Verfügung. Im Sommer wartet hier auch ein schön ausgestatteter Kinderspielplatz darauf, erobert zu werden. Ganz großen Spaß verspricht ein Matschspielplatz, der Kinderherzen höherschlagen lässt.

Für Gäste, die gern so richtig ins Schwitzen kommen, bietet das Bad eine kostenfreie Textilsauna und einen gesonderten Saunabereich mit Zuzahlung. Sie können hier zwischen den Saunatypen „finnische Sauna" und „Salzsauna" wählen. Zur Abkühlung steht unter anderem ein illuminiertes Tauchbecken zur Verfügung. Ausklingen lassen Sie das Sauna-Erlebnis im angrenzenden Ruheraum oder im Saunagarten. Planen Sie also genug Zeit ein, um das „Wananas" rundum auszukosten.

DIE GRÖSSE — Das „Wananas"-Gelände erstreckt sich insgesamt über großzügige 5.000 qm. Davon nimmt die Wasserfläche aller Becken eine Größe von 1.050 qm ein.

DER EMPFANG — An der Kasse zahlen Sie bar, mit EC-Karte oder über eine zuvor erworbene Wertkarte. Direkt hinter dem Eingang befinden sich die Umkleidemöglichkeiten für alle

Wananas »DAS WANANAS MACHT ALLE NASS«

149
HERNE

📍 Sport- und Erlebnisbad Wananas, Am Wananas 1, 44653 Herne
📞 02325 9260-0 | ✉ info@herner-baeder.de | 🌐 www.wananas.de

Badegäste. Auch Familien-Umkleiden und Wickelmöglichkeiten sind vorhanden, ebenso wie Schließfächer für Kleidung und alles, was Sie während des Aufenthaltes nicht benötigen. Den Saunabereich erreichen Sie durch das Erlebnisbad.

Das Erlebnisbad inklusive Sauna ist von Sonntag bis Donnerstag in der Zeit von 9:00-21:00 Uhr geöffnet. Am Freitag und Samstag gibt es verlängerte Öffnungszeiten von 9:00-22:30 Uhr. Das Sportbad steht Ihnen nur am Wochenende zur Verfügung, schließt aber am Samstag bereits um 16:45 Uhr. In diesem Bereich können Sie zusätzlich von montags bis samstags am sog. "Frühschwimmen" (6:30-8:00 Uhr) teilnehmen. Bitte beachten Sie, dass der Saunabereich dienstags nur für Damen zugänglich ist.

DIE ÖFFNUNGSZEITEN

DIE PREISE

	SCHWIMMEN		
	Kinder*	Erwachsene**	Familien***
Werktgags			
2 Std.	5,00 Euro	7,00 Euro	18,00 Euro
4 Std.	7,00 Euro	9,00 Euro	20,00 Euro
1 Tag	8,00 Euro	11,00 Euro	25,00 Euro
Sa, So, Feiertags			
2 Std.	6,00 Euro	8,00 Euro	19,00 Euro
4 Std.	8,00 Euro	10,00 Euro	22,00 Euro
1 Tag	9,00 Euro	12,00 Euro	26,00 Euro

	SAUNA (An allen Tagen)	
	Kinder*	Erwachsene**
Zuzahlung	3,50 Euro	5,00 Euro

Bitte beachten Sie, dass Kinder bis zur Vollendung des 18. Lebensjahres Jahren nur in Begleitung einer aufsichtspflichtigen Person die Saunazone betreten dürfen.

Im Badbereich steht außerdem eine Textilsauna zur Verfügung, die im Badepreis bereits enthalten ist.

* 4 bis 15 Jahren
** ab 16 Jahren
*** Zwei Erwachsene & drei Kinder oder ein Erwachsener mit bis zu vier Kindern. Jedes weitere Kind 5 Euro / Sa, So, Feiertag 6 Euro

SONDERTARIFE

Frühschwimmen im Sportbad: 2 Euro/1,50[1] Euro ([1]bis 12 Jahre)
Tarif „4 für 2"–4 Std. bleiben, 2 Std. zahlen: 7 Euro (Erwachsene), 5 Euro (Kinder)
„Feierabend-Tarif": 5 Euro (Erwachsene), 3 Euro (Kinder)

150 HERNE
Wananas »DAS WANANAS MACHT ALLE NASS«

Sport- und Erlebnisbad Wananas, Am Wananas 1, 44653 Herne
02325 9260-0 | info@herner-baeder.de | www.wananas.de

UMKLEIDEN | DUSCHEN

Den Umkleidebereich nutzen Saunabesucher gemeinsam mit den Badegästen. Möglichkeiten zur Abkühlung und Entspannung sind im separaten Saunabereich selbstverständlich vorhanden.

DIE SAUNEN

Im „Wananas" haben Sie im textilfreien Saunabereich die Wahl zwischen der klassischen finnischen Sauna oder einer Salzsauna. In der Sauna-Lounge haben Sie die Möglichkeit, die Gastronomieangebote zu nutzen. Weiterhin gibt es viele Liegen zum Entspannen. Bitte beachten Sie: An jedem Dienstag ist ganztägig Damensauna.-Alternativ finden Sie im Bäderbereich eine Textilsauna.

FINNISCHE SAUNA
85 | 90 °C

Ganz modern und großzügig präsentiert sich die klassische finnische Sauna des „Wananas". Die gelungene Gestaltung und das Spiel mit Farben in allen Räumen lässt den Wohlfühlfaktor bei den Besuchern ansteigen. Temperaturen von 85 und 90 °C und eine geringe Luftfeuchtigkeit sorgen in der Sauna für das richtige Klima. Die Aufgüsse erfolgen hier durch das Personal. Dabei werden mit einer Auswahl erlesener Aromen Ihre Sinne verwöhnt.

SALZSAUNA
60-75 °C

Die Salzsauna eignet sich für Besucher, die ihren Kreislauf schonen möchten und außerdem etwas Gutes für ihre Atemwege tun möchten. Bei 60-75 °C wird der Körper weniger belastet als in der finnischen Sauna und die salzhaltige Luft hat bei diversen Atemwegs-Erkrankungen, oder auch rein prophylaktisch, therapeutische Wirkung. Der Aufguss erfolgt automatisch und auch hier werden verschiedene Düfte beigemischt. Ein besonderes Highlight ist die Seitenwand der Sauna: ein Mosaik aus Himalaya-Salzsteinen, die in verschiedenen Farben beleuchtet werden und so auch optisch eine ganz besondere Atmosphäre zaubern.

Wananas »DAS WANANAS MACHT ALLE NASS«

Sport- und Erlebnisbad Wananas, Am Wananas 1, 44653 Herne
02325 9260-0 | info@herner-baeder.de | www.wananas.de

HERNE

Wenn Sie als Badegast zwischendurch einen Ort zum Aufwärmen suchen, bietet sich die Textilsauna im „Wananas" an. Es erwarten Sie relativ niedrige Temperaturen zwischen 50 und 55 °C. Hier erfolgt der Aufguss automatisch, wechselnde Düfte sorgen für ein wohliges Erlebnis. Durch die Glasfront haben Sie während des Saunierens freien Blick in den Erlebnisbereich. Die Textilsauna ist eine gute Möglichkeit für Sauna-Anfänger, der Eintritt ist im Badepreis enthalten.

TEXTILSAUNA
FÜR EINSTEIGER
50 | 55 °C

Nach dem Saunabesuch können Sie, wenn es das Wetter erlaubt, den Saunagarten besuchen und hier einige Schritte gehen. Anschließend können Sie den Kreislauf gezielt mit verschiedenen Duschen anregen. Weiterhin stehen Ihnen im Innenbereich u.a. eine Kaltdusche und ein beleuchtetes Kaltwassertauchbecken zur Verfügung, um Ihr Sauna-Erlebnis im „Wananas" abzurunden.

DAS ABKÜHLEN

Im „Wananas" wird für Klein und Groß vieles geboten. Gleich zwei Planschbecken (mit 25 cm und 45 cm Wassertiefe) mit kuscheligen 32 °C stehen für die ganz kleinen Gäste bereit. Im Erlebnisbecken gibt es bei 30 °C viel zu entdecken: eine Grotte, eine Kletterwand, einen Strömungskanal sowie eine breite Rutsche. Wer mutig ist, wagt sich in die 65m lange Röhrenrutsche. Auf einer eigens abgegrenzten „Schwimm-Autobahn" lassen sich schon hier ohne Gegenverkehr Bahnen ziehen. Entspannung findet man sowohl im Innen- als auch im Außenbereich auf Sprudelliegen oder an den Massagedüsen.

SCHWIMMBÄDER
ERLEBNISBAD

Ein Lehrschwimmbecken mit einer Wassertiefe von 0,65-1,25 m und 30 °C Wassertemperatur. Dazu ein Kursbecken für Fitness- oder Schwimmkurse mit einer Wassertemperatur 32 °C.

WEITERE BECKEN

152 Wananas »DAS WANANAS MACHT ALLE NASS«
HERNE Sport- und Erlebnisbad Wananas, Am Wananas 1, 44653 Herne
02325 9260-0 | info@herner-baeder.de | www.wananas.de

SPORTBAD
Zum Auspowern steht das 25-Meter-Sportbecken am Wochenende (siehe "Öffnungszeiten") mit seinen fünf Bahnen zur Verfügung. Die Wassertiefe beträgt 1,80 bis 3,80 m. Ein 1-Meter- und ein 3-Meter-Sprungbrett ermöglichen den Spring ins 28 °C warme Nass. Das Sportbad wird werktags von Vereinen und Schulen belegt und steht nur am Wochenende der Öffentlichkeit zur Verfügung.

AUSSENBEREICH
Ganzjährig erfreut sich das 30 °C warme Außenbecken (Maße: 10 x 8 m) großer Beliebtheit. Mit Sprudelliegen und einer Schwallwasserdusche lässt es sich hier gut verweilen. Bei warmen Temperaturen bleibt man gern auf der großzügigen Liegewiese, während die Kinder den Spielplatz erobern oder auf dem Matschspielplatz nach Herzenslust spielen und toben.

RUHEMÖGLICHKEITEN
Nach dem Saunabesuch ist Ruhe willkommen und für den Körper wichtig. Nutzen Sie eine der bequemen Liegen im gemütlich gestalteten Ruheraum und legen Sie die Beine hoch, das tut dem Kreislauf so richtig gut. Dabei haben Sie durch das große Panoramafenster freien Blick ins Grüne. Hier schließt sich der Saunagarten an, der bei gutem Wetter zusätzlich zum Verweilen einlädt und einige Liegen bereithält. Viel Licht und Sonne erwartet Sie in diesem, denn Ruhezone und Garten sind nach Südwesten ausgerichtet. So können Körper und Seele wieder ins Gleichgewicht kommen.

EVENTS
Das „Wananas" veranstaltet in regelmäßigen Abständen attraktive Veranstaltungen für seine Sauna-Gäste. Hierfür ist teilweise eine Anmeldung erforderlich unter 02325 9260-0 oder an der Wananas-Kasse.

Alle aktuellen Sauna-Events finden Sie unter http://www.wananas.de/sauna/saunakalender.

MONDSCHEINSAUNA
An jedem ersten Samstag des Monats heißt es: Schwimmen und Saunieren im Mondlicht. In der Zeit von 21.00 Uhr bis 01.00 Uhr haben Sie die Möglichkeit, die Saunen zu besuchen und–ab 22.15 Uhr–im Außenbecken textilfrei zu schwimmen. In der Sauna werden spezielle Aufgüsse zelebriert, sowie diverse Peelings für die Zeit danach angeboten. Für den Hunger zwischendurch stehen verschiedene leckere Speisen bereit; ebenso wartet ein Glas Mond-Likör auf Sie. Ein unvergessliches Erlebnis mit Entspannung pur. Der Gesamtpreis pro Person: 25,00 Euro.

FINNISCHER SAUNA-ABEND
An diesen wiederkehrenden Abenden lädt Sie das „Wananas" auf eine „Reise nach Skandinavien" ein. Zwischen 17.00 Uhr und 21.00 Uhr werden in der finnischen Sauna Wenikaufgüsse mit Birkenzweigen angeboten. Für das passende Aroma sorgen skandinavische Düfte von Wildhonig über Nordlandbirke bis Wildbeere. Zuletzt darf die belebende Wenikmassage mit Birkenzweigen nicht fehlen,

Wananas »DAS WANANAS MACHT ALLE NASS«
Sport- und Erlebnisbad Wananas, Am Wananas 1, 44653 Herne
02325 9260-0 | info@herner-baeder.de | www.wananas.de

---

um Durchblutung und Kreislauf anzuregen. Nach Abkühlung und Ruhephase ist Schlemmen erlaubt, ganz finnisch natürlich. Für Vegetarier und Veganer werden auf Wunsch entsprechende leckere Snacks vorbereitet. Pro Person zahlen Sie für das Gesamtangebot 29,50 Euro.

Zwischen Abkühlen im Saunagarten und Ausruhen in der Ruhezone lädt die Sauna-Lounge zu einem erfrischenden Getränk oder einem knackigen Salat ein. Genau richtig, um dem Körper nach dem Schwitzen wieder Flüssigkeit zuzuführen.

DIE GASTRONOMIE FÜR SAUNABESUCHER

Ganz gleich, ob Sie noch eines der vielen Becken im „Wananas" aufsuchen, für den kleinen oder großen Appetit wartet die Gastronomie des Bades mit einer umfangreichen Speisekarte von Burger bis Pasta auf. Auch die Getränkekarte lässt keine Wünsche offen. Warme Mahlzeiten erhalten Sie täglich bis 20.00 Uhr, am Freitag und Samstag bis 21.00 Uhr. Getränke und Eis sind während der gesamten Öffnungszeit erhältlich.

IM BADBEREICH

An der Kasse erhalten Sie nach Bezahlung ein Transponderband für das Handgelenk, das universal den Zutritt zum Bad und zur Sauna ermöglicht. Damit lassen sich gleichzeitig die Schließfächer öffnen und schließen, so dass keine Münzen bereitgehalten werden müssen. Das ist noch nicht alles: Zusätzlich werden mit dem Armband alle Zahlungen im gesamten Bad geregelt. Sie benötigen also während Ihres gesamten Aufenthaltes im „Wananas" kein Bargeld. Sie bezahlen später ganz komfortabel alle Ausgaben beim Verlassen des Bades am Automaten bar oder mit EC-Karte.

DIE BEZAHLUNG

Für Gäste, die mit dem Auto anreisen, steht direkt auf dem Gelände ein Parkplatz kostenlos zur Verfügung. 150 PKW finden hier Platz, davon sind fünf Plätze für behinderte Menschen reserviert.

PARKMÖGLICHKEITEN

154 Lago »Die Therme im Gysenbergpark«

HERNE
GUTSCHEINHEFT S. 11

📍 Revierpark Gysenberg Herne GmbH, Am Ruhmbach 2, 44627 Herne
📞 02323 969 0 | 📠 02323 969-0 | 🌐 www.gysenberg.de

GEBOTEN WIRD:

DAS RESÜMEE — Mitten im Gysenbergpark, der „Oase des Ruhrgebietes", liegt das LAGO, in dem sich Wasserwelt, Solewelt und Saunawelt zu einer vollkommenen Wellnesswelt zusammenfügen. Der große Saunabereich ist viergeteilt. Es gibt einen großen Gemeinschaftsbereich, in dem Männer und Frauen gemeinsam in 9 Saunen oder dem Stellarium (Dampfbad) schwitzen können. Damen- und Herrenbereich sind mit jeweils 4 Saunen und einem Dampfbad gleich aufgebaut. Als vierter Teil bietet die Familien- und Textilsauna Gelegenheit auch in Badesachen zu schwitzen. Von den insgesamt 18 Saunen befinden sich sechs im Außenbereich. Aufgüsse gibt es gemäß Aushang in verschiedenen Saunen, teils im 10-Minuten-Takt.

DER EMPFANG — Bereits am Empfang im großen Eingangsbereich herrscht Wellness-Atmosphäre. Hier können Sie bei Bedarf auch Bademäntel und Sauna-Tücher ausleihen.

DIE ÖFFNUNGSZEITEN — Montag bis Donnerstag von 8:00–23:00 Uhr. Freitag und Samstag von 8:00–24:00 Uhr. Sonntag von 8:00–22:00 Uhr.

DIE PREISE

LAGO (Badezone inkl. Saunawelt)	2 Stunden	4 Stunden	Tag
Erwachsene (Montag-Freitag)	14,00 Euro	16,50 Euro	18,50 Euro
Erwachsene (Samstag, Sonntag und Feiertag)	15,50 Euro	18,00 Euro	20,00 Euro
Jugendliche (Montag-Freitag)	9,50 Euro	11,50 Euro	13,50 Euro
Jugendliche (Samstag, Sonntag und Feiertag)	11,00 Euro	13,00 Euro	15,00 Euro

Spezielle Aktionen, wie z.B. das Familien-Ticket, das Wellness-Ticket mit Massage oder ein 4-für-2-Stunden-Ticket entnehmen Sie bitte der Website.

Lago »Die Therme im Gysenbergpark«

Revierpark Gysenberg Herne GmbH, Am Ruhmbach 2, 44627 Herne
02323 969 0 | 02323 969-0 | www.gysenberg.de

HERNE

Die Umkleiden sind Einzelkabinen, im vorderen Eingangsbereich befinden sich Gruppenumkleiden. Zusätzlich stehen Familienumkleiden zur Verfügung.

UMKLEIDEN | DUSCHEN

Genießen Sie in der 50 °C warmen Mental-Sauna die Farblichttherapie. Die Lichteffekte sowie die meditative Musikuntermalung, verbunden mit entspannenden Kräuteraufgüssen, wirken positiv auf Körper und Geist. Im Damen- und Herrenbereich ist hier Platz für 20 Personen, im Gemeinschaftsbereich für 25 Personen.

DIE SAUNEN
DIE MENTAL-SAUNEN
50 °C

Die 90 °C Blockhaus-Saunen im Innenbereich sind Finnische Saunen im klassischen Stil. Hier finden entspannte Aromaaufgüsse jeglicher Art statt.

DIE BLOCKHAUSSAUNEN
90 °C

Die Außen-Saunen sind im Damen- und Herrenbereich gleich gestaltet. Hier finden bei 90 °C neben Aromaaufgüssen auch zelebrierte Aufgüsse mit verschiedenen Aromen und Salz statt. Die großen Fenster bieten einen schönen Ausblick auf den Saunagarten. Hier finden 30 Personen Platz.

DIE AUSSEN-SAUNEN
90 °C

Je ein Dampfbad mit 45 °C findet sich im Damen- bzw. Herrenbereich. Die Dampfbäder sind hell gefliest und gut beleuchtet. Die Marmorbänke sind kreisförmig auf zwei Ebenen um den Dampfaustritt in der Mitte angeordnet. Es passen jeweils 10 Personen in ein Dampfbad.

DIE DAMPFBÄDER
45 °C

156 HERNE — Lago »Die Therme im Gysenbergpark«

 Revierpark Gysenberg Herne GmbH, Am Ruhmbach 2, 44627 Herne
 02323 969 0 | 02323 969-0 | www.gysenberg.de

DAS »STELLARIUM«	Dieses Dampfbad im Gemeinschaftsbereich ist dunkelblau gefliest und der Boden ist aus Naturstein. An der Decke ist mit Sternbildern der Nachthimmel nachgebildet. Auch hier ist der Dampfaustritt in der Mitte. Die Bänke sind kreisförmig in drei Ebenen angeordnet, sodass 20 Personen Platz finden.
DIE AROMA-SAUNA 90 °C	Diese Sauna bildet das Gegenstück zu den Blockhaus-Saunen im Damen- und Herrenbereich. Bei 90 °C finden hier stündlich Aromaaufgüsse statt. Sie bietet Platz für 25 Personen.
DIE FELSOFEN-SAUNA 100 °C	Hier ist in eine Felswand ein großer Ofen integriert. Durch ein großes Fenster hat man Ausblick auf den großen Saunagarten, während man bei 100 °C entspannt. Diese Sauna ist für 45 bis 50 Personen ausgelegt.
DIE SALZ-SAUNA 95 °C	Bei 95 °C haben hier 30 Personen Platz. Diese Sauna wird auch als Aufguss-Sauna für den Salz-Aufguss benutzt. Die zwei mit Sauna-Steinen befüllten Öfen stehen direkt nebeneinander.
DIE »LÖYLY«-SAUNA 85 °C	Diese Außen-Sauna ist die Hauptaufguss-Sauna für zelebrierte Aufgüsse. Neben Aromaaufgüssen finden hier auch Salzaufgüsse statt. Man schwitzt hier mit 30 Personen bei 85 °C. Auch diese Sauna hat zwei mit Sauna-Steinen befüllte Öfen.
DIE DOPPEL-»MAA«-SAUNEN 100 °C	Wohl einzigartig im Ruhrgebiet ist die Doppel-Maa-Sauna mit 100 °C. In einem Blockhaus in Rundholzbauweise liegen die beiden Maa-Saunen direkt nebeneinander. Jeweils für 20 Personen ausgelegt, hat jede Seite ihren eigenen Kamin.

Lago »DIE THERME IM GYSENBERGPARK«

📍 Revierpark Gysenberg Herne GmbH, Am Ruhmbach 2, 44627 Herne
☎ 02323 969 0 | 📠 02323 969-0 | 🌐 www.gysenberg.de

Für alle Familien, Sauna-Entdecker und Menschen, die nicht splitternackt schwitzen wollen, bietet das LAGO nun auch die Möglichkeit in Badesachen zu schwitzen. In diesem separaten Bereich befindet sich eine klassische finnische Sauna mit 70 °C Raumtemperatur und eine Mentalsauna mit Farblichttherapie mit 50 °C.

DIE FAMILIEN- UND TEXTILSAUNA

Salz gilt als Heilmittel für Körper und Geist. Während Sie sich in der Sole-Inhalation entspannen, fördert das hochwertige Salz die Selbstreinigung der Atemwege und belebt den Körper. In der Sole-Inhalation haben 6 Personen Platz. Ein Ticket kann man an der Kasse kaufen.

DIE SOLE-INHALATION

158
HERNE

Lago »Die Therme im Gysenbergpark«
Revierpark Gysenberg Herne GmbH, Am Ruhmbach 2, 44627 Herne
02323 969 0 | 02323 969-0 | www.gysenberg.de

DAS ABKÜHLEN | Der Kaltduschbereich innen verfügt über Kalt-, Regen-, und Schwallduschen. Im Außenbereich der Maa-Saunen gibt es außerdem noch eine Kübeldusche sowie weitere Schwall- und Kaltduschen. Im Gemeinschaftsbereich innen gibt es ein

CRUSHED ICE | Tauchbecken und einen Crushed-Eis-Brunnen. Zusätzlich steht vor jeder Sauna ein Holzbottich mit Crushed Eis zur Abkühlung. Im Damen- und Herrenbereich steht ebenfalls Crushed Ice zur Verfügung. Außerdem gibt es jeweils ein großes Tauchbecken.

DAS KNEIPPEN | In allen Bereichen finden sich Fußbäder direkt neben den Tauchbecken.

DIE AUSSENANLAGE | Der Saunagarten ist großflächig auf ca. 10.000 qm in Hanglage angelegt. Im oberen Bereich befindet sich ein ca. 100 qm großer Sandbereich. Weiter unten findet man einen Fußreflexzonenpfad, der mit unterschiedlichen Bodenbelägen unterschiedliche Organe anspricht. Durch den gesamten Saunagarten zieht sich ein Bachlauf. Durch teilweise Überdachung bietet der Saunagarten auch einige Schattenplätzchen.

RUHEMÖGLICHKEITEN | Im Außenbereich der Löyly-Sauna gibt es ein Ruhehaus mit Kamin für 30 Personen. Im Inneren des Gemeinschaftsbereiches befinden sich zahlreiche Ruheliegen, umrahmt von einer Gartenanlage. Im Damen- und Herrenbereich gibt es jeweils einen für 10 Personen ausgelegten Ruheraum. Bei schönem Wetter stehen zusätzlich genügend Liegen und einige Strandkörbe im Außenbereich zur Verfügung. Im Saunagarten des Damenbereiches kann man zusätzlich im Ruhepavillion entspannen.

Lago »DiE THERME iM GYSENBERGPARK«

Revierpark Gysenberg Herne GmbH, Am Ruhmbach 2, 44627 Herne
02323 969 0 | 02323 969-0 | www.gysenberg.de

HERNE

Im LAGO finden Sie im Massage- und Therapiezentrum ein umfangreiches Massage- und Beauty-Angebot. Eine ausreichende Anzahl an Solarien befindet sich im Sun & Waves Bereich oberhalb des Wellenbeckens auf der Empore und im Saunabereich. Das Massagezentrum A & F Wellness-Physio-Welt finden Sie entlang des Umkleidebereiches. Die Beauty-Wellness-Welt befindet sich vor den Saunabereichen. Details hierzu im Internet.

MASSAGEN | SOLARIEN

Unregelmäßig werden im LAGO Events angeboten, deren Daten und Details im Internet einzusehen sind.

EVENTS

Das Relax-Restaurant mit Bar-Bereich und à la carte–Angebot bietet wechselnde Tagesgerichte und eine Salat-Bar. Ob Frühstück, Mittagessen oder Abendessen, die Auswahl ist groß genug.

GASTRONOMIE

Die Zahlung des Eintrittspreises erfolgt direkt am Eingang, im Restaurant muss separat bezahlt werden.

ZAHLUNGSVERKEHR

Direkt gegenüber des großen Eingangsbereiches gibt es ausreichend kostenlose Parkmöglichkeiten für die Gäste des LAGOs.

PARKMÖGLICHKEITEN

160 copa ca backum / copa oase »ERFRISCHEND ANDERS...«

HERTEN
GUTSCHEINHEFT S. 11

📍 Über den Knöchel / Teichstraße, 45699 Herten
☎ 02366 307310 | 🌐 www.copacabackum.de

GEBOTEN WIRD:

DAS RESÜMEE

Sportlich geht es im 25-m-Becken im Hallenbad zu. Erholung wird im 34 °C warmen Solebecken mit Massagedüsen groß geschrieben. Für Kids birgt das 30 °C warme Erlebnisbecken mit 30-Meter-Rutsche und Wildwasserkanal im Freizeitbad jede Menge Abenteuer. Die Kleinsten erfreuen sich im über 30 °C erwärmten Wasserspielgarten, im Baby- und im Kinderbecken. Ein Nichtschwimmerbecken im Hallenbad und ein Variobecken runden das Angebot ab. Und das Beste ist: Die Kinder werden im kostenlosen Kinderclub versorgt.

Umfangreiche Wellnessangebote sind Balsam für Körper und Seele. In den Sommermonaten (Mai bis September) bietet das angrenzende, separate Freibad mit zahlreichen Liegeflächen zusätzliche Attraktionen. Dazu zählen das 50-m-Sportbecken, der Sprungturm, die 60- und 96-Meter-Rutsche oder das Nichtschwimmer- und Babybecken.

Die helle und freundliche Sauna-Landschaft verteilt sich im Inneren der Anlage auf zwei Etagen, wobei die Gastronomie und große Ruhebereiche mit anschließender Dachterrasse in der zweiten Etage liegen. Die Landschaft zeigt sich tropisch angehaucht mit großen Bambusrohren, kombiniert mit Stein- und Grünzonen. Viele kommunikative Ecken fördern das gesellige und entspannte Miteinander. Im Inneren erstreckt sich die Sauna-Landschaft über etwa 700 qm, der Sauna-Garten über gut 1.200 qm.

DER EMPFANG

Am Empfang können Bademäntel und Handtücher gekauft werden. Zudem können Bade-Utensilien und Badeschlappen erworben werden.

copa ca backum / copa oase »ERFRISCHEND ANDERS...«

Über den Knöchel / Teichstraße, 45699 Herten
02366 307310 | www.copacabackum.de

161
HERTEN

Saunawelt: Montag von 10:00–22:00 Uhr | Dienstag bis Donnerstag von 8:00–22:00 Uhr | Freitag und Samstag von 8:00–22:30 Uhr | Sonntag von 8:00–21:00 Uhr. Montag ist in der Saunawelt Damentag. (Die Wasserwelt schließt Freitag und Samstag bereits um 22:00 Uhr.)

DIE ÖFFNUNGSZEITEN

2-Stunden-Ticket 12,50 Euro | 4-Stunden-Ticket 15,00 Euro | Tages-Ticket 17,00 Euro

DIE PREISE

Männer und Frauen kleiden sich gemeinsam oder in Einzelkabinen um. Geduscht wird getrennt geschlechtlich.

UMKLEIDEN | DUSCHEN

In der Geysir-Sauna sorgt ein durch einen Fühler gesteuerter Geysir für konstant hohe Luftfeuchtigkeit bei relativ geringer Hitze (etwa 60 °C). In der Sauna finden gut 20 Personen Platz. Der Sauna-Ofen wurde zentral in eine Felslandschaft eingearbeitet.

DIE SAUNEN
DIE GEYSIR-SAUNA

Blickfang ist der zentrale, brunnenartig gemauerte Ofen mit Sauna-Steinen. Über ihm hängt ein Kessel mit Kräutersud, dessen wohlriechender Duft sich in der rustikal holzvertäfelten Sauna immer weiter ausbreitet. Bei 85 °C kommen die 10 bis 15 Personen, die sich links- wie rechtsseitig auf den Sitzflächen verteilen, gut ins Schwitzen.

DIE KRÄUTER-SAUNA
85 °C

Die Aufguss-Sauna verdankt ihren Namen ihrem farblich wechselnden Sternenhimmel. Der große Ofen mit Sauna-Steinen erwärmt die Kabine, die maximal 30 Personen aufnehmen kann, auf ordentliche 85 °C. Im Hintergrund ertönt dezente Entspannungsmusik.

DIE STERNENHIMMEL-SAUNA
85 °C

Die Galerie-Sauna im Sauna-Garten erhebt sich über die gesamte Anlage. Von hier oben aus haben Sie einen schönen Ausblick auf die Sauna-Landschaft. Gut 20 Personen finden sich in einem spärlich beleuchteten, urigen Raum wieder, der mit 85 °C beheizt wird. Mittig steht der massive gemauerte Ofen mit Sauna-Steinen. Es lohnt sich in jedem Fall hier einen der Spezialaufgüsse zu genießen.

DIE GALERIE-SAUNA
85 °C

162 HERTEN
copa ca backum / copa oase »ERFRISCHEND ANDERS...«

Über den Knöchel / Teichstraße, 45699 Herten
02366 307310 | www.copacabackum.de

DIE KLANG-SAUNA
85 °C
Sphärische Klänge sind für gut 15 Personen in der rustikalen Sauna-Kabine vernehmbar. Die farbliche Beleuchtung umspielt die Schwitzhungrigen bei 85 °C. Ein Fenster gewährt den Blick zum Sauna-Garten. Der Ofen mit Sauna-Steinen steht seitlich hinter einer Holzvertäfelung.

DIE ERD-SAUNA
90 °C
Die archaische Erd-Sauna ist immer wieder ein Highlight. Das knisternde, lodernde Feuer, gepaart mit relativer Dunkelheit und heimeligem Dämmerlicht sowie die erdige, warme Atmosphäre erfreuen bis zu 20 Personen. Die Sauna ist aus massiven Rundstämmen gebaut und wird mit 90 °C temperiert.

DIE VULKAN-SAUNA
100 °C
Sie ist so heiß wie ein Vulkan ... 100 °C sind normalerweise kein Pappenstiel, aber dank des sehr trockenen Klimas doch erstaunlich gut verträglich. Bis zu 12 Personen können gleichzeitig dem heißen Klima in handfestem Ambiente frönen. Die dezente Beleuchtung wirft Licht auf den seitlich aufgestellten Ofen mit Sauna-Steinen.

DAS DAMPFBAD
45 °C
Im attraktiven, bläulich gefliesten Bad herrscht eine schon fast mystische Atmosphäre. Aromatisierte Nebelschwaden kombinieren sich auf schöne Art und Weise mit dem farbigen Sternenhimmel. An die 15 Personen sitzen um den Dampferzeuger bei 45 °C Temperatur. Salz- und Honigabriebe gehören hier zum Programm.

DAS ABKÜHLEN

CRUSHED ICE
Die unterschiedlichen Kabinen sind jeweils mit ausreichenden Abkühlmöglichkeiten versehen. Warm-Kalt-Brausen, Kalt- und Schwallduschen, Regendruck- und Kübelduschen gehören ebenso zum Repertoire wie Kneippschläuche. Ein großes rundes Tauchbecken, ein weiteres Tauchbecken und ein Crushed-Ice-Brunnen runden das Angebot ab.

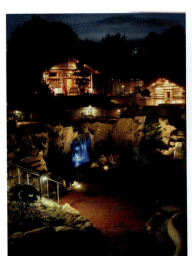

copa ca backum / copa oase »ERFRISCHEND ANDERS...«

163
HERTEN

📍 Über den Knöchel / Teichstraße, 45699 Herten
☎ 02366 307310 | 🌐 www.copacabackum.de

Der Wichtigkeit des Fußbadens wird architektonisch wie flächenmäßig Tribut gezollt. An der Kräuter-Sauna finden Sie mit warmen, erdigen Farben gefliste und erwärmte Sitzbänke, an denen insgesamt zehn Fußwärmebecken positioniert sind.

DAS KNEIPPEN

Der Sauna-Garten ist hervorragend in die hügelige Landschaft eingepasst. Um die zentrale, große Steinlandschaft mit Wasserfall gruppieren sich Grünstreifen, Steinterrassen und Holzterrassen mit zahlreichen Liegen. Viele Grünpflanzen und große Bäume zieren die Landschaft, die von hochgewachsenen Bäumen umrundet wird. Ein Zugang führt zur großzügigen Liegewiese.

DIE AUSSENANLAGE

Eine Ausschwimmschleuse verbindet den kleinen Teil des Innenbeckens mit dem größeren Teil des Außenbeckens. Eine Schilfzone säumt das Außenbecken.

DAS SCHWIMMBAD

Über die Anlage verteilt stehen Sitzgarnituren, Liegen, Stühle und Liegestühle mit gemütlichen Auflagen bereit: im lichtdurchfluteten Wintergarten mit Oberlicht und sehr schönem Ausblick auf den Sauna-Garten, auf der Empore über dem Wintergarten und im plauschigen Kaminzimmer. Ruhiger geht es in den großzügigen Ruhebereichen auf der 1. Etage der Anlage zu. Mehrere Räume und die Dachterrasse, jeweils mit schönem Ausblick auf den Sauna-Garten, ausgestattet mit Rattanliegen, gemütlichen Auflagen und kleinen Strandkörben, laden zum Entspannen ein. Im Außenbereich bietet das Ruhehaus Copanorama mit seiner großen Fensterfront Platz für rund 25 Liegeflächen und gleichzeitig einen tollen Panoramablick in den Saunagarten.

RUHEMÖGLICHKEITEN

Lassen Sie sich mit Ganzkörper-Wellnessmassagen verwöhnen. Umfangreiche Wellness- und Wohlfühlprogramme werden angeboten. Zwei Hochleistungsbräuner in der Sauna-Landschaft geben Ihnen den richtigen Teint.

MASSAGEN UND SOLARIEN

Über das Jahr verteilt lädt die Saunawelt zu verschiedenen Events ein. Dazu zählen der Damensauna-Spezialtag oder auch die Sauna-Highlight-Events.

EVENTS

Die großzügige Gastronomie befindet sich in der 1. Etage der Anlage. Sie sitzen auf gemütlichen Rattanstühlen, auf Ledersitzecken oder entlang der halbkreisförmigen Theke auf Barhockern. Serviert werden Ihnen wohlschmeckende Salatvariationen, wechselnde Nudel- und Fleischgerichte, Snacks und Regionales. Sie haben Ausblick zur Badelandschaft.

GASTRONOMIE

Alle in Anspruch genommenen Leistungen werden sofort bezahlt.

ZAHLUNGSVERKEHR

Direkt an der Anlage parken Sie kostenlos.

PARKMÖGLICHKEITEN

164 Bürgerbad Hückeswagen »RUNDUM GESUND«

HÜCKESWAGEN
GUTSCHEINHEFT S. 13

Zum Sportzentrum 9, 42499 Hückeswagen
02192 931-387 | 02192 931-389 | www.buergerbad-hueckeswagen.de

GEBOTEN WIRD:

DAS RESÜMEE
Das sehr idyllisch gelegene »Bürgerbad« wartet mit einem großen Badbereich und einer anliegenden Sauna-Landschaft mit Sauna-Garten auf. Im Badbereich tummeln sich Jung und Alt entweder im 25 x 10 m Schwimmbecken mit Nackendusche und 1-m- und 3-m-Sprungbrett oder im Nichtschwimmerbecken mit 50-m-Rutsche. Das in weiter Umgebung einzige textile Dampfbad ist neu, modern und barrierefrei gestaltet und verheißt nebliges Ambiente mit wechselnder Farblichtstimmung und musikalischer Untermalung. Als Abkühlmöglichkeit steht ein Kneippschlauch sowie eine Kalt/Warmdusche bereit. Sitzwärmebänke unter Sternenhimmel laden zum kurzweiligen Entspannen ein.

Der 1.000 qm große Außenbereich verfügt über eine großzügige Liegewiese mit Liegestühlen und Sonnenschirmen und einem überdachten Sitzbereich. Die Kleinen kommen in der Dschungellandschaft mit Affe, Krokodil und Schlange voll auf Ihre Kosten.

DIE GRÖSSE
Die innen liegende, gefliese, teils mediterran gestaltete Sauna-Landschaft erstreckt sich über 350 qm. Der mit viel Grün gesäumte Sauna-Garten umfasst rund 250 qm.

DER EMPFANG
Vom Kassenautomaten gelangen Sie über ein Drehkreuz zum Sauna-Eingang.

DIE ÖFFNUNGSZEITEN
Montag von 14:00-21:00 Uhr (Herren-Sauna) | Dienstag von 11:00-22:00 Uhr Damensauna | Mittwoch von 13:00-22:00 Uhr gemischte Sauna | Donnerstags von 15:00-21:00 Uhr gemischt Sauna (jedoch ohne Möglichkeit der Badnutzung) | Freitag von 13:00-22:00 Uhr und Samstag von 12:00-21:00 Uhr gemischte Sauna | Sonntag und feiertags von 12:00-20:00 Uhr gemischte Sauna.

Bürgerbad Hückeswagen »RUNDUM GESUND«

Zum Sportzentrum 9, 42499 Hückeswagen
02192 931-387 | 02192 931-389 | www.buergerbad-hueckeswagen.de

HÜCKESWAGEN

Tageskarte einschließlich Bürgerbad 13,00 Euro.

DIE PREISE

Männer und Frauen kleiden sich gemeinsam um. Die Duschen sind ebenfalls für beide Geschlechter gleichzeitig vorgesehen.

UMKLEIDEN | DUSCHEN

Das Sanarium® und das Dampfbad finden Sie im Innenbereich der Anlage. Alle weiteren Kabinen sind im Sauna-Garten untergebracht.

DIE SAUNEN

Etwa 20 Personen finden Platz in der rustikal holzverkleideten Sauna-Kabine, die mit 55-60 °C beheizt wird. Die aromatisierte Luft weist eine Luftfeuchtigkeit von 50-55 % auf. Dezentes Licht fällt auf den großen, von Steinen eingerahmten Ofen mit Sauna-Steinen. Ein integriertes Farblichtgerät mit wechselnden Farben zur Aktivierung des Energiepotenzials schafft eine individuelle Wohlfühl-Atmosphäre.

DAS SANARIUM®
55-60 °C

166 Bürgerbad Hückeswagen »RUNDUM GESUND«

Zum Sportzentrum 9, 42499 Hückeswagen
02192 931-387 | 02192 931-389 | www.buergerbad-hueckeswagen.de

DIE TROCKENSAUNA-FÄSSER
80-100 °C

Drei Trockensauna-Fässer liegen direkt beieinander. Obwohl jeweils bis zu fünf Personen Platz finden würden, lässt sich hier kuschelig zu zweit eine angenehme Zeit verbringen. Die Fässer sind aus Blockbohle gebaut und mit einem Ofen mit Sauna-Steinen versehen. Die Temperatur reicht von 80-100 °C. Das 80 °C warme Sauna-Fass–die Kräuter-Sauna–ist angenehm aromatisiert und mit Kräuterbehang.

DIE BLOCKHAUS-SAUNA
89 °C

Der große gemauerte Ofen mit Sauna-Steinen erwärmt den dezent beleuchteten Raum mit zwei Fenstern auf Temperaturen um die 89 °C. An die 35 Personen können die stündlichen Aufgüsse mit wechselnden Düften und teilweise musikalischer Untermalung genießen. Dazu werden Obst und Tee zum Verzehr oder Salz zum Einreiben gereicht. Die Blockhaus-Sauna aus Blockbohlen wartet mit großem Vorraum, einer Kaltdusche und einem Kneippschlauch sowie überdachten Sitzmöglichkeiten auf.

DAS DAMPFBAD
45 °C

Nebelschwaden steigen in dem gefliesten, aromatisierten Dampfbad auf. Acht Personen können sich an dem feuchten Klima bei 45 °C und wechselnder Farblichtstimmung erfreuen.

DAS ABKÜHLEN

Warm-Kalt-Brausen und das quadratische Tauchbecken sorgen für eine ordentliche Abkühlung im Innenbereich. Vier Fußwärmebecken an einem Rondell kümmern sich um Ihre Füße. Eine Kübeldusche, eine Schwall- und eine Kaltbrause neben einem Kneippschlauch vitalisieren Ihren Organismus im Außenbereich. Das große Tauch-becken wird von vielen Grünpflanzen umgeben.

DIE AUSSENANLAGE

Der Sauna-Garten wird von hochgewachsenen Bäumen gesäumt. Viele Grünpflanzen zieren gepflasterte Sitzbereiche mit vielen Sitzmöglichkeiten.

Bürgerbad Hückeswagen »RUNDUM GESUND«

Zum Sportzentrum 9, 42499 Hückeswagen
02192 931-387 | 02192 931-389 | www.buergerbad-hueckeswagen.de

Der ebenerdige Leseraum und der darüber liegende Ruheraum mit Sonnenterrasse sind mediterran mit hellen und freundlichen Farben gestaltet. Gemütliche Relaxliegen mit Kopfteil und Decke sowie Holzliegen und Sitzmöglichkeiten stehen zur Erholung bereit. Sie haben Ausblick auf die grüne Außenlandschaft.

RUHEMÖGLICHKEITEN

An bestimmten Tagen können Sie sich mit Ganzkörper-, Teilkörper- und Wellnessmassagen verwöhnen lassen..

WELLNESS | MASSAGEN

Sporadisch werden besondere Sauna-Events und Sauna-Wochen angeboten.

EVENTS

Im Bistrobereich findet zeitlich passend zu den Aufgüssen ein Getränkeverkauf zum Selbstkostenpreis statt. Selbst mitgebrachte Speisen und Getränke dürfen gerne verzehrt werden. Bestellte türkische und internationale Gerichte des anliegenden »Boya-Bad Imbiss« können in der Sauna verspeist werden.

GASTRONOMIE

Alle in Anspruch genommenen Leistungen werden sofort beglichen.

ZAHLUNGSVERKEHR

Unmittelbar an der Anlage parken Sie kostenlos.

PARKMÖGLICHKEITEN

Oberhundemer Wellness Oase »GENIESSEN SIE DEN AUGENBLICK«

📍 Oberhundemer Wellness Oase, Hauptstraße 3, 57399 Kirchhundem
📞 02723 719122 | 🌐 www.oh-wellness.de

GEBOTEN WIRD:

DAS RESÜMEE	Lassen Sie den Alltag hinter sich, und treten Sie ein in die Oase der Ruhe und des Wohlbefindens! Zurücklehnen und sich Zeit nehmen für Körper, Geist und Seele! Hier finden Sie ein grosses Angebot an Entspannungsmöglichkeiten: Die Rückenmassage lockert jeden Ihrer Rückenmuskeln. Die finnische oder die Bio-Sauna lassen Sie tief durchatmen und entspannen. Die Kneipp- und Fußbäder aktivieren Körper und Seele. Eingewickelt in einem flauschigen Bademantel werden Sie im Ruheraum in erholsame Träume entschweifen! Und zum Schluss lohnt sich auch ein kleiner Spaziergang im Oasen-Garten, wo Sie sich zwischen Blumen und Bäumen die Beine vertreten können. Besuchen Sie die Wellness Oase, und lassen Sie sich von Kopf bis Fuß vom professionellen Team verwöhnen!
DIE GRÖSSE	Die Oberhundemer Wellness Oase präsentiert sich Ihnen auf über 1.000 qm. Es besteht die Möglichkeit die komplette Anlage für Clubs und Vereine zu mieten (Preise auf Anfrage).
DER EMPFANG	An der Kasse erhalten Sie eine Chipkarte, auf der Eintritt, Getränke und Speisen gebucht werden, sodass Sie am Ende Ihres Besuchs alles zusammen bezahlen können.
DIE PREISE	Erwachsene 15,00 Euro	3 Stunden vor Ende der Öffnungszeit 12,00 Euro	Kinder von 5-12 Jahren 8,50 Euro	Familienkarte 42,50 Euro	Zehnerkarten 120,00 Euro (11. Eintritt frei).
DIE ÖFFNUNGSZEITEN	Die Öffnungszeiten finden Sie unter www.oh-wellness.de

Oberhundemer Wellness Oase »GENIESSEN SIE DEN AUGENBLICK«

Oberhundemer Wellness Oase, Hauptstraße 3, 57399 Kirchhundem
02723 719122 | www.oh-wellness.de

KIRCHHUNDEM
GUTSCHEINHEFT S. 13

Die Umkleidekabinen sind für Damen und Herren getrennt. In den Umkleidekabinen stehen seperate Duschen zur Verfügung. Die gesamte Oberhundemer Wellness Oase ist barrierefrei, ein Rollstuhl wird kostenlos zur Verfügung gestellt.

UMKLEIDEN | DUSCHEN

Blockhaus-Sauna–Die Aufgusssauna-Bei einer Temperatur von 80-90 °C finden an den Aufgussabenden zu jeder vollen Stunde verschiedene Aufgüsse mit kleinen Überraschungen statt.

DIE SAUNEN
DIE BLOCKHAUS-SAUNA
80-90 °C

Die Biosauna steht für sanftes Saunen bei mittleren Temperaturen und moderater Luftfeuchtigkeit. Die Biosauna wird nur auf etwa 45-60 °C erhitzt, wobei die Luftfeuchtigkeit zwischen 40 und 55 % beträgt. Die Biosauna gilt als kreislaufschonend, was eine längere Verweildauer als bei den anderen Saunen erlaubt.

DIE BIOSAUNA
45-60 °C

Nach dem Sport bei Muskelverspannungen und Erkältungen. Sehr bekömmliche Wärmestrahlen mit Tiefenwirkung lassen den Körper von Innen erwärmen. Besonders empfehlenswert bei Erkältungen. 50-65 °C

DIE INFRAROTSAUNA
50-65 °C

Das Dampfbad zeichnet sich durch eine sehr hohe Luftfeuchigkeit von 100 % aus. Es regt die Hautdurchblutung und den Stoffwechsel an, hilft besonders bei Problemen der Atemwege. Nicht für Personen mit Herz- und Kreislaufproblemen geeignet. 45-50 °C

DAS DAMPFBAD
45-50 °C

Oberhundemer Wellness Oase »GENIESSEN SIE DEN AUGENBLICK«

Oberhundemer Wellness Oase, Hauptstraße 3, 57399 Kirchhundem
02723 719122 | www.oh-wellness.de

DIE SALZKRISTALLHÜTTEN — Eine besondere Art der Entspannung erfahren Sie in der Salzkristallhütte. Das spezielle Salzklima erlaubt eine einzigartige Erholung in einmaliger Umgebung.

DAS ABKÜHLEN — Sowohl innen als auch außen stehen Ihnen Kaltwasserduschlandschaften und Kneippschläuche zur freien Verfügung. Im Außenbereich finden Sie außerdem ein Tauchbecken.

RUHEMÖGLICHKEITEN — Ein Besuch in der Sauna sollte vor allem dafür sorgen, dass Körper und Geist zur Ruhe kommen. Gönnen Sie sich nach jedem Saunagang eine Ruhephase. Als Faustregel gilt: Die Ruhephase sollte etwa doppelt so lang sein wie der Saunagang. Letzten Endes geht es hier aber um das individuelle Wohlbefinden. Hören Sie auf Ihren Körper, und nehmen Sie sich die Zeit, die Sie brauchen.

In der Oberhundemer Wellness Oase finden Sie die unterschiedlichsten Möglichkeiten nach einem Saunagang zu ruhen. Im liebevoll gestalteten Ruheraum genießen Sie absolute Stille, im schönen Garten können Sie die Natur genießen oder sich auf der überdachten Terrasse in Ruhe unterhalten.

Oberhundemer Wellness Oase »GENIESSEN SIE DEN AUGENBLICK«

Oberhundemer Wellness Oase, Hauptstraße 3, 57399 Kirchhundem
02723 719122 | www.oh-wellness.de

KIRCHHUNDEM

Mit einer Massage können Sie sich eine Auszeit vom Alltag gönnen. Auf Anfrage genießen Sie in der Oberhundemer Wellness Oase die unterschiedlichsten Massage-Angebote: Massage, Moorpackung, Massage mit Bodybutter, Massage mit wertvollen Aromaölen. Bitte reservieren Sie sich Ihren Termin direkt telefonisch unter 02723 719122. Möchten Sie keine Massageanwendung buchen, dann probieren Sie die Massagesessel. Ein Erlebnis der besonderen Art.

MASSAGEN | WELLNESS
SOLARIEN

Zu einem Saunabesuch gehört auch immer etwas Leckeres zum Essen und Trinken. Während der Öffnungszeiten der Oberhundemer Wellness Oase erhalten Sie warme und kalte Getränke, kleine Snacks und knackige Salate.

GASTRONOMIE

Für Wanderer, beim Ausflug oder einfach nach dem Schwimmen im Bad. Ein schöner Treffpunkt für eine kleine Stärkung in der angenehmen Atmosphäre des Bades und bei schönem Wetter auf der Außenterrasse entspannt im Grünen.

Die von Ihnen in Anspruch genommen Leistungen werden auf eine Chipkarte gebucht und erst beim Verlassen der Anlage von Ihnen beglichen.

ZAHLUNGSVERKEHR

Direkt vor der Oberhundemer Wellness Oase finden Sie eine Vielzahl von Parkplätzen die kostenfrei genutzt werden können.

PARKMÖGLICHKEITEN

Walibo Therme »ENTSPANNEN UND GENIESSEN...«

Quellenstraße 60 | 59556 Lippstadt
02941 8001253 | www.walibo-therme.de

GEBOTEN WIRD:

DAS RESÜMEE Ortsgebundenes Heilmittel in Bad Waldliesborn ist eine kohlensäurehaltige Thermalsole aus zwei Quellen. Hier sprudelt die Sole aus 900 Metern Tiefe und bietet so ideale Voraussetzungen für therapeutische Anwendungen im Thermalsolebad.

Im Thermalbad erwarten Sie drei Innen- und zwei Außenbecken mit einer Wasserfläche von insgesamt 1.250 qm. Die Wassertemperatur liegt-je nach Becken-zwischen angenehmen 29 und 32 °C. Die Becken sind mit Hoch- oder Flachstrahl-Massagedüsen versehen. Schwimmkurse für Erwachsene und Kinder sowie Babyschwimmen und ein Spielnachmittag für Kinder jeweils samstags mit verschiedenen Spielgeräten gehören ebenfalls zum Angebot.

Die 2010 neu eröffnete Saunalandschaft lädt zum Entspannen ein. Als Saunagast haben Sie die Möglichkeit, so oft Sie wollen ins Thermalsolebad zu wechseln. Im angeschlossenen Therapiezentrum wird mit Physio- und Ergotherapie, Massagen, Bädern, Gesundheits- und Präventionskursen sowie Reha-Sport ein umfangreiches Therapieprogramm angeboten. Des weiteren werden Kurse wie AquaJogging, AquaCycling, AquaFit, Rücken-Fit im Wasser angeboten. Alle Angebote sind über die Homepage buchbar.

DER EMPFANG An der Thermalsolebad-Kasse werden Bademäntel und Handtücher gegen eine Gebühr verliehen. Im anliegenden Wellness-Shop können Badeschlappen, Bade- und Saunautensilien sowie zahlreiche Wellness-Produkte käuflich erworben werden. Zu den Besonderheiten des Wellness-Shops zählen unter anderem Biomaris Pflegeprodukte und die Bad Waldliesborner Salzcreme.

Walibo Therme »ENTSPANNEN UND GENIESSEN...«

Quellenstraße 60 | 59556 Lippstadt
02941 8001253 | www.walibo-therme.de

LIPPSTADT

Sonntag bis Donnerstag 9:00–21:30 Uhr	Freitag, Samstag 9:00–22:30 Uhr	Mittwochs ist Damensauna.	DIE ÖFFNUNGSZEITEN

Sauna inkl. Thermalsolebad: 3-Stundenkarte 14,80 Euro | Tageskarte 19,20 Euro Kinder zahlen jeweils den halben Preis. Verlängerung des Aufenthalts durch Nachlöse möglich.

DIE PREISE

Leicht mediterranes Flair in schönen Farben, lichtdurchflutete Bereiche gepaart mit moderner Gestaltung und geschwungenen Formen erwarten den Saunagast auf gut 850 qm im Innenbereich. Das Außenareal umfasst einen 2.000 qm großen Erholungsbereich mit einem geschmackvoll angelegten Saunagarten. In diesem finden Sie, als Ruhe- und Verweilmöglichkeit, Sonnenliegen und Strandkörbe. Der Innenhof mit Wasserspiel und Ruhebänken erstreckt sich über etwa 100 qm.

DIE SAUNALANDSCHAFT

Der Umkleidebereich wird von Damen und Herren gemeinsam genutzt. Es stehen auch Einzelkabinen zur Verfügung. Die Vorreinigung erfolgt nach Geschlechtern separiert.

UMKLEIDEN | DUSCHEN

Drei Saunen–Bio-, Kräuter- und Kelo-Sauna –, ein Dampfbad nebst Sole-Inhalationsraum verteilen sich auf die Innenlandschaft der Anlage. Die Kelo-Sauna ist in einem massiven Blockhaus im Saunagarten untergebracht. Aufgüsse runden bis zu 12 Mal täglich, jeweils zur halben Stunde, Ihren Saunabesuch ab.

DIE SAUNEN

Der seitliche Ofen mit Saunasteinen temperiert die attraktiv holzverkleidete Sauna-kabine auf angenehme 75-80 °C. Bis zu 25 Personen verteilen sich auf die Holzbänke über drei Ebenen. Wechselnde Kräuter-Düfte verwöhnen die Sinne!

DIE KRÄUTER-SAUNA
75-80 °C

174 **Walibo Therme** »ENTSPANNEN UND GENIESSEN...«

LIPPSTADT

Quellenstraße 60 | 59556 Lippstadt
02941 8001253 | www.walibo-therme.de

DIE INFRAROT-KABINE
40-45 °C

Mit 40-45 °C ist die ansprechende Kabine äußerst dezent und schonend erwärmt. Die Wirkungsweise der infraroten Strahlung entspricht der Sonnenenergie. Die Lichtenergie der Infrarotstrahler wird umgewandelt und so gelangen 80% als Wärme in den Körper und 20 % in den Raum. So wird der Körper von maximal acht Personen von innen erhitzt.

DIE BIO-SAUNA
65 °C

Die schön holzvertäfelte Kabine mit milden 65 °C ist ein guter Start in einen erholsamen Saunatag. Etwa 15 Personen können sich an der farbchangierenden Deckenbeleuchtung sowie an einer großen Säule mit Solequarzen, deren Salz sich fein und wohltuend in der Kabine verteilt, erfreuen.

DIE KELO-SAUNA
90 °C

Die Blockhaus-Sauna aus massiven Rundstämmen mit begrüntem Dach ist aus 500 Jahre alten Polarkiefern aus dem nördlichsten Teil von Finnland erbaut. Bis zu 40 Personen schwitzen in rustikalem Ambiente bei einer Temperatur um 90 °C. Zwei Fenster gewähren den Blick in den Saunagarten.

DAS DAMPFBAD
45 °C

Das schön gefliese Dampfbad lädt mit 45 °C bis zu 12 Personen zum längeren Verweilen ein. Das Licht der farbchangierenden Seitenleuchten verbindet sich mystisch mit feinem, aromatisiertem Nebel. Jeden Tag wird Salz zum Peeling der Haut und Honig bzw. Öl für die Geschmeidigkeit der Haut gereicht.

DER SOLE-
INHALATIONSRAUM
45 °C

In dieser attraktiv gefliesten Kabine wird Sole über einen speziellen Verdampfer in den Raum gegeben und somit können vier Personen in den Genuss eines Mikroklimas wie am Meer kommen. Die farblich wechselnd illuminierte Kabine ist mit 45 °C erwärmt.

DAS ABKÜHLEN

Der Abkühltempel mit zwei Schwall-, zwei Regendruckbrausen, einer Erlebnisdusche, einer Kübeldusche sowie zwei Kneipp-Schläuchen sorgt für ein außerordentliches Abkühlungserlebnis. Gegenüber sorgt ein Brunnen für gecrashtes Eis. An einer mit runden Formungen versehenen, beheizten Sitzbank versorgen sieben Fußwärmebecken die Füße. Die Kaltdusche im Saunagarten wissen die schwitzhungrigen Gäste der Blockhaus-Sauna zu schätzen.

Walibo Therme »ENTSPANNEN UND GENIESSEN...«

📍 Quellenstraße 60 | 59556 Lippstadt
☎ 02941 8001253 | 🌐 www.walibo-therme.de

LIPPSTADT

DIE AUSSENANLAGE

Im weitläufigen, zweiteiligen Saunagarten stehen im vorderen Teil große Anröchter Steinplatten. Angelegte Staudenbeete, eine Landschaft aus Bambus und schöne Steininformationen umrunden das zentrale Wasserspiel. Der hintere Teil des Saunagartens ist durch eine großzügige Liegewiese und zahlreiche Grünpflanzen geprägt. Das Atrium mit einem weiteren zentralen Wasserspiel dient auch als Außen-Gastronomie mit edlen Sitzmöglichkeiten. Im Außenbereich/Saunagarten stehen zahlreiche Liegen und Bänke zur Verfügung.

RUHEMÖGLICHKEITEN

Ausruhen können Sie sich in der Anlage auf verschiedenste Arten. Eher still geht es in dem mit gemütlichen Liegen mit Ablagen und Decken versehenen großen Ruheraum zu. Der Entspannungsraum wartet mit bequemen Liegestühlen und schönem Ausblick in den Saunagarten auf. Die Lounge ist ein offener Sitzbereich aus edlen Bastcouchen und Hockern, Lesestoff liegt aus.

MASSAGEN | SOLARIEN

Lassen Sie sich mit Rückenmassagen sowie Aroma-Rücken-, Ganzkörper- und Verwöhnmassagen gegen Voranmeldung etwas Gutes tun. Entspannung bietet der neue Wellnessbereich. In 3 kleinen »Häuschen«, die auch ohne Besuch von Sauna oder Thermalsolebad zu nutzen sind, erwarten Sie ein leistungsstarkes Solarium, ein Infrarot Tiefenwärme-Sessel zur Rückenentspannung und ein BrainLightChair, der mit einem Mix aus Licht, Sound und einer wohltuenden Massage für Entspannung sorgt.

EVENTS

Die regelmäßig stattfindende Saunanacht wird jeweils unter ein Motto gestellt, das sich in den Aufgüssen und Anwendungen genau so durchzieht wie in der Deko und einem passenden Themenbuffet. Während der Saunanacht ist bis 1:00 Uhr geöffnet, außerdem findet ab 20 Uhr ein textilfreies Baden in der Thermalsole statt. Im günstigen Saunanacht-Eintrittspreis sind Essen und Getränke inklusive. In unregelmäßigen Abständen finden darüber hinaus auch andere Events statt, wie z.B. eine spezielle Damen-Saunanacht, ähnlich der klassischen Saunanacht aber mit Kosmetik-Anwendungen etc. Genauere Informationen unter www.walibo-therme.de

GASTRONOMIE

In der Sauna-Gastronomie werden leichte und bekömmliche Speisen serviert. Salate stehen ebenso auf dem Speiseplan wie warme Snacks. Gesunde Säfte erfrischen zwischendurch. Gespeist werden kann sowohl im Atrium (bei schönem Wetter) als auch im Innenbereich mit Panoramafenster und schönem Ausblick ins Grüne und einem großen Teich in der Umgebung. Externe Gäste haben die Möglichkeit auf der außenliegenden Terrasse zu verweilen.

ZAHLUNGSVERKEHR

Alle in Anspruch genommenen Leistungen werden auf einen Chip gebucht und im Nachhinein in bar oder per EC-Karte am Ausgang beglichen. Der Eintritt wird beim Betreten der Anlage erhoben.

PARKMÖGLICHKEITEN

Unmittelbar an der Anlage stehen ausreichend kostenl. Parkplätze zur Verfügung.

Das Saunadorf »Die Oase der Entspannung«

 Am Nattenberg 2 | 58515 Lüdenscheid
 02351 157-499 | www.saunadorf.de

GEBOTEN WIRD:

| DAS RESÜMEE | Raus aus dem Alltag und rein ins Vergnügen: Lassen Sie sich nach Lust und Laune vom umfangreichen Wellness- und Massage-Angebot verwöhnen. Ein Tag im Saunadorf ist wie ein intensiver Urlaubstag: genussreich und gleichzeitig überaus erholsam. Und: Das weitläufige Saunadorf in Lüdenscheid ist bequem über die Sauerlandlinie A45 zu erreichen. Einfach hinfahren, einchecken, entspannen! |

| DER SAUNABEREICH | Auf über 12.000 qm-umgeben von altem Baumbestand, Wiesen und Wasserliegen urige Häuser aus massiven Kiefernstämmen, die das unverwechselbare Ambiente erzeugen. Jedes Haus bietet etwas Anderes: klassische Sauna, Erd-Sauna, Korkea®-Event-Sauna, Bi-O®-Bäder, Dampfbad oder Kaminzimmer. Im Sommer bieten der großzügige Sauna-Garten und die Sonnenterrasse den idealen Rahmen zum Ausruhen und nahtlosen Bräunen. Im Winter sorgen beheizte Gehwege und Außenduschen für uneingeschränktes Vergnügen in dem weitläufigen Gelände. |

| DER EMPFANG | Am Empfang checken Sie ein in Ihren Wohlfühltag. Bademantel, Sauna- und Handtuch können gegen eine Gebühr ausgeliehen werden. |

| DIE ÖFFNUNGSZEITEN | Montag ist Damen-Sauna von 14:00–22:00 Uhr (außer an Feiertagen) | Dienstag und Mittwoch Ruhetag | Donnerstag von 14:00–22:00 Uhr | Freitag und Samstag von 10:00–23:00 Uhr | Sonntag und feiertags von 10:00–20:00 Uhr. |

| DIE PREISE | Die Tageskarte kostet 22,50 Euro. An Wochenenden und an Feiertagen wird ein Zuschlag von 1,50 Euro/Person erhoben. Ermäßigungen und weitere Preise finden Sie im Hausprospekt oder auf der Homepage www.saunadorf.de |

Das Saunadorf »DIE OASE DER ENTSPANNUNG«

Am Nattenberg 2 | 58515 Lüdenscheid
02351 157-499 | www.saunadorf.de

LÜDENSCHEID
GUTSCHEINHEFT S. 13

In den mit mehr als 200 Schränken ausgestatteten geräumigen Umkleiden finden Sie Duschen und Sanitärbereiche.

UMKLEIDEN | DUSCHEN

Bei milden 60 °C, 40 % Luftfeuchtigkeit und wechselndem Farblicht können bis zu 15 Gäste kreislaufschonend saunabaden. Über einem Ofen hängt eine Schale, in der fruchtige Aromen verdampft werden. Neben diesem Bi-O®-Bad befindet sich eine weitere baugleiche Sauna, in der bei dezenter Entspannungsmusik um absolute Ruhe gebeten wird. Hier tauchen Sie ein in eine Welt voller Erholung.

DIE SAUNEN
DIE BI-O®-SAUNA
60 °C

Die beiden klassischen Dampfbäder mit ca. 45 °C verwöhnt bis zu zehn Badende mit wohltuenden Düften.

DIE DAMPFBÄDER
45 °C

Über zwei Eingangstüren können Sie den 75-80 °C warmen Raum mit 25-30 % Luftfeuchtigkeit betreten. An der Decke befestigte Kräutersträuße sowie ein massiver Kupferkessel mit einem Nadelbaum-Sud, der über dem Naturstein-Ofen hängt, verleihen der Sauna ein unnachahmlich würziges Aroma. Bei sanfter Musik finden 36 Saunagäste in dieser Meditations-Sauna Ruhe und Entspannung.

DIE WALD- UND KRÄUTER-SAUNA
75-80 °C

Genießen Sie dieses Sauna-Erlebnis vom Feinsten! Das sechseckige Blockhaus besteht aus Rundstämmen der finnischen Polarkiefer. Eine wahre Pracht erwartet Sie im Innern, denn hier bildet ein beeindruckender und rundum mit Glas verkleideter Edelstahlkamin den Mittelpunkt, um den bei 100 °C und 10 % Luftfeuchtigkeit bis zu 20 Personen sitzen können. Der Blick in die lodernden Flammen, wohlige Wärme auf der Haut–Energien, die auch die Seele erhellen: So dicht verbunden mit den Elementen sind Ihnen Wohlgefühl und Entspannung garantiert.

DIE »TULI®«-SAUNA
100 °C

178 LÜDENSCHEID

Das Saunadorf »DIE OASE DER ENTSPANNUNG«

Am Nattenberg 2 | 58515 Lüdenscheid
02351 157-499 | www.saunadorf.de

DIE »KORKEA®«-SAUNA
Raus aus dem Alltag und »erhaben« saunieren – denn das ist die Bedeutung des Wortes »Korkea«. Das Haus mit seiner besonderen Architektur fügt sich wunderbar in die Landschaft und in die Gesamtanlage ein. Ein runder, gemauerter Sauna-Ofen in der Mitte des großzügigen Raumes bietet dem Saunameister die Möglichkeit, unterschiedlichste Eventaufgüsse, unter anderem mit Salz und Honig, zu zelebrieren. Bis zu 80 Saunafreunde können bei Temperaturen zwischen 85 °C und 95 °C und 10-15 % Luftfeuchtigkeit gleichzeitig eine entspannende Aufgusszeremonie genießen.

DIE DOPPEL-»MAA®«-SAUNA
Die original finnische »Maa®«-Sauna besteht aus massiven Rundstämmen der Polarkiefer und ist zum größten Teil in die Erde eingelassen. Den oberen Abschluss bildet ein grasbewachsenes Dach. In beiden, je 20 Gäste fassenden Räumen herrscht eine unnachahmlich urige Stimmung. Für wohlige Atmosphäre sorgt jeweils ein Kamin mit flackerndem Holzfeuer. Das Klima ist bei 110-120 °C und 10 % Luftfeuchtigkeit überraschend angenehm und mild.

DAS ABKÜHLEN
In direkter Nähe der Saunen stehen für Sie jeweils verschiedene Kneippschläuche, Regen- und Kaltbrausen sowie Kübelduschen und Tauchbecken bereit. Im Sauna-Garten können Sie zwischen warmen und kalten Duschen wählen.

DAS KNEIPPEN
Die zehn Becken für ein angenehmes Fußbad sind in einen sehr ansprechenden Innenbereich integriert.

DIE AUSSENANLAGE
Im weitläufigen Sauna-Garten finden Sie neben einem Außenpool großzügige FKK-Liegewiesen und im unteren Teil einen Teich mit einer weithin sichtbaren Wasserfontäne. Üppige Pflanzen und das leise Zirpen der Grillen sorgen für Ruhe und Entspannung und bieten jedem Gast seine persönliche Rückzugsmöglichkeit. Verstreut zwischen natürlichem altem Baumbestand liegen die Kiefernholz-Blockhäuser mit unterschiedlichsten Sauna-Angeboten. Beheizte Wege laden zu einem Spaziergang durch die Natur ein.

Das Saunadorf »DIE OASE DER ENTSPANNUNG«

Am Nattenberg 2 | 58515 Lüdenscheid
02351 157-499 | www.saunadorf.de

Der gut temperierte Außenpool mit Massagedüsen und Schwalldusche im Sauna-Garten lädt zu einem Bad nach dem Saunagang ein.

DER AUSSENPOOL

Außer den zahlreichen bequemen Liegen im Sauna-Garten befindet sich im unteren Teil des Hauses ein separater Ruheraum für absolute Stille. Sehr beliebt ist auch die Kaminecke mit Blick auf brennende Holzscheite. Eine weitere Ruhe-Lounge als Lesezimmer bietet zusätzliche Rückzugsmöglichkeiten für Erholungssuchende.

RUHEMÖGLICHKEITEN

Zum Verwöhnprogramm zählt natürlich auch eine wohltuende Massage. Ob mit entspannender oder belebender Wirkung-im Saunadorf erhalten Sie nach individuellem Befinden fachkundig durchgeführte Massagen (vorherige Terminabsprache erforderlich). Oder schöpfen Sie gleich aus dem Vollen-mit individuellen Wellness-Paketen, inklusive einer Massage und einer Auswahl von Gaumenfreuden aus dem schmackhaften Angebot der Gastronomie. Wählen Sie aus insgesamt sechs Wellness-Specials aus, die Sie natürlich auch als Gutschein verschenken können.

WELLNESS | MASSAGEN

Mehrmals im Jahr finden abwechslungsreiche Veranstaltungen statt, die jeweils unter einem Motto stehen. Hier werden stets spezielle Aufgüsse mit kulinarischen Köstlichkeiten kombiniert.

EVENTS

Genuss für den Gaumen bietet die Saunadorfgastronomie. Knackige Salate aber auch Herzhaftes finden Sie im umfangreichen Speiseangebot. Warme und kalte Getränke sowie alkoholische und alkoholfreie Cocktails runden das Angebot ab.

GASTRONOMIE

In unmittelbarer Nähe des Saunadorfes stehen ausreichend kostenfreie Parkplätze zur Verfügung.

PARKMÖGLICHKEITEN

180 Freizeitbad am Lavalplatz »HIER KÖNNTE IHR SLOGAN STEHEN«

METTMANN
GUTSCHEINHEFT S. 13

Gottfried-Wetzel-Str. 2-4, 40822 Mettmann
02104 980408 | www.mettmann.de/hallenbad/sauna.php

GEBOTEN WIRD:

DAS RESÜMEE — Die Stadt Mettmann liegt in den Ausläufern des Bergisches Landes und grenzt an die nordrheinwestfälische Landeshauptstadt Düsseldorf. So ist die Stadt ein idealer Ausgangspunkt in die sowohl städtische als auch ländliche Umgebung. Das Freizeitbad am Lavalplatz liegt zentral in der Innenstadt Mettmanns. Sie besitzt neben unterschiedlichen Schwimmbecken und dazu idealem Kursangebot eine hübsche Saunalandschaft. In den vier großzügig gestalteten Saunabereichen, einem Außenbereich von 80 qm und nicht zuletzt aufgrund des behindertengerechten Zugangs, kann jeder Saunafreund seinen Aufenthalt voll und ganz genießen und den Alltagsstress hinter sich lassen.

DIE ÖFFNUNGSZEITEN — Damensauna: Montag 10:00-14:00 Uhr | Donnerstag 10:00-21:45 Uhr | Herrensauna: Dienstag 14:00-21:45 Uhr (Vormittags geschlossen) | Gemischte Sauna: Montag 14:00-21:45 Uhr | Mittwoch 10:00-21:45 Uhr | Freitag 10:00-21:45 Uhr | Samstag 8:00-12:45 Uhr | Sonntag 8:00-13:45 Uhr. | Sonntags: Die Öffnungszeiten von November bis März finden Sie auf der Homepage unter www.mettmann.de/hallenbad/sauna.php
Die Badezeiten enden 15 Minuten vor den genannten Schließungszeiten. Die Öffnungszeiten des Freizeitbads entnehmen Sie bitte der Webseite.

DIE PREISE — Eine Einzelkarte für die Sauna kostet 12,00 Euro, eine Zehnerkarte 110,00 Euro. Auch die Preise des Freizeitbads sind der Webseite zu entnehmen.

UMKLEIDEN | DUSCHEN — Männern und Frauen stehen in der Anlage insgesamt vier gemeinschaftliche Duschen zur Verfügung.

Freizeitbad am Lavalplatz »HIER KÖNNTE IHR SLOGAN STEHEN«

Gottfried-Wetzel-Str. 2-4, 40822 Mettmann
02104 980408 | www.mettmann.de/hallenbad/sauna.php

Inmitten der Mettmanner Innenstadt finden Sie eine kleine, aber feine Saunalandschaft, die allen Sauna- und Entspannungsfreunden einen erholsamen Aufenthalt beschert.

DIE SAUNEN

Die holzverkleidete Finnische Sauna ist die ursprünglichste Form des Saunabadens. Der Saunaofen heizt den großzügigen Raum auf eine Temperatur von 90 °C bei einer sehr geringen Luftfeuchte zwischen 4–10 %. Daher ist das Schwitzbad in diesem idealen Klima gut verträglich.

DIE FINNISCHE SAUNA
90 °C

Temperaturempfindlichen Saunagästen und Saunaeinsteigern ist das Biosanarium® zu empfehlen. Dieses ist eine gute Alternative zur Finnischen Sauna, da die Temperatur bei gerade einmal 50 °C und die Luftfeuchtigkeit zwischen 10–80 % liegt. Wohlriechende Düfte werden dem Raum fürs Wohlbefinden zugeführt und auch ein eingebautes Farblichtsystem bringt Ruhe und Entspannung.

DAS BIOSANARIUM®
50 °C

Freizeitbad am Lavalplatz »HIER KÖNNTE IHR SLOGAN STEHEN«

Gottfried-Wetzel-Str. 2-4, 40822 Mettmann
02104 980408 | www.mettmann.de/hallenbad/sauna.php

DAS BIOSANARIUM® Das Farblichtsystem besitzt vier verschiedene Farbtöne, auf die der Körper auf unterschiedliche Weise reagiert: Rot wirkt anregend und durchblutungsfördernd, gelb steigert das Wohlbefinden und die Behaglichkeit, grün wirkt beruhigend und blau wirkt blutdrucksenkend, so wird der Körper auf Ruhe eingestellt.

EUKALYPTUSKABINE 60 °C Das Raumklima in diesem aromatisierten Schwitzraum beträgt 60 °C und 50 % relative Luftfeuchtigkeit. Über eine Wassertasche wird der Kabine Eukalyptus als Heilkraut zugesetzt. Das Einatmen der ätherischen Dämpfe wirkt beruhigend und reinigend, lindert Verspannungen und wirkt vorbeugend auf die Atemwege.

RÖMISCHES DAMPFBAD 50 °C Durch die hohe Luftfeuchtigkeit von 95 % und einer wohligen Wärme von etwa 50 °C wird sowohl das körperliche Wohlbefinden als auch das Hautbild verfeinert und gepflegt. Zudem sorgt die Inhalation des Dampfes nicht nur für eine Befreiung der Atemwege, sondern wirkt sich auch positiv auf verkrampfte Muskeln, Nervenanspannungen und sogar Erkältungserscheinungen aus–ideale Bedingungen für Ihre körperliche Erholung.

DAS ABKÜHLEN Innerhalb der Anlage sind für Sie verschiedene Arten der Abkühlung vorhanden. Neben einer Eckdusche, einer Nageldusche und einem Kübelguss können Sie Ihren Körper ganz und gar in eine Kaltwassergrotte mit Schwalldusche oder ein Kaltwasserbecken tauchen. Darüber hinaus laden Sie in Gruppen angebrachte Fußbecken zum gemeinsamen Entspannen ein. Auch ein Kneipguss steht für Sie bereit.

DIE SCHWIMMBÄDER Die Saunalandschaft befindet sich in einem Hallenbad, in dem Sie Zugang zu drei verschiedenen Schwimmbecken haben. Das 28 °C warme Sportbecken besitzt

Freizeitbad am Lavalplatz »HiER KÖNNTE iHR SLOGAN STEHEN«

Gottfried-Wetzel-Str. 2-4, 40822 Mettmann
02104 980408 | www.mettmann.de/hallenbad/sauna.php

fünf 25-Meter-Bahnen, ein 1-Meter-Brett und 3-Meter-Turm sowie einen höhenverstellbaren Nichtschwimmerbereich. Das Lehrschwimmbecken ist mit einer kleinen

Rutsche ausgestattet, bei einer Wassertemperatur von 30 °C. Familien mit Kleinkindern können sich einen erholsamen Aufenthalt im Kinderbereich gestalten–das Planschbecken hat eine Fläche von 9 qm und bietet mit einer kleinen Abstufung einen kinderleichten Einstieg. Bei einer Temperatur von 36 °C und einer Tiefe von 0,20 cm können die Kleinen nach Herzenslust planschen. Daneben finden Sie eine Liegefläche mit Wärmestrahlern, Wickeltischen und einem Laufstall.

Nachdem Sie einen belebenden Aufenthalt in einer der geräumigen Saunen genossen haben, können Sie sich auf einen Ruheraum mit sechs Liegen freuen. Doch nicht nur hier kann der Tag einen ruhigen Ausklang finden–auch der schöne Außenbereich mit einer Sonnenterrasse lädt zum Seele baumeln lassen ein. **RUHEMÖGLICHKEITEN**

Im Hallenbad finden Sie einen kleinen Gastronomiebereich mit einem großen Panoramafenster, sodass Sie immer einen freien Blick auf den Kleinkinderberiech und das Sportbecken haben. Für kleines Geld können Sie sich hier an einem Snack- und Getränkeautomaten die nötige Energie für Ihren ausgiebigen Sauna- und Freizeitbadaufenthalt holen. **GASTRONOMIE**

Alle in Anspruch genommenen Leistungen werden bar bezahlt. **ZAHLUNGSVERKEHR**

Es gibt kostenpflichtige Parkplätze in der Umgebung. **PARKMÖGLICHKEITEN**

184 Parc Vitale Eichhöfer

MÜLHEIM/RUHR
GUTSCHEINHEFT S. 13

»SEIT ÜBER 50 JAHREN IM DIENSTE IHRER GESUNDHEIT!«

📍 Werdener Weg 47, 45470 Mülheim/Ruhr | ☎ 0208 35038/-39 | 🌐 www.parcvitale.de

GEBOTEN WIRD:

| DAS RESÜMEE | Das SPA Wellnesszentrum Parc Vitale bietet Ihnen sechs verschiedene Saunen, ein Hallen- und Freibad mit großzügiger Liegewiese sowie diverse medizinische Massagen, Krankengymnastik und Kosmetik-Behandlungen. Das Hallenbad mit separaten Einzelumkleiden kann auch ohne Saunabesuch gebucht werden. Reha Sport-Kurse sorgen für Ihr Wohlbefinden und Gesundheit in angenehm 30 °C warmem Wasser. Das angeschlossene Hotel am Oppspring-eine aufwendig sanierte und modernisierte Stadtvilla aus den dreißiger Jahren-verfügt über 16 individuell eingerichtete Einzel-, Doppel- und Familienzimmer. Die Benutzung der Saunen und Schwimmbäder ist für Hotelgäste kostenlos. |

| DER SAUNABEREICH | Der Innenbereich der Saunalandschaft, deren funktionelle Bereiche in freundlichen Farben gestaltet sind, erstreckt sich über gut 600 qm. Der mediterane dekorierte Saunagarten umfasst an die 1.000 qm. |

| DER EMPFANG | Am Empfang werden Bademäntel und Handtücher gegen Gebühr verliehen. |

| DIE ÖFFNUNGSZEITEN | Montag bis Freitag 8:00–22:30 Uhr | Samstag, Sonntag & Feiertag 11:00–19:00 Uhr. |

| DIE PREISE | Tageskarte 19,50 Euro | Sauna ab 20:00 Uhr 14,50 Euro | 10er-Karte 175,00 Euro | 3-Stunden-Karte 16,50 Euro | Studententarif 12,50 Euro. |

| UMKLEIDEN | DUSCHEN | Die Damen können sich sowohl in einem separaten Umkleidebereich als auch mit den Herren zusammen umkleiden. Das gleiche gilt für das Duschen. Montag bis Donnerstag ist zusätzlich Damensauna. |

Parc Vitale Eichhöfer
»SEIT ÜBER 50 JAHREN IM DIENSTE IHRER GESUNDHEIT!«
Werdener Weg 47, 45470 Mülheim/Ruhr | 0208 35038/-39 | www.parcvitale.de

DIE SAUNEN

Im Innenbereich der Anlage erfreuen drei Saunakabinen und ein Dampfbad die Saunagäste. Die Bio-Sauna als auch die 95 °C Blockhaus-Sauna liegen jeweils in einem urigen Häuschen aus Holz mit überdachtem Sitzbereich im weitläufigen Saunagarten.

LED-Farbwechsel erhellen dezent die für 10 Personen konzipierte Saunakabine. Der unter den Sitzbänken befindliche Ofen erwärmt den holzverkleideten Raum auf rund 80 °C.

DIE LED-SAUNA
80 °C

Bei 85 °C kommen gut 20 Personen ordentlich ins Schwitzen. Der mittige Ofen mit Saunasteinen dient zum einen als Blickfang. Fenster gewähren einen schönen Einblick in den mediteranen Saunagarten.

DIE PANORAMA-SAUNA
85 °C

Wechselnde Farben umspielen die 8 Schwitzhungrigen bei Temperaturen um die 70 °C in der holzverkleideten Saunakabine. Ein Fenster ermöglicht den Blick auf den Außenpool.

DIE BIO-SAUNA
70 °C

Der Ofen mit Saunasteinen sorgt für wohlige 95 °C Temperatur, an denen sich gut 8 Personen erfreuen können.

DIE 95 °C BLOCKHAUS-SAUNA

Sechs Personen verteilen sich auf die rundherum angebrachten Sitzbänke in der aromatisierten, gefliesten Dampfkabine. Nebelschwaden liegen in der 50 °C warmen Luft.

DAS DAMPFBAD
50 °C

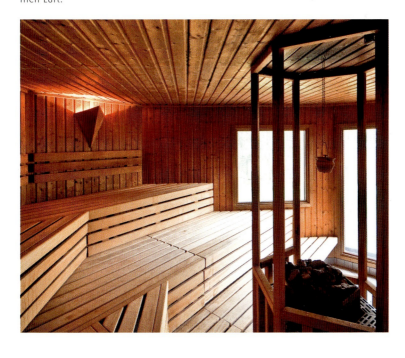

186 Parc Vitale Eichhöfer
MÜLHEIM/RUHR

»SEIT ÜBER 50 JAHREN IM DIENSTE IHRER GESUNDHEIT!«

📍 Werdener Weg 47, 45470 Mülheim/Ruhr | ☎ 0208 35038/-39 | 🌐 www.parcvitale.de

DAS ABKÜHLEN — Eine Schwall-, eine Eckbrause, ein Kneipp-Schlauch sowie ein Tauchbecken erfrischen Körper und Geist im Innenbereich. Vier Fußwärmebecken sind eine Wohltat für die Füße. Eine Kaltdusche an den außen liegenden Saunakabinen sorgt für weiteres kühles Nass.

DIE SCHWIMMBÄDER — Das innen liegende, 10 x 6 Meter große Bewegungsbad ist mit 30 °C angenehm warm temperiert. Das ca. 60 qm große unbeheizte Freibad liegt zentral im Saunagarten.

DIE AUSSENANLAGE — Alter, hoch gewachsener Baumbestand umrandet den grünen und großflächigen Saunagarten, der bei Einbruch der Dunkelheit stimmungsvoll beleuchtet wird. In der gemütlichen, überdachten Kaminecke lässt es sich angenehm plaudern. Das Freibad wird von vielen Liegen gesäumt.

RUHEMÖGLICHKEITEN — In zwei direkt aneinander liegenden Ruheräumen verteilen sich bequeme Kippliegen mit Nackenrollen mit Ausblick auf den Innenbereich der Sauna.

Parc Vitale Eichhöfer
»SEIT ÜBER 50 JAHREN IM DIENSTE IHRER GESUNDHEIT!«
Werdener Weg 47, 45470 Mülheim/Ruhr | 0208 35038/-39 | www.parcvitale.de

Neben medizinischen Massagen, Fango-Packungen und Lymphdrainagen stehen Rücken- und Ganzkörpermassagen, Kosmetik- und Ayurveda-Behandlungen auf dem Programm.

MASSAGEN | KOSMETIK-BEHANDLUNGEN

Jeden Dienstag, Freitag und Sonntag werden besondere Aufgüsse zelebriert.

EVENTS

In einem direkt am Saunagarten gelegenen Gartenbistro speisen Sie in gemütlicher, heimeliger Atmosphäre. Brotzeit, Salate, Suppen sowie warme und kalte Kleinigkeiten können an bequemen Sitzgelegenheiten und an der einladenden Theke zu sich genommen werden.

GASTRONOMIE

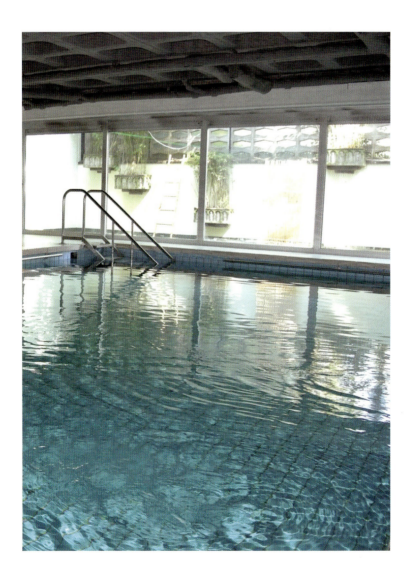

West-Sauna »GESUNDES SAUNABADEN«

Wilhelmstraße 20, 48149 Münster
0251-293333 | www.west-sauna.de

GEBOTEN WIRD:

DAS RESÜMEE Die 1966 gegründete West-Sauna ist sicherlich ein Urgestein in der deutschen Saunaszene. Seit mittlerweile 30 Jahren wird die Sauna von Christoph Huber geführt, der über dementsprechend viel Erfahrung verfügt. Der geprüfte Saunameister ist seit über 30 Jahren Mitglied im Deutschen Saunabund. Eine gute, persönliche Betreuung seiner Saunagäste ist ihm außerordentlich wichtig. Immer gleiche Ansprechpersonen sorgen für Kontinuität; von daher fühlen sich die Gäste stets gut aufgehoben. In der Sauna geht es sehr familiär zu. Neue Gäste werden schnell integriert.

Auf ca. 300 qm wird dem Saunagast in hellem wie freundlichem Ambiente mit einer Finnischen Sauna, einem Ruheraum sowie dem offenen Ruhebereich, einer Abkühlecke mit großem Tauchbecken, dem Innenhof mit großen Pool sowie zwei Massageräumen viel geboten.

DER EMPFANG Am Empfang können bei Bedarf Bademäntel, Handtücher und Badeschlappen geliehen werden. Hautpflegeprodukte, Badeschlappen usw. können zudem käuflich erworben werden.

DIE ÖFFNUNGSZEITEN Montag 14:00-22:00 Uhr | Dienstag bis Freitag 9:00-22:00 Uhr | Samstag 9:00-19:00 Uhr | Sonntag 14:00-19:00 Uhr-nur in der kalten Jahreszeit | Mittwochs ist ganztägig und freitags von 9:00-16:00 Uhr Damensauna | Donnerstags von 9:00-13:00 Uhr ist Herrensauna. Saisonbedingte Änderungen der Öffnungszeiten vorbehalten.

DIE PREISE Tageskarte 13,80 Euro | Es gibt auch ein Angebot an preisgünstigen Mehrfachkarten.

West-Sauna »GESUNDES SAUNABADEN«

Wilhelmstraße 20, 48149 Münster
0251-293333 | www.west-sauna.de

MÜNSTER

Einzelkabinen stehen zum Umkleiden zur Verfügung. Damen und Herren duschen zwischen Trennwänden im gemeinsamen Duschraum.

UMKLEIDEN | DUSCHEN

Der holzverkleidete Schwitzraum wird durch den seitlichen Ofen mit Saunasteinen auf behagliche 85 °C aufgeheizt. Die Schwitzhungrigen können sich liegend oder sitzend auf drei Ebenen bei dezenter Beleuchtung ca. 10–15 Minuten darin aufhalten. Stündlich werden Aufgüsse mit wechselnden Düften zelebriert. Gewedelt wird dabei mit einem Handtuch. Honig oder Salz werden zum Einreiben gereicht.

DIE SAUNEN
DIE FINNISCHE SAUNA
85 °C

Im zentralen Abkühlbereich sorgen eine Schwall-, Eck- und Kaltbrause sowie zwei Kneipp-Schläuche für eine ordentliche Abkühlung. Das große Tauchbecken sorgt für zusätzliche Erfrischung. Sechs Fußwärmebecken sind eine wahre Wohltat für die Füße. Hier liegen auch Sitzkissen zum Entspannen und Ausbalancieren der Wirbelsäule bereit. Beheizte Rohrheizungen trocknen nasse Sauna- und Badetücher.

DAS ABKÜHLEN

Der Innenhof ist gärtnerisch gestaltet. Rankgewächse, bepflanzte Blumenkästen, Blumenkübel und angelegte Beete sind eine Oase für Blumenliebhaber. Aus einer Wasserkugel entspringt beruhigend fließendes Wasser. Eine Kaltdusche sowie ein Kneipp-Schlauch bereiten den Körper schonend auf das Bad vor. Im 8 x 4 m großen Außenbecken kann man angenehm schwimmen. Im Winter wird das Becken erwärmt, so dass ca. 18 °C gewährleistet sind. Eine Sprossenwand dient zum Aushängen des Körpers und für verschiedene Dehnübungen. Überdacht laden Liegestühle und Liegen mit Auflage zur Erholung ein.

DER AUSSENBEREICH

West-Sauna »GESUNDES SAUNABADEN«

Wilhelmstraße 20, 48149 Münster
0251-293333 | www.west-sauna.de

RUHEMÖGLICHKEITEN   Den Ruheraum schmücken stimmungsvolle Naturbilder. Ergonomisch geformte, sehr bequeme Liegen mit weichem Kopfteil sowie Betten mit Decken und Kopfkissen laden zum erholsamen Verweilen ein. Der offene Ruhebereich mit Ausblick in den grünen Innenhof ist sehr kommunikativ. Es gibt bequeme Liegesessel mit Fußbänken–auch an Lesestoff fehlt es hier nicht. Eine große, antike Waage zeigt dem Interessierten genau sein aktuelles Gewicht!

WELLNESS | MASSAGEN   Teil- und Ganzkörpermassagen werden als klassisch medizinische Massage von professionellen Physiotherapeuten angeboten. Neben Lymphdrainage ist Fußreflexzonenmassage erhältlich. Die Anwendungen können auch per Privatrezept abgerechnet werden. Drei Ganzkörperbräuner in verschiedenen Stärken im Untergeschoss sorgen für gesunde Bräune.

West-Sauna »GESUNDES SAUNABADEN«

📍 Wilhelmstraße 20, 48149 Münster
☎ 0251-293333 | 🌐 www.west-sauna.de

Verschiedene Säfte, Bier–auch alkoholfreies, dienen als willkommene Erfrischung nach einem heißen Saunabad. Warme Getränke wie Kaffee, Espresso, Cappuccino und Latte Macchiato wärmen den Körper und bringen den Kreislauf wieder in Schwung. Zur Stärkung tragen Kefir und Buttermilch bei, in jeweils verschiedenen, leckeren Geschmacksrichtungen. Snacks wie Mars, Duplo, Erdnüsse und Studentenfutter ergänzen das Angebot.

GASTRONOMIE

Der Eintritt kann auf Wunsch sofort oder nach dem Saunagang beglichen werden. Verzehr wird auf den Schließfachschlüssel gebucht und im Anschluss an das erquickende Saunabaden bezahlt.

ZAHLUNGSVERKEHR

Parkmöglichkeiten finden sich in angrenzenden Straßen.

PARKMÖGLICHKEITEN

Eymann-Sauna »Zeit, die wir uns nehmen, ist Zeit, die uns etwas gibt«

Gropiusstraße 4, 48163 Münster
02501 5777 | info@eymann-sauna.de | www.eymann-sauna.de

GEBOTEN WIRD:

| DAS RESÜMEE | Im Gewerbegebiet Gropiusstraße in Münster-Amelsbüren liegt die »Eymann-Sauna«, eine Oase der Erholung und des Wohlbefindens. Mit viel Liebe zum Detail und mit Gespür für Behaglichkeit sind im Laufe der letzten 40 Jahre ein rund 5.000 qm überdachtes Sauna-, Freizeit- und 10.000 qm natürlich gestaltetes Gartengelände entstanden. Es gibt einen komplett getrennten Damenbereich. |

| DER EMPFANG | Am Eingang erwerben Sie Ihre Eintrittskarte und erhalten einen Schlüssel, der sowohl zum jeweiligen Wertfach im Eingangsraum, als auch zu Ihrem Umkleideschrank passt. |

| DIE ÖFFNUNGSZEITEN | Montag bis Freitag von 9:00–23:00 Uhr, Samstag und Sonntag von 9:00–20:00 Uhr, an Feiertagen abweichende Öffnungszeiten, Infos dazu unter www.eymann-sauna.de |

| DIE PREISE | Tageskarte Erwachsene 25,90 Euro. Ein Aushang an der Kasse oder das Internet informieren über Ermäßigungen für Studenten und Kinder sowie Rabatte beim Erwerb von 10er-, 20er- oder 40erkarten. **Der Gutschein gilt nicht von Freitag bis Sonntag und an Feiertagen, sowie während der Weihnachtsferien in NRW.** |

| UMKLEIDEN | DUSCHEN | Hinter dem Eingangsbereich und an weiteren Stellen des vorderen Geländes stehen den Saunagästen ausreichend Umkleideräume mit Schränken zur Verfügung, die von Damen und Herren gemeinsam genutzt werden. Spiegel und die Möglichkeit, sich die Haare zu föhnen, sind vorhanden. Die zahlreichen Duschen, die über das ganze Gebäude und Gelände verteilt sind, werden gemeinsam genutzt. Eine Besonderheit: Es gibt eine separate „Damensauna", die samt Duschen, Umkleide, Terrasse und Ruheraum ausschließlich Frauen vorbehalten ist. |

Eymann-Sauna »Zeit, die wir uns nehmen, ist Zeit, die uns etwas gibt«

📍 Gropiusstraße 4, 48163 Münster
☎ 02501 5777 | ✉ info@eymann-sauna.de | 🌐 www.eymann-sauna.de

MÜNSTER

DIE SAUNEN

Sechs komplette Sauna-Anlagen mit insgesamt 15 Sauna-Kabinen warten auf Sie. Die Sauna-Aufgüsse sind z.B. Minzöl, Slibowitz und Mexico-Lemongrass. Tafeln geben einen Überblick über die Aufgusszeiten und verschiedenen Aromen. Auf dem großzügig bemessenen Gelände stehen sowohl im Innen- wie auch im Außenbereich die unterschiedlichen Saunaformen zur Verfügung.

DIE ERD-SAUNA

Boden und Wände aus gestampftem und verputztem Lehm erzeugen, dank ihrer natürlichen Feuchte, ein angenehmes Raumklima. Mit dem Blick auf das Flackern des prasselnden Feuers entsteht das Gefühl, tief im Innern der Erde geborgen zu sein.

DIE SOFT-FARBLICHT-SAUNA
50-60 °C

Bei wohligen 50-60 °C und dezent verdunstenden Kräuteressenzen lässt es sich langsam und angenehm vor sich hin schwitzen. So haben die abwechselnd leuchtenden Farben Zeit, ihre Wirkung auf Haut, Körper und Geist zu entfalten.

DIE FINNISCHE SAUNA

Verschieden gestaltete Sauna-Kabinen ermöglichen sowohl im Innen- wie im Außenbereich die klassische Schwitzform in angenehmer trockener Wärme, unterbrochen–wenn man mag–von aromatischen Aufgüssen. Hier meistens verbunden mit einem Blick nach draußen, aufs Wasser oder die Gartenlandschaft, oder auf das Flackern eines prasselnden Feuers.

DAS DAMPFBAD

In dem achteckig gestalteten und angenehm beleuchteten Raum verteilen sich Aromadüfte auf sanftem Dampf und unterstützen die heilende und regenerierende Wirkung des Dampfbades.

DIE SALZGROTTE

Samtfeiner, trockener Sole-Nebel, kostbare Salzbrocken und hochwertige Salzziegel sorgen für ein bakteriell reines und mit zahlreichen Mineralien angereichertes Mikroklima. Ein Aufenthalt von 20-30 Minuten, bei angenehm wohliger Temperatur, wirkt wie ein Spaziergang am Meer. Bei leiser Musik lässt sich, auf ergonomisch geformten Liegen, angenehm entspannen.

194 Eymann-Sauna »Zeit, die wir uns nehmen, ist Zeit, die uns etwas gibt«

MÜNSTER

Gropiusstraße 4, 48163 Münster
02501 5777 | info@eymann-sauna.de | www.eymann-sauna.de

DAS ABKÜHLEN — Im Innenbereich gibt es mehrere klassische Duschen (warm und kalt), aber auch Kübel- und Schwallduschen mit Kneippschläuchen sowie Tauchbecken. In der Außenanlage trifft man ebenfalls auf zahlreiche Duschen und Freiluft-Pools.

DIE WARMBÄDER — Für Sie stehen im Innenraum ein Whirlpool und einige, um achteckige Tische gruppierte, Fußbecken sowie im Toskanabereich ein beheiztes Wasserbecken bereit.

DAS SOLEBECKEN — Das 30 °C warme Wasser des Solebeckens mit einem Salzgehalt von etwa 3 Prozent-ähnlich dem der Nordsee-sorgt für wohlige Entspannung und hilft bei der Linderung zahlreicher Beschwerden

DAS SCHWIMMBAD — Eine Schwimmhalle mit 10 x 5-Meter-Becken erwartet Sie im Inneren.

DIE AUSSENANLAGE — Die verschiedenen Saunen und der sogenannte „Toskana-Bereich" sind harmonisch in die weitläufige und großzügige Anlage eingebunden. Der 850 qm große Schwimmteich ist zwischen 1,30 m und 2,20 m tief und in einen Bade- (270 qm) und Regenerationsbereich unterteilt. Pflanzen und Mikroorganismen verleihen dem Teich eine natürliche Selbstreinigungskraft. Das südeuropäische Landhaus gibt Ihnen das Gefühl, im Urlaub zu sein. Die knorrigen Olivenbäume und ein kleiner Weinberg unterstreichen dieses Ambiente.

RUHEMÖGLICHKEITEN — Das Angebot an Liegen und Sitzmöglichkeiten ist sowohl innen als auch außen sehr großzügig dimensioniert. Kamine und Kachelöfen laden zum Verweilen ein. Abwechslungsreiche Designs, ausgewogene Farbkompositionen und liebevolle Details sind Streicheleinheiten für die Augen.

MASSAGEN | PHYSIOTHERAPIE — In der Praxis für Physiotherapie und Wellness erwartet Sie ein vielseitiges Physiotherapie- und Wellnessangebot. Von der klassischen Massage bis zur Ayurvedabehandlung, von der Fußpflege bis zur sanften Gesichtsbehandlung steht ein breitgefächertes Programm zur Gesundheitsförderung zur Verfügung.

Eymann-Sauna »Zeit, die wir uns nehmen, ist Zeit, die uns etwas gibt«

Gropiusstraße 4, 48163 Münster
02501 5777 | info@eymann-sauna.de | www.eymann-sauna.de

MÜNSTER

GASTRONOMIE

Herzstück der hauseigenen Gastronomie ist die 18 m lange Theke, die Sie mit Getränken aller Art versorgt. Besonders zu empfehlen ist die Spezialität des Hauses „Kefir-Kirsch". Im angrenzenden Restaurant wird vom Küchenchef und seinem Team leichte, mediterrane Kost gesund und schmackhaft serviert, wie hausgebackenes Brot, ausgefallene Hauptspeisen, knackige Salate und verschiedene Tapas-Spezialitäten. Bei anhaltend gutem Wetter ergibt sich ein besonders südländisches Flair an der Außengastronomie. Aus dem Backhaus werden Flammkuchen und Pizza serviert, abends sorgen Beleuchtung und Feuerschalen für stimmungsvolle Atmosphäre.

ZAHLUNGSVERKEHR

Die von Ihnen in Anspruch genommenen Leistungen werden unter Ihrer Schlüsselnummer notiert und beim Verlassen des Hauses beglichen.

PARKMÖGLICHKEITEN

Um die Sauna-Anlage herum befinden sich Parkplätze. Im Parkhaus am Ende der Schadowstraße stehen 180 Parkplätze auf zwei Ebenen kostenlos zur Verfügung.

N-FLOW-Freizeitpark Netphen

»EINFACH MAL ENTSPANNEN IM N-FLOW FREIZEITPARK NETPHEN«

Brauersdorfer Straße 62, 57250 Netphen | 02738 1616 | www.n-flow.de

GEBOTEN WIRD:

DAS RESÜMEE — Das Freizeitbad in Netphen ist, dank seiner enormen Vielfalt, ein regionaler Anziehungspunkt für Jung und Alt. Neben den unterschiedlichsten Becken im Hallenbad und im Freibad, finden Sie eine 100 m lange Riesenrutsche mit LED-Licht- und Farbeffekten und einer Zeitmessung mit Bestenliste, ein sehr schönes Textil-Dampfbad mit Sternenhimmel und ein Thermalbecken mit Massagedüsen. Für die kleinsten Gäste gibt es ein Planschbecken im Dschungelstil. Eine große Liegewiese und ein Beachvolleyballfeld runden das Angebot im Freibad ab. Das angeschlossene Gesundheitszentrum überzeugt durch ein vielfältiges Therapieangebot.

DIE SAUNALANDSCHAFT — Die im Herbst 2018 modernisierte Saunalandschaft lädt zum Verweilen und Entspannen ein. Lassen Sie sich im Saunarestaurant kulinarisch verwöhnen. Der 500 qm große, lichtdurchflutete Innenbereich verwöhnt mit gemütlicher Atmosphäre. Olivenbäumchen säumen die behaglich modern gestaltete Landschaft, mit einer attraktiven Kombination aus Stein und Holz. Der finnisch gestaltete Saunagarten ist mit Blick auf alten Baumbestand und einer Fläche von 1.000 qm sehr großzügig angelegt. Mitten in herrlicher Natur schlängelt sich ein natürlicher Bachlauf durch die Außensauna und den Saunagarten.

DER EMPFANG — Am Empfang können Bademäntel, Saunatücher und Badeschlappen geliehen werden.

DIE ÖFFNUNGSZEITEN — Montag bis Sonntag 10:00–22:00 Uhr | Dienstags ist Herrentag | Mittwochs ist Damentag.

DIE PREISE — 3-Stunden-Ticket 16,00 Euro | Tagesticket 18,50 Euro.

N-FLOW-Freizeitpark Netphen

»EINFACH MAL ENTSPANNEN IM N-FLOW FREIZEITPARK NETPHEN«

Brauersdorfer Straße 62, 57250 Netphen | 02738 1616 | www.n-flow.de

Für Saunagäste gibt es einen separaten Umkleidebereich.

UMKLEIDEN | DUSCHEN

Das Freizeitbad Netphen bietet mit sieben Saunakabinen eine erstaunliche Vielfalt an Schwitzmöglichkeiten an. Drei unterschiedlich gestaltete wie temperierte Saunen und ein Dampfbad erwarten den Saunagast im Innenbereich. Drei weitere Saunen erschließen sich im Saunagarten.

DIE SAUNEN

Die größte Sauna der Saunalandschaft kann bis zu 25 Personen über drei Ebenen beherbergen. Der seitliche Ofen befeuert die Kabine auf enorme 95 °C. Große Fenster gewähren den Ausblick auf den bewaldeten Außenbereich. Stündlich werden Aufgüsse mit variationsreichen Düften zelebriert.

DIE PANORAMA-SAUNA
95 °C

Milde 60 °C erlauben auch ein längeres Verweilen für 20 Gäste in der mit 60 % Luftfeuchtigkeit versehenen Kabine. Klangverwehungen werden als leise Hintergrundmusik eingespielt. Die wechselnde Beleuchtung dient als Lichttherapie.

DIE BIO-SAUNA
60 °C

Rustikales Ambiente, gepaart mit Dekorationen aus landwirtschaftlich, historischen Geräten, erwarten rund 25 Schwitzhungrige in der 85 °C heißen Sauna. Der große Ofen ist aus groben Steinen gemauert. Ein angenehmer Holzduft liegt ebenso in der Luft wie wechselnde, aromatisierte Düfte.

DIE LANDHAUS-SAUNA
85 °C

Die 70 °C warme, runde Fass-Sauna mit kleinem Vorraum, gibt sich äußerst kommunikativ. Da diese Kabine nur vier Personen aufnehmen kann, bietet sie sich an zum illustren Zusammensein mit Freunden oder dem Partner.

DIE FASS-SAUNA
70 °C

Der mittige, große Säulenofen erhitzt die achteckige finnische Saunahütte aus Rundstämmen auf 80 °C. Die große Raumhöhe ermöglicht ein besonderes Raumgefühl. Über dem Ofen hängt eine Kräuterschale, die der Sauna beständig ein erfrischendes Aroma zuführt.

DIE KOTA-SAUNA
80 °C

198 N-FLOW-Freizeitpark Netphen

NETPHEN

»EINFACH MAL ENTSPANNEN IM N-FLOW FREIZEITPARK NETPHEN«

Brauersdorfer Straße 62, 57250 Netphen | 02738 1616 | www.n-flow.de

DIE KELO-SAUNA
100 °C

Urigen Charme versprüht die 100 °C heiße Kelo-Sauna aus massiven, 300 Jahre alten Baumstämmen. Der besondere Geruch der Hölzer wirkt wohltuend. Der Aufbau ist eigens durch extra aus Finnland angereisten Handwerker erfolgt. Das Dach der Sauna mit überdachtem Vorbereich ist begrünt. 14 Gäste können sich vom behaglichen Klima der Kelo-Sauna überzeugen–trotz 100 °C. Bei Events wird die Kelo-Sauna als zusätzliche Aufguss-Sauna eingesetzt.

DAS DAMPFBAD
42 °C

Feiner Nebel liegt in dem 42 °C warmen Dampfbad, das Platz für acht Personen bietet. Die individuellen Schalensitze sind sitz körpergerecht geformt.

DAS ABKÜHLEN

Warm-Kalt-Brausen, eine Regenganzkörper-, eine Schwall- sowie eine Eckbrause sorgen, neben einem Kneipp-Schlauch, für eine erste Abkühlung im schön gefliesten Innenbereich. Danach frohlockt das kalte Tauchbecken oder der farblich beleuchtete Crushed-Ice-Brunnen. Vier Fußwärmebecken an einer Wärmebank, zentral im Innenbereich, sind eine Wohltat für Ihre Füße. Auch an den Außensaunen können Sie sich gut erfrischen. Hinter Gabionen liegen Warm-Kalt-Brausen sowie ein Kneipp-Schlauch.

DIE AUSSENANLAGE

Ein beheizter Weg aus Pflastersteinen führt von der großen Feuerstelle mit Sitzmöglichkeiten, vorbei an Liegedecks aus Holzpaneelen mit bequemen Liegestühlen, zu den Außensaunen. Ein romantischer Bachlauf mit frischem, klaren Wasser und schönen Steinformationen schlängelt sich durch den Saunagarten. Über einen Holzsteg ist die große, weitläufige Liegewiese mit Liegen erreichbar. Auch hier können Sie die idyllische Lage mit Vogelgezwitscher, am Rande des Rothaargebirges mit Hanglage und üppiger Bewaldung genießen.

N-FLOW-Freizeitpark Netphen
»EINFACH MAL ENTSPANNEN IM N-FLOW FREIZEITPARK NETPHEN«

Brauersdorfer Straße 62, 57250 Netphen | 02738 1616 | www.n-flow.de

RUHEMÖGLICHKEITEN

»Ruhen unter Sternen«–dank des leuchtenden Sternenhimmels, können Sie sich behaglich auf fünf Bastliegen mit Auflagen und Decken, unweit eines plätschernden Brunnens, niederlassen. Kommunikativer geht es auf schönen Ledergarnituren rund um ein Lagerfeuer an der Panorama-Sauna zu. Ein vom Innenbereich abgetrennter, lichtdurchfluteter Ruheraum bietet, neben schönen Holzliegen mit Auflagen und Decken, einen Ausblick ins Grüne. Im Untergeschoss steht Ihnen ein Schlafraum als weiterer Rückzugsort zur Verfügung.

MASSAGEN | SOLARIEN

Nach telefonischer Voranmeldung (02738 2887) können Sie sich in der angeschlossenen Massagepraxis mit Teil- und Ganzkörpermassagen, Fußreflexzonenmassagen sowie Unterwassermassagen verwöhnen lassen. Zudem wird noch Fußpflege, Fango und Lymphdrainage angeboten.

GASTRONOMIE

Das Saunarestaurant »Hitzefrei« bietet zahlreiche kulinarische Versuchungen und Kaffeespezialitäten an. Hier kann man, neben ausgesuchten, warmen Speisen, auch Salate und kleine Snacks genießen. Eine umfangreiche Getränkekarte rundet das Angebot ab auch Salate und kleine Snacks genießen.

ZAHLUNGSVERKEHR

Alle in Anspruch genommenen Leistungen werden sofort in bar beglichen. EC-Kartenzahlung ist möglich.

PARKMÖGLICHKEITEN

Unmittelbar an der Anlage stehen ausreichend kostenlose Parkplätze zur Verfügung. Auch Besitzer von Wohnmobilen sind herzlich willkommen. Direkt am Bad gibt es einen Wohnmobilstellplatz mit Entsorgungsstation.

maritimo »URLAUB VOM ALLTAG – MIT ALLEN SINNEN GENIESSEN«

maritimo WellnessResort, Am Stimbergpark 80, 45739 Oer-Erkenschwick
02368 698-0 | 02368 698-199 | www.maritimo.info

GEBOTEN WIRD:

| DAS RESÜMEE | Das »maritimo« ist am Rande des »Stimbergparks« gelegen und eingebunden in eine von altem Baumbestand geprägte Umgebung. »maritimo« lässt keine Wünsche offen und erwartet Sie mit einem unvergleichlichen Angebot rund um Wasser, Wärme und Wellness. |

Sie finden hier das Sport- und Freizeitbad und nicht zuletzt das größte Freibad weit und breit. Das Wellness-Angebot im »maritimo« bedeutet Urlaub für die Seele. Bestens ausgebildete Masseure und Kosmetikerinnen vermitteln auf gekonnte Weise körperliche und seelische Entspannung.

DIE GRÖSSE Mit 6.000 qm Innenbereich und 18.000 qm Außenbereich ist das »maritimo« die flächenmäßig größte Sauna im Ruhrgebiet. Im maritimen Stil gehalten erwarten Sie 11 Schwitzbäder auf insgesamt 4 Ebenen. Vom Wellnessbereich mit wechselnden Zeremonien und Aquasound-Becken in der untersten Ebene über Saunen und Ruheräume auf den nächsten beiden Ebenen. Genießen Sie hier einmal einen Silvester-Abend mit einem Glas Sekt in der Hand! Ein auf zwei Ebenen gestalteter Sauna-Garten ergänzt das umfangreiche Angebot.

DER EMPFANG Handtücher und Bademäntel können ausgeliehen werden. Eine kleine Boutique, in der man Pflegemittel, Badezubehör & Dekoartikel kaufen kann, ergänzt das Angebot.

DIE ÖFFNUNGSZEITEN
DIE PREISE Montag bis Donnerstag von 9:00–23:00 Uhr | Freitag und Samstag von 9:00–24:00 Uhr | Sonntag und feiertags von 9:00–21:00 Uhr.

maritimo »URLAUB VOM ALLTAG – MIT ALLEN SINNEN GENIESSEN«

maritimo WellnessResort, Am Stimbergpark 80, 45739 Oer-Erkenschwick
02368 698-0 | 02368 698-199 | www.maritimo.info

Saunaparadies und Wellnessressort (inklusive der Nutzung des Sport- und Freizeitbades bis 19:00 Uhr). Montag bis Freitag: Frühstarter (9:00-14:00 Uhr) 19,00 Euro | 4 Stunden 25,00 Euro | Tageskarte 32,00 Euro | Mondscheintarif (ab 19:00 Uhr) 21,00 Euro. Wochenende und Feiertage: 4 Stunden 28,00 Euro | Tageskarte 35,00 Euro. Die weiteren Tarife (u. a. für Sauna-Nächte und Veranstaltungen) können Sie auf der Internetseite nachlesen.

UMKLEIDEN | DUSCHEN

Der Gemeinschaftsumkleidebereich ist baulich in mehrere Nischen aufgeteilt. Zusätzlich gibt es verschließbare Einzelkabinen. Die Duschbereiche sind für Damen und Herren getrennt.

DIE SAUNEN

Von den insgesamt 11 Schwitzstuben befinden sich zwei Saunen und zwei Dampfbäder im Innenbereich mit Tauchbecken, »Serail«-Bad und »Hamam« im Wellnessbereich und fünf Saunen im Außenbereich. Der Aufguss-Plan gegenüber der Sauna-Theke gibt Auskunft zu Uhrzeit, Art und Ort des Aufgusses. Neben den Aroma-Aufgüssen gibt es »natur pur«-, Salz-, Honig-, »Wenik«- und Klangschalen-Aufgüsse.

DIE STRAND-SAUNA
85 °C

In dieser 85 °C warmen Sauna gibt es mehrere Bullaugen, die farblich leuchten, sowie eine Wandmalerei mit Inselmotiv, die eine Strand-Atmosphäre zaubert. Der mit Sauna-Steinen gefüllte Ofen steht neben dem Eingang. Hier finden regelmäßig Aufgüsse wie der Salz & Honig Aufguss statt. Aufgüsse entnehmen Sie bitte dem Aushang.

DAS KRÄUTERBAD
45 °C

Gegenüber den zuvor beschriebenen Saunen ist ein 45 °C warmes Dampfbad für etwa 15 Personen aufgestellt, in dem es nach Kräutern duftet und das im römisch-irischen Stil weiß-grün gekachelt ist.

DAS DAMPFBAD
48 °C

Direkt neben dem Kräuterbad finden Sie ein weiteres, im römisch-irischen Stil gekacheltes, klassisches Dampfbad in maritimem Blau gehalten, mit 48 °C und 100 % Luftfeuchtigkeit. Dieses Bad ist ebenfalls für etwa 15 Personen ausgelegt.

maritimo »URLAUB VOM ALLTAG – MIT ALLEN SINNEN GENIESSEN«

maritimo WellnessResort, Am Stimbergpark 80, 45739 Oer-Erkenschwick
02368 698-0 | 02368 698-199 | www.maritimo.info

DAS »HAMAM« Das Türkische Dampfbad befindet sich im Wellnessbereich und ist für bis zu zehn Personen konzipiert. Hier finden die verschiedenen Zeremonien statt, für die man sich anmelden muss.

DIE SIBIRISCHE »BANJA« 80 °C Hier wird regelmäßig nach Aushang der »Wenik«-Aufguss zelebriert. Die 80 °C warme Rundholz-Sauna bietet Platz für etwa 40 Personen und wird von einem großen, ummauerten Sauna-Ofen beheizt, in dem zwischen den Sauna-Steinen der Kesse eingebettet ist.

DAS »KELO®«-BLOCKHAUS Die große »Kelo«-Sauna im Außenbereich ist die Hauptsauna mit einer Kapazität von bis zu 80 Personen für die Aufgüsse. Es finden je nach Aushang verschiedene Aufguss-Varianten statt, zu denen eine große Fruchtplatte mit geschnittenen Früchten der Saison gereicht wird. Der Aufguss wird hier von zwei Sauna-Meistern auf den mittig stehenden beiden großen Öfen zelebriert. Durch die Fenster an den drei Seiten fällt Tageslicht und man hat einen Ausblick in den Sauna-Garten.

maritimo »URLAUB VOM ALLTAG – MIT ALLEN SINNEN GENIESSEN«

maritimo WellnessResort, Am Stimbergpark 80, 45739 Oer-Erkenschwick
02368 698-0 | 02368 698-199 | www.maritimo.info

OER-ERKENSCHWICK

Die 100 °C heiße Sauna im hinteren Bereich der Gartenanlage, am Rande des Teiches, ist auf einem Baumstumpf erbaut. Die Kapazität ist hier für 20 Personen dimensioniert und alles ist im klassischen Holz-Stil gebaut.

DIE BAUMHAUS-SAUNA
100 °C

Über eine kleine Holzbrücke erreicht man den Eingang dieser Sauna. In der Mitte des Teiches steht diese etwas größere, kreisrunde Anlage mit Kapazität für etwa 25 bis 30 Personen. Hier wird mehrmals am Tag nach Voranmeldung eine Klangschalen-Zeremonie durchgeführt. Sonst bietet die 60 °C warme Sauna mit großen Fenstern einen hohem Entspannungswert durch den grandiosen Blick auf den umliegenden Teichbereich.

DIE PANORAMA-SAUNA
60 °C

Im unteren Teilbereich des Gartens, direkt vor dem Sole-Außenschwimmbecken und integriert in das Gradierwerk, befindet sich der Eingang zum »Flöz Girondelle«. Mit ca. 75 °C bietet sie Platz für 20 Personen. Eine mit Kohlen befüllte Lore neben dem klassischen Sauna-Ofen und die Steine an den Wänden erinnern hier an den »Kohlenpott-Flair« des Ruhrgebietes.

DIE STOLLEN-SAUNA
75 °C

Im Außenbereich befindet sich zwischen der Panorama- und der »Kelo«-Sauna ein Duschhaus mit Toiletten. Weiter gibt es Außenduschen (kalt/warm), Kneippschläuche sowie einen Ziehbrunnen und ein Tauchfass.

DAS ABKÜHLEN

Im Innenbereich sind die Erlebnisduschen, Schwallduschen und eine Kübelbrause (Äquatortaufe). In der Mitte zwischen den zwei Dampfbädern und den beiden Saunen befindet sich ein Tauchbecken. Ein Weinfass dient im Außenbereich als Tauchbecken.

Ein Brunnen mit Crushed Ice steht im Innenbereich ebenfalls zur Verfügung.

CRUSHED ICE

maritimo »URLAUB VOM ALLTAG – MIT ALLEN SINNEN GENIESSEN«

maritimo WellnessResort, Am Stimbergpark 80, 45739 Oer-Erkenschwick
02368 698-0 | 02368 698-199 | www.maritimo.info

DAS KNEIPPEN — Im zentralen Innenbereich, direkt bei den Innen-Saunen, stehen Ihnen Fußbäder mit einer beheizten Sitzbank zur Verfügung.

DIE WARMBECKEN — Ein klassischer Whirlpool befindet sich im Untergeschoss. Sprudelliegen gibt es außerdem im Solebecken im unteren Gartenbereich sowie im Becken im oberen Gartenbereich.

DIE SOLEBECKEN — Das großzügige Außen-Solebecken mit Sprudelliegen zur Massage lädt zum Verweilen ein. Ein zweites, auf der Ebene darüber gelegenes Becken bietet ebenfalls Sprudelliegen. Hier genießt man den Überblick über die anderen Ebenen der Anlage. Vom oberen Becken führt ein kleiner Wasserfall in das darunter liegende Becken. Im Innenbereich heißt es im Aqua-Sound-Becken »Baden in Wasser, Musik und Licht«. Schweben Sie schwerelos im Wasser und genießen Sie die Unterwassermusik.

DIE AUSSENANLAGE — Der Sauna-Garten ist eine weitläufig gestaltete Außenanlage auf zwei Ebenen, teils terrassenförmig angelegt, mit zahlreichen Liege- und Ruhemöglichkeiten. In der Mitte ist ein mit Schilf und Pflanzen bewachsener Naturteich in die Natur des »Stimbergparks« eingebettet. Der neue »maritimo-Beachstrandbereich mit Terrasse« sowie rustikale Waldlodges ergänzen die abwechslungsreich gestaltete Anlage.

RUHEMÖGLICHKEITEN — Im Außenbereich stehen Liegen zum Ausruhen und Sonnen zur Verfügung. Im hinteren Gartenbereich gibt es ein Schwedisches Ruhehaus mit weiteren Liegen, einem Kamin und darum herum platzierten Schlafplätzen, die mit Decken, Kissen und Fellen gestaltet sind. Im Innenbereich lädt die »Oase« im Untergeschoss zum gemütlichen Ausruhen ein. Hier wurde eine Oase in der Wüste nachgebildet. Im Geschoss darüber befindet sich eine im afrikanischen Stil eingerichtete Leseecke sowie ein Raum mit beheizten Körperformliegen. Eine Ebene darüber sind ein

maritimo »URLAUB VOM ALLTAG – MIT ALLEN SINNEN GENIESSEN«

maritimo WellnessResort, Am Stimbergpark 80, 45739 Oer-Erkenschwick
02368 698-0 | 02368 698-199 | www.maritimo.info

OER-ERKENSCHWICK

Schlafraum mit Wasserbetten sowie ein weiterer Ruheraum mit Liegen im maritimen Stil eingerichtet. In der »Dufthalle« erwarten Sie zwei Strandkörbe.

Im Wellnessbereich steht Ihnen eine reichhaltige Auswahl an verschiedenen Massagen und Anwendungen zur Verfügung. Genaueres entnehmen Sie bitte den Internetseiten und den aktuellen Prospekten. Ein Solarium sowie ein Hydrojet der modernsten Generation stehen im oberen Bereich zur Verfügung.

MASSAGEN | WELLNESS

Die Küche zaubert hervorragende Spezialitäten, ergänzt durch eine aktuelle Tageskarte. Die Speisen sind zu einem guten Preis-Leistungs-Verhältnis zu bekommen und bieten dem Gast neben Wellness auch Gaumenfreuden. Im gesamten »maritimo«-Innenbereich sowie in einem Teil des Sauna-Gartens ist das Rauchen nicht gestattet.

GASTRONOMIE

RAUCHEN

Nach dem Eintritt wird in der Anlage alles auf den modernen Funk-Chip, der auch als Garderoben-Key dient, gebucht und am Ende Ihres Besuches an der Kasse bezahlt.

ZAHLUNGSVERKEHR

Direkt gegenüber dem Eingang gibt es ausreichend kostenlose Parkmöglichkeiten.

PARKMÖGLICHKEITEN

206 Phoenix SPA »ZENTRUM FÜR GESUNDHEIT & WELLNESS«

OLFEN
GUTSCHEINHEFT S. 15

Robert-Bosch-Str. 25, 59399 Olfen
02595 3863901 | www.phoenix-spa.de

GEBOTEN WIRD:

DAS RESÜMEE

Seit mittlerweile über sieben Jahren hat das Phoenix SPA seine Pforten in Olfen für gesundheitsbewusste wie entspannungsliebende Menschen geöffnet. Auf rund 1.200 qm wird dem Gast eine Menge geboten. Ein Highlight des Studios findet sich gleich im Erdgeschoss: Ein moderner, chipkartengesteuerter Trainingszirkel ist das Herzstück des Gesundheitszentrums. Altersneutral bietet er ein einzigartiges Trainingsgefühl wie im Wasser, das besonders gelenkschonend ist und sowohl Kraft als auch Ausdauer trainiert. Eine weitere große und moderne Trainingsfläche mit zahlreichen Kraftgeräten findet sich im 1. OG. Gezieltes Krafttraining mit Hanteln kann im angrenzenden Hantelbereich durchgeführt werden. Neben Rehasport, vielfältigen Fitnesskursen wie Indoor Cycling, Zumba, Langhantel, Step Aerobic, sowie modernen Trends wie Functional Training, wird auch von den Krankenkassen unterstützte Rehabilitationssport- und Präventionskurse, und zusätzlich Kinderballett im Kursraum praktiziert.

DER SAUNABEREICH

Die kleine, aber feine Saunalandschaft zeigt sich verspielt mit maritimen Flair. Liebevolle Dekorationen mit Muscheln, Leuchttürmen und Segelmotiven bereichern den weiß-blau gefliesten Saunabereich, der sich im Inneren über ca. 150 qm erstreckt und neben zwei Entspannungsräumen eine Farblichtsauna beinhaltet. Es schließt sich ein 100 qm großer Saunagarten mit Außensauna und einem, auf einer Empore liegenden, Pool mit Gegenstromanlage an. Ein weiterer Entspannungsraum findet sich in den vom Außenbereich angrenzenden Praxisräumlichkeiten (Physiotherapie), in der im Anschluss an einen Saunagang auch gerne eine Wellness- oder Entschlackungsmassage in Anspruch genommen werden kann. Zwei Whirlpool-Badewannen laden überdies zu weiterer Entspannung alleine, oder zu zweit, ein. Gerne werden Obst oder Knabbereien zur Erfrischung zwischendurch in der Saunalandschaft angeboten.

Phoenix SPA »ZENTRUM FÜR GESUNDHEIT & WELLNESS«

Robert-Bosch-Str. 25, 59399 Olfen
02595 3863901 | www.phoenix-spa.de

OLFEN

DER EMPFANG

Am Empfang werden Bademäntel und Handtücher ausgeliehen.

DIE ÖFFNUNGSZEITEN

Montags 8:00-12:30 Uhr, 15:00-22:00 Uhr | Freitags 8:00-12:30 Uhr, 15:00-21:00 Uhr | Dienstags und donnerstags 9:00-12:30 Uhr, 15:00-22:00 Uhr | Mittwochs 8:00-22:00 Uhr | Samstags 10:00-14:30 Uhr | Sonntags 10:00-14:00 Uhr | Mittwochs ist Damensauna.

DIE PREISE

Sauna Tageskarte: 10,00 Euro, Sauna 10er Karte: 75,00 Euro | Wellnesstag (Sauna Tageskarte + Wellnessbad + Getränk): 38,00 Euro | Kurse 10er Karte: 99,00 Euro | Gesamtstudio Tageskarte: 15,00 Euro, Gesamtstudio 10er Karte: 129,00 Euro. | Wellnessmassagen laut Phoenix SPA Preisliste.

Bei Zehnerkarten fällt eine Kartengebühr i.H.v. 5,00 Euro einmalig an, die für weitere Besuche genutzt werden kann. Ermäßigungen für Schüler, Auszubildende und Studenten. Abweichende Mitgliederpreise.

UMKLEIDEN | DUSCHEN

Männer und Frauen kleiden sich in separaten Sammelkabinen im Erdgeschoss um. Auf der zweiten Etage sind weitere separate Umkleiden jeweils mit Duschen und Schließfächern.

DIE SAUNEN
DIE LICHT-SAUNA, 60 °C

Farbiges Deckenlicht umspielt drei Personen in der mit 60 °C mild temperierten, schön holzverkleideten Saunakabine. Ein idealer Starter in einen erholsamen Saunatag.

DIE AUSSEN-SAUNA 80-90 °C

Der seitliche Ofen befeuert die Saunakabine auf 80-90 °C. Da kommen rund 10 Saunagäste ganz ordentlich ins Schwitzen. Das Saunahäuschen ist seitlich an die Erde angebaut. Das unterstützt ein schönes wie natürliches Raumklima. Alle 1,5 Stunden oder auch auf Anfrage, werden Aufgüsse mit verschiedenen Düften angeboten.

208 Phoenix SPA »ZENTRUM FÜR GESUNDHEIT & WELLNESS«
OLFEN
Robert-Bosch-Str. 25, 59399 Olfen
02595 3863901 | www.phoenix-spa.de

DAS ABKÜHLEN — Nach dem heißen Saunabad erwarten Sie schon eine Schwalldusche sowie Warm-Kalt-Brausen im Innenbereich. Im Außenbereich, hinter der Außensauna, stehen überdacht ein kleines Tauchbecken aus Holz, eine Kübeldusche sowie eine Regendruckdusche zur Verfügung.

WHIRLPOOL — Zwei moderne Whirlpoolwannen, in stimmungsvoller Atmosphäre, können gegen Aufpreis von Einzelpersonen oder auch Pärchen dazugebucht werden. Unter dem blauen Wolkenhimmel genießen Sie Kerzenschein, kühle Getränke und verschiedene wohlriechende Düfte.

DAS SCHWIMMBAD — Der lichtdurchflutete, ca. 20 qm große Pool, ist abends toll beleuchtet, beheizt und mit Gegenstromanlage versehen. Das Glasdach über dem Pool lässt sich bei wärmerem Wetter öffnen. Aus einem Schwanenhals sprudelt auf Anforderung erfrischendes Wasser.

DIE AUSSENANLAGE — Ein kleiner Rundweg aus Stein wird von Grünpflanzen, attraktiven Holz- und Steinelementen sowie Liegen mit Auflagen gesäumt. Sie können es sich auch auf der überdachten Holzschaukel bequem machen.

RUHEMÖGLICHKEITEN — Im ruhigen wie behaglichen Ruheraum mit drei Bastliegen mit Decken und kleinen Tischen, ist es angenehm hell. Gegenüber des Abkühlbereiches liegt zentral ein offener Ruhebereich. Sechs höhenverstellbare Holzliegen sind mit Auflagen, Decken und Kissen ausgestattet. Ein weiterer separater Ruheraum mit vier Liegen und modernem Stil steht ebenfalls zur Verfügung. Im Sommer laden Liegen im Außenbereich zu Entspannung und Sonnenbaden unter freiem Himmel ein.

Phoenix SPA »ZENTRUM FÜR GESUNDHEIT & WELLNESS«

Robert-Bosch-Str. 25, 59399 Olfen
02595 3863901 | www.phoenix-spa.de

Im Solarium in der ersten Etage kann man das ganze Jahr über unter der positiven Wirkung der Sonne vom Alltag entspannen. Für alle Hauttypen geeignet. **SOLARIEN**

Das einladende wie stilvolle Bistro, am Empfangsbereich des Studios, ist liebevoll dekoriert. Auf Ledersitzen oder Barhockern an der Holztheke, können Snacks sowie Getränke bei Sportübertragungen auf der Beamerleinwand verzehrt werden. Kaffee und Kuchen laden auch vormittags schon zum Verweilen ein. **GASTRONOMIE**

Alle in Anspruch genommenen Leistungen werden sofort in bar beglichen. **ZAHLUNGSVERKEHR**

Unmittelbar an der Anlage stehen kostenlose Parkmöglichkeiten zur Verfügung. **PARKMÖGLICHKEITEN**

210 Freizeitbad Olpe »WASSER-WELLNESS-WOHLFÜHLEN«

OLPE
GUTSCHEINHEFT S. 15

Seeweg 5, 57462 Olpe
02761 9385-0 | www.freizeitbad-olpe.de

GEBOTEN WIRD:

DAS RESÜMEE

Das Freizeitbad Olpe liegt in malerischer, waldreicher Umgebung in direkter Nähe zum Biggesee. Erlebnisbecken mit Massageliegen und Nackenduschen sowie ein Dampfbad unter Sternenhimmel laden zum Entspannen ein. Im Solebecken bringt ein Hexenkessel das Wasser zum Brodeln. Das Hyper-Terminal-Becken befindet sich im Inneren des Kneipp-Gangs. Action verheißt die 94,5 m lange Röhrenrutsche; Ihre Bahnen können Sie im Sportbecken ziehen. Im Wintergarten mit Ausblick auf den Biggesee lässt es sich mit hochgelegten Beinen angenehm verweilen. Im Eltern-Kind-Bereich kommen die Kleinsten auf ihre Kosten.

Das Freibad lockt mit einem rund 33 m langen Schwimmbecken, einer feinsandigen Strandzone und einem Beachvolleyballplatz. Im Kleinkindbecken und auf dem Matschplatz fühlen sich die jüngsten Gäste wohl.

Ein umfangreiches Kursprogramm wartet mit Babyschwimmen, Bambinischwimmen, Schwimmkursen für Kinder und Erwachsene sowie unterschiedlichsten Aqua-Kursen auf.

DIE SAUNALANDSCHAFT

Die behagliche, 600 qm Saunalandschaft in mediterranen Farben ist hell und freundlich gestaltet und mit schönen Holzelementen versehen. Eine Wendeltreppe führt zur Gastronomie und zum Massageraum in der 1. Etage. Der abwechslungsreiche Saunagarten erstreckt sich über 800 qm.

DER EMPFANG

Am Empfang werden Bademäntel, Handtücher und Badeschlappen verliehen. Badeschlappen und Badeutensilien können auch käuflich erworben werden.

Freizeitbad Olpe »WASSER-WELLNESS-WOHLFÜHLEN«

Seeweg 5, 57462 Olpe
02761 9385-0 | www.freizeitbad-olpe.de

OLPE

DIE ÖFFNUNGSZEITEN

Montag bis Donnerstag 11:00–22:00 Uhr | Freitag 11:00–23:00 Uhr | Samstag 10:00–22:00 Uhr | Sonn- und Feiertag 10:00–20:00 Uhr | Dienstags ist Damentag.
In den Sommermonaten wird die Anlage für ein bis zwei Wochen geschlossen. Bitte informieren Sie sich im Internet oder an der Rezeption.

DIE PREISE

Tageskarte Erwachsene Montag bis Freitag 21,30 Euro | Tageskarte Erwachsene Samstag bis Sonntag, Feiertage 22,30 Euro | Tageskarte Kinder und Jugendliche 13,70 Euro | 4-Stundenkarte Erwachsene Montag bis Freitag 18,10 Euro | 4-Stundenkarte Erwachsene Samstag bis Sonntag, Feiertage 19,10 Euro | 4-Stundenkarte Kinder und Jugendliche 11,20 Euro | Duo-Tarif (2 Personen 1 Schrank) Tageskarte Freitag, Samstag, Sonntag und Feiertage 40,00 Euro.

UMKLEIDEN | DUSCHEN

Frauen und Männer kleiden sich gemeinsam im großzügigen Umkleidebereich um. Geduscht wird separat.

DIE SAUNEN

Zwei Saunakabinen und ein Dampfbad liegen zentral im Innenbereich der Saunalandschaft. Die Event-Sauna, die als Aufguss-Sauna dient, sowie die Panorama-Sauna befinden sich in einem über zwei Etagen gebauten Blockhaus aus Blockbohle im Saunagarten. Das riesige Haus fügt sich schön in die übrige Landschaft ein und ist sicherlich ein Highlight der attraktiven Anlage. Zwei weitere Außen-Saunen sind jeweils in einem Blockhaus aus Blockbohle untergebracht. Aufgüsse werden stündlich mit Reichung von Obst, Getränken oder Überraschungen zelebriert. Dazu werden frische Düfte wie Obstdüfte verwendet. Entspannende Meditationsaufgüsse mit Musik stehen ebenso auf dem Programm wie Birkenreiser-Aufgüsse an Wochenenden in der Wintersaison.

Freizeitbad Olpe »WASSER-WELLNESS-WOHLFÜHLEN«

212
OLPE

Seeweg 5, 57462 Olpe
02761 9385-0 | www.freizeitbad-olpe.de

DIE RUUSU-SAUNA 80 °C	Ruusu ist finnisch und bedeutet Rose. Wohlriechender Rosenduft liegt in der Luft, der mit 80 °C temperierten Saunakabine. Das Licht der dezenten Beleuchtung fällt auf attraktive Rosenschnitzereien sowie auf den mit Naturstein ummantelten Ofen mit Rosenquarzen. Die Kabine ist für gut 12 Personen konzipiert.
DAS VALO-BAD 60 °C	Milde 60 °C ermöglichen einen guten Start in einen erholsamen Saunatag. Aus der Granitkugel des mit Granitstein ummantelten Saunaofens sprudelt beständig aromatisiertes Wasser. Rund 12 Personen liegen in der holzverkleideten Saunakabine unter einem farbchangierenden Sternenhimmel. Meditative Musik untermalt den angenehmen Aufenthalt.
DIE EVENT-SAUNA 90 °C	Der mit ausgesuchten Natursteinen gemauerte, riesige Ofen erwärmt die holzverkleidete Saunakabine auf ca. 90 °C. Bis zu 50 Personen kann die große Saunakabine mit Vorraum beherbergen.
DIE PANORAMA-SAUNA 80 °C	Panorama-Sauna: An die 50 Personen haben einen wunderschönen Ausblick auf den Saunagarten, die Badelandschaft, den anliegenden Biggesee sowie waldreiche Umgebung. Dank des riesigen Ofens mit Saunasteinen ist die holzvertäfelte Kabine mit 80 °C beheizt.
DIE MAA-SAUNA 110 °C	Trotz der immensen Temperatur von um die 110 °C lässt es sich sehr angenehm in der rustikalen, urigen Erdsauna mit begrüntem Dach verweilen. Die Sauna ist tief in die Erde eingelassen und somit ist für ein erdiges, naturverbundenes Klima gesorgt. Etwa 20 Personen können sich zudem an dem Knistern von Holz im Kamin erfreuen.

Freizeitbad Olpe »WASSER-WELLNESS-WOHLFÜHLEN«

213
OLPE

Seeweg 5, 57462 Olpe
02761 9385-0 | www.freizeitbad-olpe.de

Dezente Entspannungsmusik untermalt den Aufenthalt für rund 25 Personen bei 85-95 °C. Die Blockhaus-Sauna aus Blockbohle mit Vorraum gibt sich im Inneren rustikal. Ein Ofen mit Saunasteinen wird bei Events als zusätzlicher Aufguss-Ofen genutzt. Ein Fenster gewährt den Ausblick in den Saunagarten.

DIE BLOCKHAUS-SAUNA
85-95 °C

Feiner Nebel vermischt sich mystisch mit dem Licht des farbchangierenden Sternenhimmels. Seitlich verteilen sich sechs Personen in dem attraktiv gefliesten, 45 °C warmen, aromatisierten Dampfbad. Vor der Kabine steht Salz in kleinen Schälchen zum Peeling bereit.

DAS DAMPFBAD
45 °C

Zwei Schwallbrausen, eine Regendruck- sowie die Warm-Kalt-Brausen sorgen neben einer Kübeldusche und einem Tauchbecken für eine ordentliche Abkühlung. Der Crushed-Ice-Brunnen liefert ständig kaltes, erfrischendes Eis. Insgesamt acht Fußwärmebecken an beheizter Sitzbank sorgen sich um das Wohl der Füße. An der Blockhaus-Sauna sowie am doppelstöckigen Blockhaus sind ein weiteres Tauchbecken, Kneipp-Schläuche, Schwallbrausen, eine Kübeldusche und Warm-Kalt-Brausen in einer schönen Landschaft aus Stein untergebracht. Garantierte Abkühlung bietet auch der neu angelegte Kneippgang im Herzen der Saunalandschaft.

DAS ABKÜHLEN

CRUSHED ICE

Pool-Nudeln erleichtern das Entspannen in dem beheizten, 29 °C warmen Becken. Gemütliche Liegestühle säumen das rund 25 qm große Außenbecken.

DAS WARMWASSERBECKEN

Außenanlage: Eine mediterrane Lounge sowie mehrere Liegewiesen mit bequemen Liegestühlen liegen an einem Rundweg aus Stein neben angelegten Beeten,

DIE AUSSENANLAGE

214 Freizeitbad Olpe »WASSER-WELLNESS-WOHLFÜHLEN«

OLPE
Seeweg 5, 57462 Olpe
02761 9385-0 | www.freizeitbad-olpe.de

Hecken sowie Buschbepflanzung. Der Blick schweift über hochgewachsene Bäume. Ein großer Springbrunnen in steiniger Landschaft plätschert im Hintergrund leise vor sich hin.

RUHEMÖGLICHKEITEN Der helle, nett dekorierte Ruheraum im Inneren ist mit über zehn Liegestühlen mit Decken und drei bequemen Liegen mit Auflagen neben einer elektrischen Massageliege mit Shiatsu-Anwendungen bestückt. Das Ruhehaus aus Blockbohle im Saunagarten mit herrlichem Ausblick dient der stillen Erholung. Die Holzvertäfelung ist nicht nur ansprechend, sondern sorgt auch für ein behagliches Raumklima. Decken liegen seitlich bereit. Erholung verheißen ergonomisch geformte Liegen, sehr bequeme große Holzliegen mit Auflagen und rückengerecht-geformte Liegen mit Auflagen nebst Fuß- und Nackenrolle.

Freizeitbad Olpe »WASSER-WELLNESS-WOHLFÜHLEN«

Seeweg 5, 57462 Olpe
02761 9385-0 | www.freizeitbad-olpe.de

MASSAGEN
Nehmen Sie sich Zeit für sich. Teil- und Ganzkörpermassagen, Fussreflexzonenmassagen sowie Aromaöl- und Hot-Stone-Massagen mit Basaltsteinen verwöhnen wohltuend Körper und Geist.

EVENTS
Monatlich locken Veranstaltungen mit FKK-Schwimmen im Hallenbad, besonderen Aufgüssen und verlängerten Öffnungszeiten bis 24:00 Uhr die Gäste in die Sauna. Besonders beliebt sind die langen Saunanächte bis 1:00 Uhr in den Monaten September–April.

GASTRONOMIE
Auf der umfangreichen Speisekarte stehen Salatvariationen, Nudeln wie Pizza, Suppen, Flammkuchen, diverse Baguettes sowie Fleischgerichte. Oder genießen Sie zwischendurch einen Cocktail auf einem der Liegestühle. Mit Ausblick in den Saunagarten sitzen Sie bequem in der großzügigen Gastronomie mit Kaminecke und schönem Barbereich mit Barhockern.

ZAHLUNGSVERKEHR
Alle in Anspruch genommenen Leistungen werden auf die persönliche Schlüsselnummer gebucht und im Anschluss an den Aufenthalt beglichen.

PARKMÖGLICHKEITEN
Unmittelbar an der Anlage stehen auf einem öffentlichen, beschrankten Parkplatz -der für die Gäste des Freizeitbades und der Saunalandschaft kostenlos ist-ausreichend Parkplätze zur Verfugung.

216 AquaOlsberg »Die Sauerlandtherme zum Wohlfühlen«

OLSBERG
GUTSCHEINHEFT S. 17

Zur Sauerlandtherme 1, 59939 Olsberg
02962 845 050 | www.aqua-olsberg.de

GEBOTEN WIRD:

DAS RESÜMEE Das »AquaOlsberg« ist ein modernes Sport- und Gesundheitsbad, im romantischen Städtchen Olsberg im nördlichen Sauerland. Es gliedert sich in die Bereiche Sport-Freizeitbad, Sole- und Kneippbad, Freibad und Saunaland. Dabei hat man besonderen Wert darauf gelegt, regionale Bezüge herzustellen und eine stimmige Atmosphäre im Geiste der Kneipp'schen Lehre zu schaffen. Auf jeden Fall ist es empfehlenswert, außer der Sauna-Landschaft auch den Gesundheitsbereich mit Dampfbad und die warmen Solebecken zu benutzen. Fast alle Bereiche sind auch für Gehbehinderte mittels Aufzug problemlos erreichbar, lediglich zum Sauna-Garten hin und hinab zur Sauna-Grotte gibt es ein paar Treppenstufen zu überwinden. Auch ein großzügiger Umkleidebereich mit sanitären Anlagen nur für Behinderte ist vorhanden.

DIE GRÖSSE Die Sauna-Landschaft ist etwa 2.600 qm groß, wovon rund 1.200 qm auf den Innenbereich entfallen.

DER EMPFANG Im hellen Foyer erhalten Sie ein Transponder-Armband, das zum Passieren der Drehkreuze und bargeldlosem Zahlen berechtigt.

DIE ÖFFNUNGSZEITEN Montag bis Freitag von 10:00–23:00 Uhr | Samstag von 9:00–23:00 Uhr | Sonntag und feiertags von 9:00–22:00 Uhr. Jeden 1. Montag im Monat ist ganztägig Damen-Sauna, außer an Feiertagen und in der Ferienzeit in NRW.

DIE PREISE Sauna: 4-Stunden 16,50 Euro | Tageskarte 19,00 Euro Der »Guten Morgen Sauna-Tarif« kostet nur 14,50 Euro und ist buchbar bis 13:00 Uhr für maximal 4 Stunden.

AquaOlsberg »DIE SAUERLANDTHERME ZUM WOHLFÜHLEN«

Zur Sauerlandtherme 1, 59939 Olsberg
02962 845 050 | www.aqua-olsberg.de

Die längste Verweildauer ist 15:00 Uhr, danach Aufbuchung in den nächst höheren Tarif. Die Nutzung von Freizeitbad, Sole-/Kneippbad und gegebenenfalls dem Freibad ist stets inklusive.

UMKLEIDEN | DUSCHEN

Die Saunagäste ziehen sich in einem großen, gemischt geschlechtlichen Raum im Untergeschoss um. Neben der beschriebenen Großraumumkleide sind zusätzlich noch zwei Einzelumkleiden vorhanden. Die Reinigungs-Duschen sind nach Damen und Herren getrennt.

DIE SAUNEN

Sauna pur erstreckt sich über drei Ebenen, wobei der Innenbereich jeweils halbgeschossig über und unter dem Sauna-Garten angelegt ist. Es stehen vier individuell gestaltete Schwitzräume zur Verfügung–jeweils zwei drinnen und draußen.

DIE FINNISCHE SAUNA
90 °C

In der »Waldschwitze« wird den Saunagästen bei 90 °C und 25 % Luftfeuchte so richtig eingeheizt, bis zu 26 Personen schwitzen gemeinsam. Oberhalb des mit Natursteinen ummauerten Ofens verströmen aus einem Kupferkessel Kräuterdüfte.

DAS SAUNARIUM®
55 °C

»Waldlichtung« heißt eine sehr stimmungsvoll eingerichtete Soft-Sauna im Untergeschoss. Man hat hier ein kleines Wäldchen mit Echtholz-Stämmen eingebaut, wobei blaue Strahler und farblich changierende Deckenleuchten für wechselnde Stimmungen sorgen. Bei 55 °C und 40 % Luftfeuchtigkeit kommt man auf den drei Sitzreihen mit rund 30 Plätzen schnell ins Schwitzen.

DIE PANORAMA-SAUNA
95 °C

Die größte Sauna im »AquaOlsberg« ist die aus Blockbohlen gezimmerte »Panorama-Sauna«, die gleich links neben dem Ausgang zum Sauna-Garten gelegen ist. Hier werden bei 95 °C die Aufgüsse für bis zu 50 Saunafans zelebriert. Durch ein großes Eckfenster haben Sie einen schönen Blick in den Sauna-Garten.

AquaOlsberg »Die Sauerlandtherme zum Wohlfühlen«

Zur Sauerlandtherme 1, 59939 Olsberg
02962 845 050 | www.aqua-olsberg.de

DIE SAUNA-GROTTE 65 °C

Eine Treppe führt Sie hinab zur »Sauna-Grotte«, die sich unterhalb der Terrasse befindet. Die Atmosphäre ist hier ähnlich wie in den Tropfsteinhöhlen, die typisch für das Sauerland sind–allerdings ist es hier bedeutend wärmer. Bei 65 °C und 40 % Luftfeuchtigkeit entspannen bis zu 35 Gäste gemeinsam auf drei Ebenen und stilvoller Beleuchtung.

DAS ABKÜHLEN

Das grün beleuchtete Naturtauchbecken ist ebenso beliebt wie die Duschecke zwischen den beiden unteren Saunen mit Kübeldusche, Kneippschläuchen und Farbwechsel-Stacheldusche. Weitere Duschgelegenheiten und eine zweite Eimerdusche gibt es bei der Panorama-Außensauna.

DIE WARMBÄDER

Wenn Sie gerne im warmen, gesunden Wasser entspannen möchten, ist der Solebereich genau das Richtige für Sie. Zusätzliche Fußbecken mit Wärme-Sitzbank sind bei der »Waldschwitze«.

SOLEBAD & KNEIPPEN

Der tagsüber textil zu nutzende Bereich »Solebad & Kneippen« ist im Eintrittspreis enthalten. In der »Kneipp-Box« sitzen Sie auf gekachelten Wärmebänken und genießen die wohltuende Wechselwirkung von warmem und kaltem Wasser in vier Fußwechselbecken und vier Armbecken.

DAS DAMPFBAD

Ergänzend dazu gibt es ein Dampfbad für bis zu 60 Personen. Hier können Sie auch an den regelmäßig angebotenen Dampfbadaufgüssen teilnehmen–probieren Sie dieses Angebot einmal aus! Bei der Duschecke gibt es einen Wasser-Licht-Vorhang. Schließlich lädt ein warmes Bassin mit heilsamer Sole zum Entspannen auf Sprudelliegen, zur Unterwasser-Massage und zum Ausschwimmen in den Thermengarten ein–das Ganze untermalt mit entspannender Unterwassermusik. Außer Dienstag und Donnerstag können Sie täglich ab 21:00 Uhr das komplette Solebad

AquaOlsberg »Die Sauerlandtherme zum Wohlfühlen«

Zur Sauerlandtherme 1, 59939 Olsberg
02962 845 050 | www.aqua-olsberg.de

textilfrei nutzen. Neu sind die beiden Massagestühle, welche die Attraktivität des Gesundheitsbades noch weiter steigern.

DIE AUSSENANLAGE

Der große Sauna-Garten mit imposantem Baumbestand verfügt über großzügige Liegewiesen, ein Natur-Holzdeck sowie einen gepflegt angelegten Naturteich, Bachlauf und Wasserfall. Auch die Außen-Saunen und das Ruhehaus sind sehr schön in den Sauna-Garten eingebunden. Der Grillplatz ist im Sommer ein gern genutzter Treffpunkt.

RUHEMÖGLICHKEITEN

Sowohl im oberen als auch im unteren Bereich sind Ruhezonen mit bequemen Liegen und Sesseln. Zum sanften Schlummern empfiehlt sich vor allem das Panorama-Ruhehaus mit zwei Dutzend Polsterliegen auf zwei Ebenen und einem Kamin-Ofen.

MASSAGEN

Massagen werden im Untergeschoss in einem gemütlich eingerichteten Raum angeboten.

EVENTS

Jeden ersten Samstag im Monat ist »Lange Sauna-Nacht« bis 1:30 Uhr.

GASTRONOMIE

Insgesamt vier gastronomische Angebote bietet das »AquaOlsberg«. Sehr gemütlich ist vor allem das Sauna-Bistro, wo Sie gepflegt à-la-carte speisen und auch gerne einen Drink am flackernden Kaminfeuer genießen können. Weitere Bistros sind im Solebad, beim Kinderbecken sowie im Eingangsbereich platziert.

ZAHLUNGSVERKEHR

Der Eintritt wird bei der Ankunft bezahlt. Danach ist Bargeld im »AquaOlsberg« nicht mehr nötig, da alle Beträge auf den Chip aufgebucht und erst beim Verlassen der Anlage beglichen werden.

PARKMÖGLICHKEITEN

Sie parken kostenlos direkt vor dem Bad.

life-ness »EINKEHREN & WOHLFÜHLEN«

📍 life-ness Sport- & Freizeitcenter, Carl-Diem-Str. 33 **(Anfahrt über Kottenstr.)**, 42477 Radevormwald
📞 02195 91620 | 🌐 www.life-ness.de

GEBOTEN WIRD:

| DAS RESÜMEE | Das life-ness Sport- und Freizeitcenter in Radevormwald bietet mit Fitness, Schwimmen, Sauna und Wellness das gesamte Spektrum für aktiven Sport und purer Entspannung an. Fit halten können Sie sich an modernen Kraft- und Ausdauergeräten oder in vielfältigen Fitnesskursen wie Indoor-Cycling, Wassergymnastik, BodyPump oder speziellem Krafttraining. |

Die Nutzung des Fitnessbereichs ist nur mit einer Mitgliedschaft oder der Buchung entsprechender Kursprogramme möglich. Für Tagesausflügler besteht die Möglichkeit eine „Tageskarte Club" zu buchen. Diese beinhaltet neben der Sauna- und Schwimmbadnutzung auch das Training im Cardiobereich und die Teilnahme an Fitnesskursen.

Ihre Bahnen können Sie im 25 m-Schwimmbecken auf 6 Bahnen ziehen. Das anliegende geschwungene Mehrzweckbecken wird zum Erlernen des Schwimmens und auch für Aqua-Fitness-Kurse genutzt.

DER SAUNABEREICH Der zentrale Innenbereich, der komplett neu gestalteten Saunalandschaft mit gemütlichen Sitzgelegenheiten, erstreckt sich über 200 qm. Stilvoll wie modern präsentiert sich die hell und freundlich gestaltete Saunalandschaft. Geschwungene Elemente der Innenarchitektur lockern die Atmosphäre weiter auf. Der anschließende Saunagarten mit großzügigem Terrassenbereich hat eine Fläche von ca. 1.700 qm.

DER EMPFANG Am Empfang können Handtücher und Bademäntel ausgeliehen werden. Im Foyer stehen Wertschließfächer zur Verfügung.

life-ness »Einkehren & Wohlfühlen«

📍 life-ness Sport- & Freizeitcenter, Carl-Diem-Str. 33 **(Anfahrt über Kottenstr.)**, 42477 Radevormwald
☎ 02195 91620 | 🌐 www.life-ness.de

RADEVORMWALD
GUTSCHEINHEFT S. 17

SAUNA	Aktion	Saunazeiten
Montag		Ruhetag
Dienstag		14:00-22:00 Uhr
Mittwoch		09:30-22:00 Uhr
Donnerstag	Damensauna bis 15:30	09:30-22:00 Uhr
Freitag	Lange Sauna Abende*	09:30-23:00 Uhr
Samstag	Lange Sauna Abende*	12:00-22:00 Uhr
Sonn- & Feiertag		09:30-20:00 Uhr

DIE ÖFFNUNGSZEITEN

*Jeden 1. Freitag im Monat sowie jeden 3. Samstag im Monat finden lange Sauna Abende statt. Mehr Informationen unter »Lange Sauna Abende«. Zuschlag pro Person: 4.50 (zzgl. zum regulären Eintrittspreis)

2-Stunden-Karte 13 Euro | Tageskarte 17 Euro | Feierabend-Karte (Dienstag- Donnerstag ab 19 Uhr) 15 Euro | 11er-Karte Tageskarte 180 Euro | Jeden ersten Freitag und dritten Samstag im Monat Sauna bis Mitternacht, Aufpreis 4,50 Euro | Wochenend- & Feiertagzuschlag 1 Euro (Alle Preise inkl. Schwimmbadnutzung)

DIE PREISE

Damen und Herren haben Umkleidemöglichkeiten und Duschen in separaten Einzel- und Sammelkabinen mit elektronisch verschließbaren Spinden. Im Saunabereich wird gemischt geschlechtlich geduscht.

UMKLEIDEN | DUSCHEN

Das life-ness wartet mit vier unterschiedlich temperierten Saunakabinen auf. Das Warmluftbad mit Helarium, die Finnische Sauna und das Dampfbad sind im Innenbereich der Anlage untergebracht, die Blocksauna im Saunagarten. Ein Aufgussplan informiert über alle Aufgüsse. Dieser steht auch im Internet zum Download auf der Homepage zur Verfügung.

DIE SAUNEN

life-ness »EINKEHREN & WOHLFÜHLEN«

♦ life-ness Sport- & Freizeitcenter, Carl-Diem-Str. 33 **(Anfahrt über Kottenstr.)**, 42477 Radevormwald
☎ 02195 91620 | 🌐 www.life-ness.de

DAS HELARIUM
60 °C

Milde 60 °C erwarten bis zu 10 Personen in der attraktiv holzverkleideten Kabine. So lässt sich ein erholsamer Saunatag angenehm starten. Die aromatisierte Luft hat eine Luftfeuchtigkeit von ca. 15 %. Das integrierte Sound-Light-System sorgt mit wechselnden Farblichteffekten kombiniert mit Entspannungsklängen für ein besonderes Wohlgefühl.

DIE FINNISCHE SAUNA
90 °C

Temperaturen um die 90 °C lassen den Saunagast ordentlich ins Schwitzen kommen. Über drei Ebenen können sich an die 12 Gäste sitzend verteilen. Stündlich werden Mentholkristalle in den dezent beleuchteten Saunaofen gelegt, dessen Duft wohltuend in der Kabine liegt und erfrischend und vitalisierend auf die Saunagäste wirkt und ein Wohlgenuss für die Atemwege ist.

DIE BLOCKHAUS-SAUNA
90 °C

Zwei seitlich mit Saunasteinen beladene Öfen beheizen die massive Blockhaussauna mit ca. 90 °C. Gut 40 Schwitzhungrige kommen hier voll auf ihre Kosten. Hier werden stündlich Aufgüsse mit wechselnden Düfte zelebriert. Dazu werden ab und zu Getränke, Obst oder andere kleine Aufmerksamkeiten gereicht.

DAS DAMPFBAD FÜR ALLE SAUNEN
48 °C

Dicht, aromatisierte Nebelschwaden umhüllen den Liebhaber des neu gestalteten Dampfbades (2017). Bei Temperaturen um die 48 °C und ruhiger Musik vergessen Sie die Welt um sich herum. Das Dampfbad ist mit Mosaiksteinchen gefliest und mit einem LED-Farbhimmel ausgestattet. Einen besonders hohen Sitzkomfort bieten die ergonomischen und beheizten Sitzbänke.

life-ness »Einkehren & Wohlfühlen«

📍 life-ness Sport- & Freizeitcenter, Carl-Diem-Str. 33 **(Anfahrt über Kottenstr.)**, 42477 Radevormwald
☎ 02195 91620 | 🌐 www.life-ness.de

DAS ABKÜHLEN

Nach dem heißen Saunabad kann sich der Saunagast im Innenbereich an warm-kalt Regenduschen und einem Kneipp-Schlauch abkühlen. Wer es mag, der findet im zentralen Tauchbecken mit schönen bläulichen Verzierungen seinen ultimativen Frischekick. Auf der anderen Seite der geschwungenen Wand liegen vier Fußwärmbecken mit lauschigem Blick in den Saunagarten. Auch im Saunagarten lockt das kühlende Nass mit Kneipp-Schläuchen, Regendruck- und Schwalldusche und einem Kübeleimer im 15 qm großen Kaltwasserbereich.

DER AUSSENBEREICH

Der weitläufige Saunagarten erschließt sich über einen beheizten, barrierefreien Rundweg. Große Liegeareale aus Rasen werden von Licht- und Steinelementen wie angelegten Beeten gesäumt. Die Kamin-Lounge mit Echtholz-Kamin, sowie das Panorama-Bistro sind in einem Steinhaus mit bodentiefen Fensterfronten untergebracht, die einen ungehinderten Blick in den Saunagarten bieten und in warmen Monaten komplett geöffnet werden können. Dem gegenüber ist eine einladende, große Terrasse mit Bastliegen, Sitzmöglichkeiten und einem überdachten Pavillon. Hochgewachsene Bäume umrunden die Außenanlage.

life-ness »EINKEHREN & WOHLFÜHLEN«

📍 life-ness Sport- & Freizeitcenter, Carl-Diem-Str. 33 **(Anfahrt über Kottenstr.)**, 42477 Radevormwald
☎ 02195 91620 | 🌐 www.life-ness.de

RUHEMÖGLICHKEITEN   Den Ruheraum der Entspannung-Ein Tag am Meer im Inneren prägen warme Farben und ein Gradierwerk. Dieses wurde im Jahr 2017 neu eingebaut und erzeugt durch die Himalaya-Salzsteine und den Solevernebler ein „Meeresklima". Die Fußbodenheizung erzeugt eine angenehme Wärme und es stehen bequeme Liegestühle mit Decken parat.

An den Ruheraum schließt eine kleine, sehr geschützte Vorterrasse an, die zur wärmeren Jahreszeit gerne genutzt wird. In der bequemen wie einladenden Kamin-Lounge im Saunagarten lodert leise ein Feuer im Eckkamin. Behagliche Sitzmöglichkeiten wie Ledersessel und eine große Eckcouch mit Fußhockern säumen den Kamin.

MASSAGEN   Lassen Sie sich im angeschlossenen Wellnessbereich mit Ayurveda und Aroma-Rückenmassagen verwöhnen. Massagen müssen im Voraus gebucht werden und sind nur dienstags möglich. Bitte fragen Sie bei Bedarf telefonisch nach weiteren Terminen.

life-ness »EINKEHREN & WOHLFÜHLEN«

life-ness Sport- & Freizeitcenter, Carl-Diem-Str. 33 **(Anfahrt über Kottenstr.)**, 42477 Radevormwald
02195 91620 | www.life-ness.de

Jeden 1. Freitag im Monat lädt Sie das Sauna Team zu einem geselligen Sauna Abend bei verlängerten Öffnungszeiten ein. Hier darf gelacht, geredet und gefeiert werden. An diesem Abend sind alle herzlich eingeladen, die schwitzen möchten, bei denen die Ruhe aber nicht im Vordergrund steht. Die Sauna liefert eine passende Playlist, gute Stimmung und das Gastronomie Team versorgt die Gäste mit kleinen Köstlichkeiten.

LANGE SAUNA ABENDE

Jeden 3. Samstag im Monat wird herzlich zu einem ruhigen, ganz entspannten langen Sauna Abend eingeladen. Hier sind alle herzlich willkommen, die abschalten möchten und die Seele baumeln lassen wollen. Das Team bietet an diesem Abend alles, was dazu beiträgt.

In der Zeit von **19.00 bis 24.00 Uhr** dürfen sich die Saunagäste jeweils über stündlich wechselnde Aufgüsse in der großen Blockbohlensauna mit Platz für rund 40 Personen freuen.

Zuschlag pro Person: 4.50 Euro (zzgl. zum regulären Eintrittspreis)

Alle in Anspruch genommenen Leistungen werden in bar oder per EC-Karte beim Verlassen der Anlage am Ausgang beglichen.

ZAHLUNGSVERKEHR

Unmittelbar an der Anlage stehen mehr als 100 kostenlose Parkmöglichkeiten zur Verfügung. Campingfahrzeuge können über Nacht auf dem Parkplatz stehen bleiben. Die Anfahrt ist über die Kottenstraße (Parkleitsystem) möglich.

PARKMÖGLICHKEITEN

226 monte mare Reichshof »MEINE PAUSE VOM ALLTAG«

Hahnbucher Straße 21, 51580 Reichshof-Eckenhagen
02265 99740-0 | 02265 99740-40 | www.monte-mare.de

GEBOTEN WIRD:

DAS RESÜMEE	Das »monte mare« liegt idyllisch im Oberbergischen Land, eingerahmt von Hügeln, die mit großen Bäumen bewachsen sind. Erholung und Entspannung sind somit schon vorprogrammiert.
DER SAUNABEREICH	Genießen Sie die Vielfalt der Saunalandschaft. Sie haben die Wahl zwischen acht unterschiedlich temperierten Saunen, großzügigen Aufenthalts-, Schlaf- und Ruheräumen und einem Außenbecken.
DIE GRÖSSE	Der Sauna-Innenbereich umfasst rund 1.000 qm; der Außenbereich etwa 3.000 qm.
DER EMPFANG	Am Empfang können Sie Bademäntel und Handtücher leihen.
DIE ÖFFNUNGSZEITEN	Montag-Donnerstag, Samstag von 9:00-23:00 Uhr	Freitag von 9:00-24:00 Uhr	Sonntag und Feiertage von 9:00-21:00 Uhr.
DIE PREISE	Werktags: 2-Stunden-Karte 16,00 Euro	4-Stunden-Karte 22,00 Euro	Tageskarte 25,00 Euro	Am Wochenende und feiertags: 2-Stunden-Karte 18,00 Euro	4-Stunden-Karte 24,00 Euro	Tageskarte 27,00 Euro. Frühstarter-Tarif (werktags 9:00-15:00 Uhr) 17,00 Euro	Mondschein-Tarif (Montag bis Freitag ab 18:00 Uhr) 17,00 Euro.
UMKLEIDEN	DUSCHEN	Der Umkleidebereich wird gemeinschaftlich genutzt. Geduscht wird entweder im Umkleidebereich nach Geschlecht getrennt oder im Saunabereich in Gemeinschaftsduschen.

monte mare Reichshof »MEINE PAUSE VOM ALLTAG«

Hahnbucher Straße 21, 51580 Reichshof-Eckenhagen
02265 99740-0 | 02265 99740-40 | www.monte-mare.de

REICHSHOF

Das Saunaparadies unterteilt sich in den Innenbereich mit vier unterschiedlich temperierten Saunen und einem Dampfbad und das Russische Saunadorf im Saunagarten. Für Abwechslung wird mit stündlich wechselnden Aufgüssen wie zum Beispiel Wenik-, Meditations- und Früchte-Aufgüssen gesorgt.

DIE SAUNEN

Milde 60 °C bei relativ hoher Luftfeuchte werden dem Saunagast geboten. Etwa 20 bis 25 Personen finden hier Platz und können sich dank einiger größerer Fenster mit Blick zur Gastronomie auf köstliche Gerichte freuen. Farbige Beleuchtung sorgt für ein angenehmes Ambiente.

DIE NIEDER-TEMPERATUR-SAUNA
60 °C

In der Trocken-Sauna finden 10 bis 15 Gäste Platz zum Schwitzen bei 85 °C. Ein Fenster erlaubt den Blick zum zentral gelegenen Gastronomiebereich.

DIE TROCKEN-SAUNA
85 °C

Von außen ist die Sauna mit seitlich verstrebten Rundstämmen aus original finnischem Kelo-Holz versehen; innen fällt die rustikale Holzvertäfelung auf. Die gedimmte Beleuchtung lässt eine urige Atmosphäre entstehen. Hier können 35 Personen bei rund 90 °C entspannen. Ein Fenster gibt den Blick zum Sauna-Innenbereich frei.

DIE KELO-SAUNA
90 °C

Das modern gestaltete Dampfbad-ausgerichtet für bis zu acht Personen-wird durch eine milde Strahlungswärme von Wänden und Bänken aufgewärmt. Die hohe Luftfeuchtigkeit zusammen mit einem angenehmen Farbwechselspiel sorgen für ein erholsames Klima für Körper und Geist. Die Temperatur beträgt 45 °C bei 100 % rel. Luftfeuchtigkeit.

DAS DAMPFBAD
45 °C

Mit der Rosen-Sauna haben Sie einen guten Start in einen entspannenden Saunatag. Kuschelige Wärme um 60 °C und ein Kübel mit kostbaren, kaltgepressten Ölen, der auf dem gemauerten Ofen mit Sauna-Steinen ruht sowie die farbwechselnde Deckenbeleuchtung erzeugen eine romantische Atmosphäre für 8-10 Personen. Durch ein großes Fenster blicken Sie zum Innenbereich.

DIE ROSEN-SAUNA
60 °C

monte mare Reichshof »MEINE PAUSE VOM ALLTAG«

Hahnbucher Straße 21, 51580 Reichshof-Eckenhagen
02265 99740-0 | 02265 99740-40 | www.monte-mare.de

DER »SAUNA-GARTEN«

DIE BANJA-SAUNA 100 °C
Die Dachleiste des Blockhauses aus Rundstamm ist mit russischen Ornamenten verziert. Im großen Vorraum dient eine kleine Küche zur Vorbereitung des Wenik-Aufgusses. 20 bis 25 Personen kommen bei 100 °C in der sehr rustikalen Sauna so richtig ins Schwitzen. Aus zwei Fenstern schauen Sie auf die herrliche oberbergische Landschaft. Ein fast dörflicher Charakter ergibt sich aus der Kombination von Blockhaus mit Bänken.

DIE ERD-SAUNA 80 °C
Ein Blockhaus aus Rundstämmen beherbergt die dezent beleuchtete Erd-Sauna. Das Dach ist begrünt. Sechs bis acht Personen erfreuen sich an der urigen Atmosphäre, nicht zuletzt dank des Holzofens mit sichtbarem, loderndem Feuer bei 80 °C. Die Heizquelle–ein eingemauerter Elektro-Ofen mit Steinen–befindet sich stirnseitig.

DAS ABKÜHLEN
Im Bereich der Rosen-Sauna gibt es einen Raum mit einer Anzahl Warm-Kalt- Brausen und einem Kneippschlauch. Neben der Rosen-Sauna sind drei Fußwärmebecken. Im zentralen Innenbereich erwartet Sie nicht nur ein rundes Tauchbecken mit Frischwasserzufluss, sondern auch ein Areal mit diversen Warm-Kalt-Duschen, einer Kübeldusche, einer Schwallbrause und einem Kneippschlauch.

CRUSHED ICE
In unmittelbarer Nähe spendet ein Brunnen Crushed Ice. Im Außenkomplex dient eine Duschnische mit Warm-Kalt- Brausen und Kneippschläuchen, direkt an der russischen Banja, zur Abkühlung. Ein Fass mit Eis sowie ein rundes kleines Tauchbecken sorgen für weitere Erfrischung.

DAS KNEIPPEN
Im kleeblattförmigen Fußbecken mit Brunnen wärmen Sie Ihre Füße.

DIE AUSSENANLAGE
Der größere Bereich der Außenanlage erschließt sich über den Zugang durch die Gastronomie. Die Anlage bietet, dank der Bäume und der terrassenförmig angelegten Bepflanzung, einen herrlichen grünen Anblick. Auf diversen Sitzmöglichkeiten, direkt am Außenbecken, können Sie ruhen und speisen.

monte mare Reichshof »MEiNE PAUSE VOM ALLTAG«

Hahnbucher Straße 21, 51580 Reichshof-Eckenhagen
02265 99740-0 | 02265 99740-40 | www.monte-mare.de

DAS AUSSENBECKEN

Das große beheizte Becken mit vielen sprudelnden Massageliegen liegt zentral im Außenbereich.

RUHEMÖGLICHKEITEN

Großzügige Ruhebereiche laden zum Tagträumen und Entspannen ein. In der Bibliothek können Sie nach Herzenslust schmökern. Einen Ausblick zur Empore gewähren Ihnen große Fenster.

MASSAGEN | WELLNESS

Warme Farben, edle Materialien und aromatische Duftkompositionen verströmen eine Behaglichkeit, die alle Sinne anspricht. Erliegen Sie dem Zauber erlesener Anwendungen aus verschiedenen Ländern und Kulturen. Ob wohltuende Gesichts- und Körperbehandlungen oder entspannende Massagen und Badezeremonien in ganz privater Atmosphäre-im monte mare Reichshof gewinnt das Wort „Erholung" eine völlig neue Bedeutung. Hervorragend ausgebildete Mitarbeiter/-innen nehmen sich Zeit für Sie und Ihre Bedürfnisse und kreieren aus einem unerschöpflichen Wellness- und Beautyangebot individuelle Wohlfühlwelten.

GASTRONOMIE

Verzehren Sie leicht bekömmliche Speisen, Fleischgerichte und Fischspezialitäten im großzügig angelegten Gastronomiebereich. Fühlen Sie sich wie im Urlaub. Sandfarbene Bodenfliesen und die gelungene Einbettung in die Landschaft machen das Urlaubsambiente perfekt.

ZAHLUNGSVERKEHR

Alle in Anspruch genommenen Leistungen werden über einen Chip abgerechnet.

PARKMÖGLICHKEITEN

Parken Sie kostenlos direkt an der Anlage.

H2O »MOMENTE FÜR DIE SINNE«

Hackenberger Straße 109, 42897 Remscheid
02191 164142 | 02191 165205 | www.h2o-badeparadies.de

GEBOTEN WIRD:

DAS RESÜMEE WASSERLANDSCHAFT	Das »H₂O«-ist ein Paradies! Erleben Sie eine Wasserlandschaft, die nicht nur ambitionierte Schwimmer im 25-Meter-Sportbecken innen oder außen, sondern auch Erholungsuchende, dank diverser Entspannungsbecken, wie das Solebecken innen oder außen, Erlebnisbecken oder Lehrschwimmbecken, fasziniert. Den ultimativen Kick holen Sie sich auf den Erlebnisrutschen–der Steil- und Röhrenrutsche, im 60 Meter langen »Crazy River« oder auf dem Sprungturm mit 1- und 3-Meter-Brett.
SAUNALANDSCHAFT	In der Saunalandschaft können Sie sich in über 11 Saunen und Dampfbädern entspannen. Herausragend ist sicherlich die von renommierten Landschafts-Architekten gestaltete Außenanlage. Im einzigartigen »Garten der Sinne« mit großzügigen Wasserbetten und einem Warmwasserpool, sowie einer Meditationssauna können Sie sich erholen und Kraft tanken. Die Anlage ist außerdem weitestgehend behindertengerecht angelegt.
DIE GRÖSSE	Der Innenbereich umfasst etwa 3.000 qm, der Außenbereich circa 10.000 qm.
DER EMPFANG	Im lichtdurchfluteten Eingangsbereich werden Sie von den Mitarbeitern empfangen. Von hier gelangen Sie über den Umkleidebereich der Wasserlandschaft zur Saunalandschaft. Am Empfang können Bademäntel und Badetücher ausgeliehen werden.
DIE ÖFFNUNGSZEITEN	**Saunalandschaft:** Sommer (Mai-September) Mo 12-22 Uhr, Di-Do 9-22 Uhr, Fr-Sa 9-23 Uhr, So 9-22 Uhr	Winter (Oktober-April) Mo 12-23 Uhr, Di-Sa 9-23 Uhr, So 9-22 Uhr	Jeden Mittwoch (außer feiertags) ist Damentag.	**Wasserlandschaft:** Ganzjährig Mo 12-22 Uhr, Di-Sa 9-22 Uhr, So 9-21 Uhr

H2O »Momente für die Sinne«

Hackenberger Straße 109, 42897 Remscheid
02191 164142 | 02191 165205 | www.h2o-badeparadies.de

231
REMSCHEID
GUTSCHEINHEFT S. 17

Saunalandschaft inklusive Wasserlandschaft: Montag bis Freitag 2-Stunden-Ticket 20,00 Euro | 4-Stunden-Ticket 23,00 Euro | Tagesticket 26,00 Euro | Samstag, Sonntag und feiertags 2,00 Euro Aufschlag.

DIE PREISE

Im großzügigen Umkleidebereich können Frauen und Männer sich gemeinsam umziehen. Das angrenzende Duschrondell teilt sich in zwei Duschbereiche (Frauen / Männer) auf.

UMKLEIDEN | DUSCHEN

Das Saunieren im »H2O« ist äußerst kontrast- und variationsreich. Sehr rustikale, kleine und große Finnische Saunen, mit ursprünglichem Charme, in Blockhäusern im Außenbereich, erinnern an die lange Tradition finnischer Saunakultur. Moderne Stilelemente, wie Wechsel der farblichen Beleuchtung, dezente Hintergrundmusik und filigrane Gestaltung der Räume, finden sich in den Saunen im Innenbereich. Das Aufguss-Sortiment reicht von Meditations-, Wellness- und »Gute-Nacht«-Aufgüssen bis zu klassischen finnischen Birken-Aufgüssen.

DIE SAUNEN

Bei dem »Bad der Sinne« im Herzen der Saunalandschaft eröffnet sich dem Besucher bereits beim Betreten eine eigene kleine Wohlfühlwelt, ganz unter dem Motto: Erleben mit allen Sinnen. Im Mittelbereich entspannen sich die Besucher auf einer modern gestalteten Sitzbankanlage, um ein warmes Fußbad zu nehmen–als Einstimmung oder gelungenen Abschluss des Saunaerlebnisses.

DAS »BAD DER SINNE«

Hierbei handelt es sich um einen Wärme- und Entspannungsraum mit rundum beheizten Wänden, Bänken und einem beheizten Fußboden. Die milde Strahlungswärme wirkt wohltuend und entspannend auf den ganzen Körper–ähnlich wie bei einem Kachelofen. Lichtinszenierungen und wechselnde Düfte sind Teil eines besonderen Sinneserlebnisses und sorgen für eine angenehme Atmosphäre. Leise Entspannungsmusik und Klänge aus der Natur verleihen dem Raum eine nahezu meditative Note.

DAS »TECALDARIUM«

H2O »MOMENTE FÜR DIE SINNE«

Hackenberger Straße 109, 42897 Remscheid
02191 164142 | 02191 165205 | www.h2o-badeparadies.de

DAS DAMPFBAD
40-55 °C
Im Dampfbad beträgt die Luftfeuchtigkeit nahezu 100 %, die Raum-Temperatur erreicht ca. 40-55 °C. Bei dieser milden Wärme lässt es sich herrlich entspannen–insbesondere auch dann, wenn man die finnische Trockensauna (80-100 °C) nicht so gut verträgt. Zusätzliche Duftessenzen regen die Sinne an und entfalten ihre befreiende Wirkung auf die Atemwege. Das Dampfbad kann–bei guter Verträglichkeit–auch als Vorbereitungsraum für eine heißere, trockene Sauna genutzt werden.

DIE »REGENSTRASSE«
Ein Rundgang durch die »Regenstraße« wird zu einem prickelnden und erfrischenden Erlebnis für jeden, der sich bereits vorher in einem der Bäder aufgewärmt hat. Einmal aktiviert, begleiten verschiedene Arten von Regen mit unterschiedlichen Temperaturen den Gast. Dabei variiert die Lichtfarbe mit der Wassertemperatur.

DAS »RHASSOUL«-BAD
Das »Rhassoul«-Bad ist ein Kräuter- und Naturschlammbad mit einer Kombination aus Wärmestrahlungswänden und moderner Dampfbadtechnik. Der Naturschlamm bewirkt eine natürliche und milde Säuberung (Peeling) und zaubert gleichzeitig eine schöne und sanfte Haut.

DER »EISBRUNNEN«
Der Abkühlbereich mit prickelndem Crush-Eisbrunnen rundet das Wohlfühl-Erlebnis ab.

DAS »VALO«-BAD
65 °C
An der Decke dieser Licht-Sauna sind farbwechselnde Kugellichter angebracht. Vier Farben wirken auf Körper und Geist. Der mit schwarzem Granit ummantelte Sauna-Ofen im Zentrum beheizt das Bad mit milden 65 °C. Auf dem Ofen ruht eine Granitkugel, der mit ätherischen Ölen angereichertes Wasser, zur milden Freisetzung der Düfte, entspringt. Leise Entspannungsmusik untermalt den angenehmen Aufenthalt für 15 bis 20 Personen.

H2O »MOMENTE FÜR DIE SINNE«

Hackenberger Straße 109, 42897 Remscheid
02191 164142 | 02191 165205 | www.h2o-badeparadies.de

REMSCHEID

Das finnische »Ruusu« bedeutet Rose. Das H2O setzt sie mit Schönheit und Vollendung gleich. Formvollendet zeigen sich liebevolle Rosenschnitzereien in den Sauna-Leuchten und Rückenlehnen. Ein mit Naturstein ummantelter, mit großen Rosenquarzen belegter Sauna-Ofen bringt nicht nur 10 bis 15 Personen bei 85 °C zum Schwitzen, sondern belebt gleichzeitig das Rosenaroma im Wasser einer Edelsteinschale.

DIE »RUUSU«-SAUNA 85 °C

Die Majava-Sauna ist eine der Aufguss-Saunen und befindet sich im Innenbereich des Saunaparadieses. Hier können sich 30-35 Personen bei 90 °C wundervoll entspannen und neue Energie tanken.

DIE MAJAVA-SAUNA 90 °C

Das Panorama steht hier im Vordergrund. Bei 70 °C haben 20 bis 25 Personen die Möglichkeit, durch eine Fensterfront den Blick ins Freie schweifen zu lassen. Ein großer Steinofen mit integriertem Feuer in der Sauna sorgt für die nötige Wärme.

DIE MEDI-SAUNA 70 °C

Im Außenbereich finden Sie ein exorbitantes Blockhaus, gebaut aus massiven »Kelo«-Holzstämmen, das zwei Saunen beherbergt.

DAS SAUNABLOCKHAUS

Ebenerdig, bzw. teilweise von Erde umgeben, erwartet Sie die »Löyly«-Aufguss-Sauna (Löyly ist ein spezielles Sauna-Wort, das den aufsteigenden Dampf von heißen Steinen beschreibt) mit gediegenen 95 °C. Die rustikale Holzverkleidung, eine dezente Beleuchtung und spärlicher Lichteinfall durch ein Fenster, lassen Finnland näher rücken. Ein riesiger Gas-Ofen mit Saunasteinen steht mittig im u-förmig angeordneten Sitzbereich für 50 bis 60 Personen.

DIE »LÖYLY«-AUFGUSS-SAUNA 95 °C

Über eine massive Holztreppe erreichen Sie die »Takka®«-Sauna (Kamin-Sauna) in der 1. Etage. Hier geht es um Feuer: Im Mittelpunkt ist ein verglaster Kamin mit offenem Holzfeuer auf Natursteinen aufgebaut. Acht Fenster erhellen den Raum rustikaler Bauweise. Die Öfen unter den Liegeflächen erhitzen die Sauna mit Sitzgelegenheit für 40 bis 45 Personen auf 85 °C.

DIE »TAKKA®«-SAUNA 85 °C

234 REMSCHEID

H2O »MOMENTE FÜR DIE SINNE«

Hackenberger Straße 109, 42897 Remscheid
02191 164142 | 02191 165205 | www.h2o-badeparadies.de

DIE »KELO«-SAUNA
80 °C

Ein weiteres Blockhaus mit riesigen Rundstämmen aus »Kelo«-Holz, begrüntem Dach und rustikaler Innenausstattung. Ein großer, eingemauerter Ofen im Zentrum mit Saunasteinen lässt die Temperaturen auf 80 °C steigen. Das möge gut und gerne 40 Personen erfreuen. Zwei Fenster sorgen für Licht und Ausblick.

DIE »KAMMI«-SAUNA
110 °C

110 °C-hier kommt garantiert jeder ins Schwitzen. »Kammi« ist finnisch und bedeutet soviel wie »kleiner, versteckter Ort«. Fast könnte man die Sauna übersehen, da das Blockhaus mehr oder weniger komplett in die Erde eingelassen ist. Archaisches Ambiente im Inneren–sehr dunkel gehalten, Platz für maximal 8 bis 10 Personen, stirnseitig eine gemauerte Wand mit offenem Feuer im Kamin und dem Sauna-Ofen.

DER GARTEN DER SINNE

Auf dem 1.000 qm großem Areal werden Erlebnisse für die Sinne geboten. Zentrales Element ist die Meditations-Sauna mit Vorraum und Duschmöglichkeiten. Davor findet sich ein fast 50 qm großer beheizter Pool mit Massagedüsen. Auf einem Holzpodest gibt es Sonnenliegeplätze, unmittelbar angrenzend an die überdachten Liegemöglichkeiten.

Hinter der Sauna erschließt sich eine wunderschön gestaltete Gartenlandschaft mit saisonal blühender Bepflanzung, die angenehmen Duft verströmt. Hier finden sich auch das Kneipptretbecken und der stimulierende Barfußerlebnispfad. Das sanfte Plätschern der Wasserkaskaden erzeugt dabei eine wohltuende Geräuschkulisse.

H2O »MOMENTE FÜR DIE SINNE«

Hackenberger Straße 109, 42897 Remscheid
02191 164142 | 02191 165205 | www.h2o-badeparadies.de

DAS ABKÜHLEN

Natürlich bietet auch der Außenbereich genügend Gelegenheit zur Abkühlung, zum Beispiel das gegenüberliegende Gradierwerk mit der Abkühlgrotte »Heiß und Kalt«: einen mit Holzstämmen überdachten Duschbereich mit drei Warm-Kalt-Brausen, einer Kübeldusche, einer Schwalldusche und Kneippschläuchen. Eine Dusch-Schnecke mit Kieselsteinen zur Fußmassage, eine Kübeldusche, Schwallbrausen und Kneippschläuche gibt es neben der »Kelo«-Sauna. Ein kaltes Entspannungsbecken liegt direkt an der Außengastronomie. Im Innenbereich bilden Warm-Kalt-Brausen, Schwallduschen und Kneippschläuche einen halbkreisförmigen Duschgang. Direkt daneben fordert Sie ein großes Kalt-Tauchbecken heraus.

DAS WARMBECKEN

Nach der Abkühlung lockt das mit 33 °C angenehm warme Entspannungsbecken mit sprudelnden Massageliegen. Die nötige Wärme für Ihre Füße holen Sie sich in den Fußwärmebecken, die sich im Foyer des »Bad der Sinne« befinden.

H2O »MOMENTE FÜR DIE SINNE«

Hackenberger Straße 109, 42897 Remscheid
02191 164142 | 02191 165205 | www.h2o-badeparadies.de

DIE AUSSENANLAGE Die Anlage gleicht einem finnischen (Sauna-)Dorf. Die Einpassung der Blockhäuser, der diversen Liege-Inseln und Sitzgelegenheiten in die hügelige und grüne Landschaft wirkt äußerst natürlich. Bäume und das Gradierwerk umrahmen die Anlage. Viele Gebäude besitzen ein begrüntes Dach.

DAS GRADIERWERK Das mit Schwarzdorn-Reisig bestückte Gradierwerk ist ca. 40 Meter lang und 8 Meter hoch. Darüber rieselt mineralhaltige Sole, gewonnen aus 450 Meter Tiefe im Leinetal zwischen Harz und Solling. Die Sole bildet beim Auftreffen auf die Dornen einen Solenebel, sodass die umgebende Luft des Gradierwerks salzhaltig wird und dadurch ein meerähnliches „Mikroklima" entsteht. Gegenüber des Gradierwerks können Sie sich auf den treppenförmigen Holzterrassen zum Genuss der Sole ausruhen.

RUHEMÖGLICHKEITEN Im »Lepo-Talo« (Haus der Stille) geht es wesentlich rustikaler zu. Dieser Bereich erstreckt sich über drei Räume. Er besteht fast komplett aus Holz. Der mittige Raum besitzt einen offenen Kamin mit Holzfeuer. Verweilen Sie auf einer von etlichen Liegen, mit Auflage und Decke, und blicken Sie durch das Panoramafenster auf das Gradierwerk. Ausruhen können Sie sich auch im Ruhehaus, im Raum der Stille, im Lukusali und im ebenerdigen Ruheraum, mit Blick zur Außenanlage. Überall stehen zahlreiche Liegen zur Verfügung.

SPA2O | SOLARIEN In den Beauty- und Massageräumen in der 1. Etage können Sie sich mit wohltuenden Anwendungen so richtig verwöhnen lassen. Das Angebot reicht von Teilkörper-, Ganzkörper- und Wohlfühlmassagen bis hin zu Elemente- & Aroma-

H2O »Momente für die Sinne«

Hackenberger Straße 109, 42897 Remscheid
02191 164142 | 02191 165205 | www.h2o-badeparadies.de

Massagen. Bei dieser Massage wird ein ganzheitliches Massagekonzept individuell auf Ihren Typ, mit eigens entwickelten Ölmischungen, angepasst.

Der neue Spa-Bereich ist ein Refugium voller Wärme und entspannender Düfte. In stilvollen und modern eingerichteten Kabinen, die jeweils über eine Dusche verfügen, lässt es sich wunderbar bei einer Beauty- oder Wellness-Anwendung entspannen. Auch eine Partnerkabine steht zur Verfügung. Für eine gesunde Hautfarbe sorgen zwei Hochleistungsbräuner im Kellergeschoss des Ruhehauses.

EVENTS Verschiedene Events mit außergewöhnlichen Aufgüssen zu ausgewählten Themen machen Ihren Saunagang zum besonderen Erlebnis. Lassen Sie sich überraschen (näheres hierzu erfahren Sie unter www.h2o-badeparadies.de/besucherinfos/veranstaltungskalender).

SAUNA-GASTRONOMIE Im Restaurant mit großer »Sauna-Bar« oder auf der Sonnenterrasse direkt neben dem Naturteich, können Sie aus einem breiten Angebot an Speisen wählen. Leicht Bekömmliches, Pasta sowie Fisch- und Fleischgerichte sind ebenso erhältlich, wie exotischere Wok-Gerichte. Löschen Sie Ihren Durst am Kaminrondell.

ZAHLUNGSVERKEHR Bezahlt wird in bar oder per ec-Karte ausschließlich am Empfang. Die Gastronomie wird über Ihren Schlüssel abgerechnet.

PARKMÖGLICHKEITEN Parken Sie kostenfrei unmittelbar vor der Anlage.

SauerlandBAD »DAS FAMILIENFREUNDLICHE FREIZEITBAD«

SauerlandBad GmbH, Sportzentrum 1, 57392 Schmallenberg-Bad Fredeburg
02974 9680-0 | www.sauerland-bad.de

GEBOTEN WIRD:

DAS RESÜMEE	Auf rund 6.000 qm Gesamtfläche bietet das Freizeitbad »SauerlandBAD« im sauerländischen Bad Fredeburg allerlei Abwechslung für Erlebnis-, Erholungs- und Sporthungrige. Schwimmen, Rutschen und Saunieren -Alles ist möglich.
DER SAUNABEREICH	Die großzügige Sauna-Landschaft nimmt davon rund 1.000 qm ein, zwei Drittel entfallen auf den Innenbereich. Letzterer ist durch ein sehr großes dreieckiges Oberlicht tageslichterhellt und verleiht dem »SauerlandBAD« ein gemütliches Flair. Insbesondere das große Sauerländische Panoramalandschaftsbild im Innenbereich vermittelt ein ganz besonderes Raumgefühl und macht die Wohlfühl-Atmosphäre im »SauerlandBAD« perfekt.
DER EMPFANG	Die Kasse befindet sich beim Bad-Eingang, der Sauna-Eingang ist dann hinter einem Drehkreuz auf der anderen Seite der Vorhalle. Bademäntel und Handtücher können geliehen werden.
DIE ÖFFNUNGSZEITEN	Montag: 14:00–22:00 Uhr (in den Schulferien von NRW schon ab 10:00 Uhr). Dienstag-Freitag: 10:00-22:00 Uhr. Mittwoch: Frühschwimmen ab 7:00 Uhr und Damen-Sauna 10:00-22:00 Uhr. Sa., So., Feiertage: 9:00-22:00 Uhr
DIE PREISE	Tageskarte 17,80 Euro	3-Stunden-Karte 15,30 Euro.	Schwimmbad-Eintritt inklusive. Weitere Tarife erfahren Sie an der Kasse oder im Internet.
UMKLEIDEN	DUSCHEN	Hinter den für Damen und Herren getrennten Umkleideräumen befinden sich jeweils die Räume mit den Reinigungsduschen.

SauerlandBAD »DAS FAMILIENFREUNDLICHE FREIZEITBAD«

SauerlandBad GmbH, Sportzentrum 1, 57392 Schmallenberg-Bad Fredeburg
02974 9680-0 | www.sauerland-bad.de

SCHMALLENBERG

Fünf Kabinen stehen für das erholsame Schwitzen im »SauerlandBAD« zur Verfügung. Vier großzügige Saunen, eine davon im Außenbereich, und ein Dampfbad. Aufgüsse finden, ab 13:00 Uhr, zur vollen Stunde statt, Besucher erleben hier einen Hauch von Luxus. Wählen kann man zwischen der Original Sauerländer Schiefer-Sauna, der Finnischen Blockbohlen-Aufguss-Sauna, der Salz-Sauna mit Gradierwerk, der Licht-Sauna und dem Dampfbad. Zur Abkühlung empfiehlt sich ein Bad im Tauchbecken oder eine Dusche mit einem Schwall eiskalten Wassers aus dem Holzeimer.

DIE SAUNEN

Ocker-gefliese und mit griechisch-römischen Halbsäulen verzierte Wände geben dieser Kabine ein mediterranes Flair. Sechs Personen finden hier Platz bei rund 50 °C und feuchtigkeitsgesättigter Luft. Der leicht aromatisierte Dampf tritt aus einer deckenspot-beleuchteten Öffnung aus.

DAS RÖMISCHE DAMPFBAD
50 °C

Bei 65 °C schwitzen bis zu 15 Besucher in der schönen Blockbohlen-Sauna. In der Mitte des Raumes steht der Sauna-Ofen mit einer optisch ansprechenden Lichtquelle. Ein spezielles Glasfaserlichtleitersystem projiziert einen Lichtnebel an die Decke. Durch die Farbwechsel entstehen ganz unterschiedliche Stimmungen in der Sauna.

DIE LICHT-SAUNA
65 °C

Die rund 14 Gäste fassende Salzsauna wird auf 70 °C erwärmt. Das Besondere dieser Sauna ist das in die Wand integrierte Gradierwerk.. Die elegante Erscheinung wird noch gesteigert durch die in der Decke verlaufenden Lichtvouten, die nahtlos herunterlaufen und das Gradierwerk in Szene setzen.

DIE SALZ SAUNA MIT GRADIERWERK
70 °C

Diese auf 85 °C erhitzte Sauna bietet 25 Sitzplätze. In der massiven Blockbohlen-Sauna findet der Besucher ein besonders angenehmes Raumklima. In dieser Sauna werden die meisten Aufgüsse durchgeführt. .Die Geometrie der Sauna und die 2 großen Fenster geben dem Raum eine ganz individuelle Note.

DIE FINNISCHE AUFGUSS-SAUNA

240 SauerlandBAD »DAS FAMILIENFREUNDLICHE FREIZEITBAD«
SCHMALLENBERG

SauerlandBad GmbH, Sportzentrum 1, 57392 Schmallenberg-Bad Fredeburg
02974 9680-0 | www.sauerland-bad.de

DIE SCHIEFER-SAUNA 95-100 °C
Diese »Original Sauerländer Schiefer-Sauna« ist ein besonderes Prunkstück der Anlage. Der mit schweren, heimischen Schieferplatten verkleidete Kamin-Ofen wird mit Buche befeuert. Neben dem Anblick eines heimeligen Kaminfeuers bietet dies für die bis zu 25 Gäste den Vorteil einer sehr angenehmen, trockenen Schwitz-Atmosphäre bei 95-100 °C. Ein Fenster gibt den Blick frei zum Sauna-Garten. Vom Garten aus bietet die aus finnischer Polarkiefer in Blockbauweise erstellte Sauna ebenfalls einen imposanten Eindruck. Der Sauna-Ofen ist auch von außen drei Meter hoch mit Schiefer verkleidet, dazu kommen weitere drei Meter für den Schornstein. Zwei grob bearbeitete Stufen aus Vollschieferfelsen führen zum Eingang.

DAS ABKÜHLEN
In einem dreigeteilten großen Raum befinden sich verschiedene Arten von Kalt- bzw. Warm-Kaltduschen, unter anderem zwei Kaltguss-Schläuche, aus denen das Wasser wahlweise in hartem bis extrem hartem Druckstrahl austritt. Weiterhin stehen ein kleines, rundes und recht kühles Tauchbecken zur Verfügung sowie ein mit violettem Spotlicht angestrahlter Eisbrunnen. Im Sauna-Garten kann eine Kaltdusche oder ein Schlauchguss genommen werden.

DAS KNEIPPEN
Auf der ergonomisch geformten Wärmebank, kann man sehr bequem Platz nehmen und wohltuende Fußbäder genießen. Von hier aus gibt es einen freien Blick auf die große Panoramawand bzw. in die Sauerländer Landschaft.

DIE AUSSENANLAGE
Der ca. 300 qm große Sauna-Garten ist mit bequemen Ruhe-Liegen ausgestattet. Eine schöne große runde Holzbank lädt zum Verweilen ein. Die fein geschnittenen Buchsbaumgewächse und die fein abgestimmte Beleuchtung verleihen dem Sauna-Garten eine ganz persönliche Note.

SauerlandBAD »DAS FAMILIENFREUNDLICHE FREIZEITBAD«

SauerlandBad GmbH, Sportzentrum 1, 57392 Schmallenberg-Bad Fredeburg
02974 9680-0 | www.sauerland-bad.de

Zusätzlich zu den Liegen im Innenbereich unterhalb des Oberlichts, gibt es einen großen separaten Ruheraum mit 12 sehr bequemen Ruhe- Kippliegen. Durch die einmalige Gestaltung des Ruheraumes und das besondere Licht fällt das Finden absoluter Ruhe sehr leicht. Zentral im Raum befindet sich ein Kamin, der die Blicke auf sich zieht und der für weiteren Atmosphäre sorgt.

RÜHEMÖGLICHKEITEN

Die »Lange Sauna-Nacht« findet von April bis September jeden 1. Freitag, von Oktober bis März jeden 1. und 3. Freitag im Monat statt. Von 22:00-24:00 Uhr kann dann auch das Schwimmbad textilfrei genutzt werden.

EVENTS

Eine reichliche Salatauswahl bis hin zum Schlemmer-Salat, Snacks, Baguettes, Currywurst, Pommes, Schnitzel, Biere, Weine, Alkoholfreies, Kaffee, Eis, Schlemmerbecher und frische Waffeln werden Ihnen angeboten. Bequeme Stühle und farblich abgestimmte Tische verleihen der Gastronomie eine gemütliche Note.

GASTRONOMIE

Per Schlüsselnummer werden Speis und Trank beim Verlassen der Anlage abgerechnet.

ZAHLUNGSVERKEHR

Ein badeigener, großer Parkplatz steht zur kostenfreien Benutzung zur Verfügung.

PARKMÖGLICHKEITEN

242 AquaSpa und AquaFun Soest

SOEST
GUTSCHEINHEFT S. 17

Ardeyweg 35, 59494 Soest
02921 392700 | info@aqua-spa-fun.de | www.aqua-spa-fun.de

GEBOTEN WIRD:

| DAS RESÜMEE | Herzlich Willkommen in Ihrer Sauna- und Badewelt. Das ganze Jahr über herrlich warmes Wasser, sommerliche Temperaturen und entspannende Momente. Hier beginnt der Urlaub direkt vor der Haustür. |

Das AquaSpa und AquaFun Soest lassen keine Wünsche offen und bieten ein umfassendes Angebot für die ganze Familie: Sport- und Freizeitbad, Saunalandschaft, Wellnessparadies und nicht zuletzt das Freibad mit großer Liegewiese-und das alles behindertengerecht!

| DIE GRÖSSE | Der Bereich der Saunalandschaft weißt im Innenbereich etwa 2.500 qm und im Außenbereich ca. 6.500 qm auf. |

| DER EMPFANG | An der Kasse können sich Gäste Badetücher, Saunamäntel und Badelatschen ausleihen. Ebenso besteht die Möglichkeit im Shop Badeartikel zu erwerben. |

DIE ÖFFNUNGSZEITEN Montag bis Sonntag und feiertags: 9:00-22:00 Uhr |Dienstag: Damensaunatag

DIE PREISE

Sauna	Kind	Erwachsener
4-Stunden-Karte-Montag bis Freitag	13,00 Euro	19,00 Euro
4-Stunden-Karte-Samstag, Sonntag & feiertags	18,00 Euro	22,00 Euro
Tageskarte-Montag bis Freitag	18,00 Euro	22,00 Euro
Tageskarte-Samstag, Sonntag & feiertags	20,00 Euro	24,00 Euro

UMKLEIDEN | DUSCHEN Den Gästen stehen mehrere Duschen zur Verfügung.

AquaSpa und AquaFun Soest

SOEST

📍 Ardeyweg 35, 59494 Soest
☎ 02921 392700 | ✉ info@aqua-spa-fun.de | 🌐 www.aqua-spa-fun.de

Die Lepo-Sauna ist die Ruhe- und Meditationssauna und sorgt für Entspannung pur. In der Lepo-Sauna wartet auf den Badenden ein „Aroma-Mental-Erlebnis". Der gekachelte Ofen sorgt für eine angenehme Temperatur von ca. 65 °C, die relative Luftfeuchtigkeit liegt bei etwa 20 %.

Die rustikale, gemütliche skandinavische Atmosphäre der Otso-Sauna lädt den Saunierenden auf drei Ebenen angeordneten Liege- und Sitzflächen zum Verweilen ein und die Aufgüsse zu genießen. Die besondere Optik und das unvergleichbare Klima machen den Saunabesuch bei 90 °C und 10 % Luftfeuchte zu einem aromatischen und erholsamen Erlebnis.

Die Urform der finnischen Sauna ist ein in der Natur eingebettetes Saunavergnügen, der extra Klasse. Das kühle Erdreich und die massiven, Jahrhunderte alten Hölzer erzeugen ein überraschend angenehmes und mildes Klima, dass trotz heißer 100 °C und geringer Luftfeuchte von 10 % außerordentlich gut verträglich ist.

DIE SAUNEN

LEPO-SAUNA
65 °C

OTSO-SAUNA
90 °C

ERD-SAUNA
100 °C

AquaSpa und AquaFun Soest

Ardeyweg 35, 59494 Soest
02921 392700 | info@aqua-spa-fun.de | www.aqua-spa-fun.de

HUSKY-SAUNA 75 °C — Die massiven Blockbohlen der Husky-Sauna speichern die Wärme gleichmäßig und geben sie langsam wieder ab. Der Speichereffekt schafft ein streichelsanftes und bekömmliches Klima. Bei einer Temperatur von 75 °C und einer Luftfeuchtigkeit von ca. 15 % wird das körpereigene Kühlsystem langsam auf Touren gebracht.

PANORAMA-SAUNA 85 °C — Ein Highlight ist sicherlich die Panorama-Sauna im Innenbereich. Durch eine große Glasfront kann beim entspannten Schwitzen, bei trockenen 85 °C und 10 % Luftfeuchtigkeit, der Blick auf die wunderschöne Außenanlage und den Gartenteich genossen werden.

VALO®-BAD — Umschmeichelnde, stimmungsvolle und beruhigende Klänge umspielen die Sinne des Saunagastes und sorgen neben dem Sternenhimmel und ätherischen Düften für die einzigartige Atmosphäre im Valo®-Bad.

AquaSpa und AquaFun Soest

📍 Ardeyweg 35, 59494 Soest
☎ 02921 392700 | ✉ info@aqua-spa-fun.de | 🌐 www.aqua-spa-fun.de

Dampf entspannt, massiert Körper und Seele, sorgt für ein äußerst erholsames Klima und stärkt die Abwehrkräfte. Bei 45 °C und 100 % Luftfeuchtigkeit wird die Haut porentief gereinigt und entschlackt.

DAMPFBAD
75 °C

Für die Erfrischung nach dem Schwitzbad stehen zwei Tauchbecken, Abkühldu-schen und ein kaltes Fußbad zur Verfügung.

DAS ABKÜHLEN

Ein traumhafter Saunagarten mit viel Platz für Entspannung und Ruhemöglichkei-ten. Zwei wunderschöne Teichanlagen, die zum Verweilen einladen.

DER AUSSENBEREICH

Das AquaFun Soest lässt keine Wünsche offen und bietet ein umfassendes Angebot im Sport- und Freizeitbad sowie viele weitere Attraktionen im Freibad mit großer Liegewiese–und das alles behindertengerecht! Das Herzstück ist das 31 °C warme

SCHWIMMBÄDER

AquaSpa und AquaFun Soest

Ardeyweg 35, 59494 Soest
02921 392700 | info@aqua-spa-fun.de | www.aqua-spa-fun.de

Wellenbecken und ein Highlight das Ganzjahresaußenbecken. Des Weiteren ist das Bad im Besitz eines Kinderinnen- und -außenbeckens, Wettkampfbeckens, Lehrschwimmbeckens und eines Sportbeckens.

RUHEMÖGLICHKEITEN Ruhe und Entspannung finden Gäste im Ruhehaus. Dort stehen in einer herrlich entspannten Atmosphäre Wärmeliegen bereit, die Verspannungen lösen und eine wohltuende Wärme ausstrahlen. Im Innenbereich befinden sich zusätzlich zahlreiche Liegen zur freien Verfügung.

WELLNESS | MASSAGEN Körperlich fit und geistig beweglich zu sein, eine positive Lebenseinstellung zu haben, in Harmonie und Einklang mit seiner Umwelt zu leben bedeutet: eine stabile Gesundheit und höhere Lebensqualität. Ziel ist ein ganzheitliches Wohlbefinden, sich selbst etwas Gutes zu tun und neue Energie zu tanken–gerade vor dem Hinter-

AquaSpa und AquaFun Soest

Ardeyweg 35, 59494 Soest
02921 392700 | info@aqua-spa-fun.de | www.aqua-spa-fun.de

grund gestiegener Anforderungen in Familie und Beruf. Die bestens ausgebildeten Mitarbeiterinnen und Mitarbeiter des AquaSpa Soest kümmern sich gerne um die verspannten Glieder. Im Angebot sind Gesichtsbehandlungen, Massagen und diverse Zusatzbehandlungen.

EVENTS

Saunaevents wie z.B. Frühlingserwachen, Helden der Kindheit, Sommerfest, Oktoberfest, Lichterfest, Carpe Diem oder auch Vollmond-Sauna-Nächte. Mehr Infos zu aktuellen Veranstaltungen auf der Homepage unter www.aqua-spa-fun.de.

GASTRONOMIE

Die Gastronomie kümmert sich um das leibliche Wohl der Sauna- und Badegäste in den jeweiligen Restaurants. Leckere Gerichte sorgen dafür, dass es den Gästen an nichts fehlt.

ZAHLUNGSVERKEHR

Die angefallenen Kosten können bar oder mit EC-Karte beglichen werden.

PARKMÖGLICHKEITEN

Direkt an der Anlage stehen ausreichend kostenfreie Parkplätze zur Verfügung. Darunter auch 9 Wohnmobilstellplätze.

248
SUNDERN
GUTSCHEINHEFT S. 19

Panoramasauna Sorpesee »PERSÖNLICH, NAH UND FAMILIÄR!«

Hakenbrinkweg 19, 59846 Sundern
02935 9699011 | www.sorpesee.de/panorama

GEBOTEN WIRD:

| DAS RESÜMEE | Der Sorpesee ist ein 84 Jahre alter Stausee im Hochsauerlandkreis. Neben zahlreichen Freizeit- und Urlaubsmöglichkeiten gibt es auch vier Campingplätze. Im »Haus des Gastes Langscheid« in Sundern befindet sich ein Hallenbad und die Ende November 2008 eröffnete Sauna-Landschaft »Panoramasauna«. |

DER SAUNABEREICH: Drei unterschiedlich temperierte Saunen und ein Dampfbad lassen Sie eine Auszeit vom Alltag nehmen. Besonderer Wert wird auf eine familiäre Atmosphäre und persönliche Betreuung gelegt, verbunden mit einem hohen Qualitätsanspruch. Alle Saunen sind in massiver Blockbohlen-Bauweise errichtet, das sorgt für ein super Sauna-Klima. Genießen Sie unbeschwerte Stunden und einen unvergleichlichen Panoramablick auf den Sorpesee und seine Promenade.

DER EMPFANG: An der Kasse im Eingang bezahlen Sie den Eintritt und bekommen den Schlüssel für Ihren Umkleideschrank.

DIE ÖFFNUNGSZEITEN: Dienstag bis Freitag von 10:30–22:30 Uhr | Samstag und Sonntag von 10:30–20:00 Uhr | Vom 01.10-31.03. ist montags immer von 17:00–22:30 Uhr geöffnet. | Damen-Sauna: Dienstag von 10:30–22:30 Uhr.

DIE PREISE: Tageskarte 15,80 Euro, inklusive Hallenbadnutzung. Die Ermäßigungen und Preise für Wertkarten entnehmen Sie bitte dem Aushang an der Kasse und dem Internet.

UMKLEIDEN | DUSCHEN: Die Umkleiden und Duschen werden von Damen und Herren gemeinsam genutzt. Getrennte Umkleiden und Duschen befinden sich im Badbereich.

Panoramasauna Sorpesee »PERSÖNLICH, NAH UND FAMILIÄR!«

Hakenbrinkweg 19, 59846 Sundern
02935 9699011 | www.sorpesee.de/panorama

SUNDERN
GUTSCHEINHEFT S. AAA

Zu jeder vollen Stunde werden Aufgüsse zelebriert. Neben klassischen Aufgüssen gibt es auch Aufgüsse mit einem großen Fächer und zusätzlich Salz-, Zucker- und Honiganwendungen. Lassen Sie sich überraschen–das freundliche Sauna-Team ist experimentierfreudig und sorgt gerne für eine Abwechslung!

DIE SAUNEN

Die Sauna verdankt ihren Namen dem finnischen Wort für »Licht«. Nicht ohne Grund wurde dieser Name für das Warmluftbad (ungefähr 60 °C und 40 % Luftfeuchtigkeit) gewählt, da ein Sternenhimmel mit farb-wechselnden Kugellichtern die Decke der Kabine ziert. In sanften Übergängen wird der Raum in rötliches, gelbliches, grünliches oder bläuliches Licht getaucht. Das wirkt auf die Seele wie ein sanftes Streicheln. Auf dem mit schwarzem Granit ummantelten Sauna-Ofen liegt mittig eine große Granitkugel, der mit ätherischen Ölen angereichertes Wasser entspringt, das sanft über die Oberfläche der Kugel fließt. Stimmungsvolle und beruhigende Klänge umschmeicheln zusätzlich die Sinne des Gastes. Zehn Personen können an diesem Erlebnis gleichzeitig teilhaben.

DIE »VALO®«-SAUNA
60 °C

In dem feuchten Warmluftbad wird bei einer Temperatur von etwa 45 °C und einer relativen Luftfeuchtigkeit von etwa 100 % gebadet. Zwei Gäste finden hier Platz und können sich in der dampfenden Wärme geborgen und verwöhnt fühlen. Die in der Decke eingelassenen Lämpchen wechseln das Licht und lassen Sie bei dezentem Aroma entspannen.

DAS DAMPFBAD
45 °C

Feuer und Flamme stehen in der Sauna im wahrsten Sinne des Wortes im Mittelpunkt. Um die mittig aufgesetzte Feuerstelle aus Edelstahl, die rundherum mit Glas verkleidet ist, können bis zu 20 Schwitzfreunde sitzen und von allen Seiten in das prasselnde Feuer blicken. Durch den warmen Feuerschein entsteht eine unnachahmliche Stimmung. Bei Temperaturen von etwa 100 °C hat man nicht das Gefühl, in großer Hitze zu verweilen, sondern empfindet das Saunaklima als überraschend mild.

DIE »TULI®«-SAUNA
100 °C

Diese 90 °C warme Event-Sauna ist das Highlight der Anlage, hier werden alle Aufgüsse und Anwendungen durchgeführt. Durch die Panoramafenster genießen Sie einen herrlichem Blick auf den Sorpesee und den unteren Sauna-

DIE PANORAMA-SAUNA
90 °C

Panoramasauna Sorpesee »PERSÖNLICH, NAH UND FAMILIÄR!«

Hakenbrinkweg 19, 59846 Sundern
02935 9699011 | www.sorpesee.de/panorama

Gartenbereich. Besonders bei Dunkelheit ist die Fernsicht auf die beleuchtete Dammpromenade ein Erlebnis. Auf dem Ofen vor den Panoramascheiben werden intensive Aufgüsse der ganz besonderen Art zelebriert. Das Sauna-Blockhaus mit Wänden aus gehobelten Blockbohlen verströmt den Duft erstklassiger finnischer Polarkiefern. Zusätzlich gibt die Ofenstelle mit 200 Kilogramm echten finnischen Periodit-Steinen dem Aufguss besondere Intensität. Hier ist Platz für 25 Personen, die bei dezenter Musik die gemütliche Atmosphäre schätzen.

DAS ABKÜHLEN Im Innenbereich finden Sie zur Abkühlung nach Ihrem Saunagang Kalt- und Regenduschen mit Kneippschlauch sowie im Außenbereich eine Kühlschnecke aus Natursteinen mit Kübel- und Schwalldusche. Ein Tauchbecken und Kneippschläuche sind ebenfalls vorhanden.

DAS KNEIPPEN Auf einer Bank sitzend nehmen Sie in einem der drei Porzellanbecken im Innenbereich ein kalt-warmes Fußbad.

Panoramasauna Sorpesee »PERSÖNLICH, NAH UND FAMILIÄR!«

Hakenbrinkweg 19, 59846 Sundern
02935 9699011 | www.sorpesee.de/panorama

SUNDERN

Im oberen Ruheraum relaxen Sie nach Ihrem Saunagang bei leiser Entspannungsmusik. Die ausgewählten Farben und Bilder schaffen einen harmonischen Rahmen. In der Kamin-Lounge im Untergeschoss herrscht absolute Ruhe, während das Feuer im Kamin lodert. In dem Ruheraum liegen zusätzlich Decken für Sie bereit.

RUHEMÖGLICHKEITEN

Der große Sauna-Garten lädt mit einer Rasenfläche und Holzterrasse zu einem Sonnenbad auf den bereitgestellten Liegen ein. Der kleine Plätscherbrunnen wirkt beruhigend. Im Winter wird der Gehweg aus Natursteinen beheizt, so dass Sie einen kleinen Spaziergang an frischer Luft unternehmen können.

DIE AUSSENANLAGE

Ein breitgefächertes Massageangebot der angeschlossenen Therapiepraxis Birgit Hettgen vervollständigt das Angebot. Die Massagen müssen jedoch vor Ihrem Besuch telefonisch angemeldet werden.

WELLNESS | MASSAGEN

In regelmäßigen Abständen werden diverse Events durchgeführt. In den Monaten September bis April werden an jedem ersten Freitag im Monat von 20:00–24:00 Uhr Saunanächte mit unterschiedlichen Themen durchgeführt. Für die Damen findet an jedem ersten Dienstag im Monat von 19:00–23:00 Uhr die Ladies Night statt. An diesem Abend werden die Frauen von den Saunameisterinnen schlichtweg verwöhnt. Informieren Sie sich über die Events unter www.sorpesee.de

EVENTS

Ein vielfältiges Speiseangebot kann auf der verglasten und klimatisierten Empore über dem Hallenbad eingenommen werden. Die Speisekarte wird der gesunden Ernährung, von Lachsvariationen bis Spinat, gerecht. Die Getränkekarte enthält neben Wellnessgetränken, Fruchtsäfte ebenso wie Weizenbier oder Pils.

GASTRONOMIE

Die von Ihnen in Anspruch genommenen Leistungen werden direkt bezahlt.

ZAHLUNGSVERKEHR

Vor der Anlage stehen kostenfreie Parkplätze zur Verfügung.

PARKMÖGLICHKEITEN

252 Allwettersauna »WELLNESS UND SAUNA«

WARSTEIN
GUTSCHEINHEFT S. 19

Allwettersauna Warstein, Lortzingstraße 1, 59581 Warstein
02902 3511 | www.allwettersauna.de

GEBOTEN WIRD:

DAS RESÜMEE — Im nördlichen Sauerland, nur wenige Autominuten von der A 44 entfernt, liegt Warstein, umgeben von einem der schönsten zusammenhängenden Waldgebiete Deutschlands, dem «Naturpark Arnsberger Wald«. Dem Namen Warstein kann man auch außerhalb Europas begegnen: Dafür sorgt Warsteins bekanntestes Produkt– das Bier.

Im »Allwetterbad« ist man von jeder Witterung unabhängig und für Wasserratten scheint immer die Sonne. Ist es draußen ungemütlich kalt, locken großzügige Badelandschaften, Sportbecken und Ruheoasen. Bei schönem Wetter empfehlen sich das große Erlebnisbecken und die angrenzenden Liegewiesen.

Ob im Wasserspielgarten mit Piratenboot, Wasserrutsche, Regenfontäne und Wasserspeier, oder im Sportvariobecken mit Nichtschwimmerbereich, vier Schwimmbahnen, 1-m-Sprungbrett, 3-m-Sprungturm, unter wohltuenden Wasserfällen oder bei einem Vitamintrunk an der »Poolbar«, jede Altersgruppe fühlt sich hier wohl.

DER SAUNABEREICH — In der 700 qm großen Sauna-Landschaft mit drei verschiedenen Kabinen, die im Februar 2008 eröffnet worden ist, relaxen Sie vom Alltag im geschmackvollen Ambiente mit mediterranem Charakter und genießen schöne Stunden–allein, zu zweit oder in der Gruppe.

DER EMPFANG — An der Kasse zahlen Sie den Eintritt und erhalten ein Chip-Armband, mit dem Sie direkt in den Saunabereich gelangen. Bade-Utensilien können Sie im Café und Bistro »Aquarius« erwerben.

Allwettersauna »WELLNESS UND SAUNA«

Allwettersauna Warstein, Lortzingstraße 1, 59581 Warstein
02902 3511 | www.allwettersauna.de

253
WARSTEIN

Dienstag bis Freitag von 10:00–22:00 Uhr | Samstag, Sonntag und feiertags von 10:00–20:00 Uhr. Damen-Sauna: Montag von 14:00–22:00 Uhr (bis 18:00 Uhr auch Kinder im Grundschulalter).

DIE ÖFFNUNGSZEITEN

Montag und Freitag 13,50 Euro | Dienstag bis Donnerstag 12,00 Euro | Samstag, Sonntag und feiertags: 15,00 Furo. Die Ermäßigungen, besondere Angebote und Preise für Wertkarten entnehmen Sie bitte dem Aushang an der Kasse und dem Internet.

DIE PREISE

Saunagäste nutzen den separaten Umkleidebereich für die Sauna. Für den Schrank benötigen Sie das Chiparmband. Im Saunabereich finden Sie fünf Einzelduschen und einen offen Duschbereich mit zwei normalen Duschen, einer Schwalldusche und einer großen Regenwasserdusche.

UMKLEIDEN | DUSCHEN

254 Allwettersauna »WELLNESS UND SAUNA«

WARSTEIN

📍 Allwettersauna Warstein, Lortzingstraße 1, 59581 Warstein
📞 02902 3511 | 🌐 www.allwettersauna.de

DIE SAUNEN

**DIE PANORAMA-SAUNA
60 °C**
Bei einer Temperatur von milden 60 °C und einer Luftfeuchtigkeit von 40 % können bis zu 50 Gäste einen wunderschönen Ausblick durch die großen Panoramascheiben auf den Garten genießen. Dezente Entspannungsmusik und wechselndes Farblicht lassen Sie vom Alltag abschalten.

**DIE FINNISCHE SAUNA
90 °C**
Auf dem gemauerten Ofen werden zu jeder vollen Stunde für bis zu 30 Personen wechselnde Aufgüsse bei 90 °C zelebriert. Eine Tafel im Eingangsbereich informiert über das Aufgussprogramm. Zusätzlich kreiert das Allwettersauna-Team immer wieder neue Aufguss-Zeremonien–lassen Sie sich überraschen! Dienstag-Donnerstag stündlich automatisierte Aufgüsse.

**DIE »KOTA«-SAUNA
80 °C**
Ein besonderes Highlight ist diese kleine Hütte, die an ein Hexenhäuschen erinnert. Knapp acht Schwitzfreunde können sich bei 80 °C in dem Raum aufhalten. Durch zwei Bullaugen-Fenster erhaschen Sie einen Blick in den Garten.

DAS ABKÜHLEN
Sowohl im Innen- als auch im Außenbereich finden Sie genügend Abkühlmöglichkeiten, wie Kaltduschen mit Thermostat, Schwall- und Regenduschen mit Kneippschlauch und eine Eimer-Schwalldusche. Ein Tauchbecken komplettiert das Angebot.

DAS KNEIPPEN
Auf einer Bank sitzend nimmt man in einem der drei paarweise angeordneten Holzbottiche ein kalt-warmes Fußbad.

DIE AUSSENANLAGE
Der 300 qm große Garten mit Gehwegen, gepflegten Rasenflächen und kleinen Kieselinseln ist sehr liebevoll gestaltet und lädt zu einem Spaziergang oder einem kleinen Plausch mit den anderen Gästen ein. Alternativ können Sie sich auch auf einer der Liegen ausruhen.

Allwettersauna »WELLNESS UND SAUNA«

Allwettersauna Warstein, Lortzingstraße 1, 59581 Warstein
02902 3511 | www.allwettersauna.de

Wenn Sie zwischen den Saunagängen schwimmen möchten, steht Ihnen das »Allwetterbad«, das Sie bequem durch eine Glastür erreichen, zur Verfügung.

DIE SCHWIMMBECKEN

Erholen Sie sich nach dem Saunagang im Ruhebereich mit einem Ausblick in den schönen Garten oder sitzen/liegen Sie um die offene Feuerstelle, in der ein Holzfeuer lodert. Wenn Sie absolute Ruhe wünschen, begeben Sie sich ein Stockwerk tiefer in den dafür vorgesehen Raum, der Ihnen ebenfalls einen Blick in den Garten ermöglicht.

RUHEMÖGLICHKEITEN

Das Café und Bistro »Aquarius« mit Gastronomie im Eingangsbereich für Besucher in Straßenkleidung und einer Poolbar im Innenbereich für alle Badegäste freut sich auf Ihren Besuch.

GASTRONOMIE

Die von Ihnen in Anspruch genommenen Leistungen werden direkt bezahlt.

ZAHLUNGSVERKEHR

Um das »Allwetterbad« stehen kostenfreie Parkplätze zur Verfügung.

PARKMÖGLICHKEITEN

HeubergSauna »HIER FÜHL ICH MICH GUT«

Gantesweilerstraße 3, 46483 Wesel
0281 97209100 | www.baeder-wesel.de

GEBOTEN WiRD:

| DAS RESÜMEE | Schwimmen und Springen sind im »HeubergBad« ein toller Spaß für Groß und Klein. Das 28 °C warme, 15x25 m große Mehrzweckbecken ermöglicht ein sportliches Bahnen ziehen ebenso wie einen Sprung vom 1-m-Brett oder 3-m-Turm sowie eine Massage mit Unterwasserdüsen. Im Planschbecken können sich die kleinen Badegäste bei 32 °C angenehm tummeln. Die sensationelle Wasserrutsche–einfach ein tolles Erlebnis auf über 50 m Länge. Im »HeubergBad« dürfen Sie sich außerdem auf ein breit gefächertes Kursangebot freuen. |

| DER SAUNABEREICH | Seit 2007 zeigt sich die Sauna-Landschaft in neu gestaltetem Gewand. Auf schöne Art und Weise wird ein zeitgenössischer asiatischer Stil mit moderner Sauna-Technik vereint. Drei attraktive Sauna-Kabinen liegen im Innenbereich beieinander. Im Sauna-Garten finden Sie zwei weitere Saunen, die jeweils in einem Blockbohlenhaus untergebracht sind. Ein Gong kündigt die stündlichen Aufgüsse in der echt finnischen Event-Sauna an. |

| DIE GRÖSSE | Die Sauna-Landschaft erstreckt sich im Inneren über rund 450 qm; der Sauna-Garten über etwa 500 qm. |

| DER EMPFANG | Am Empfang können Sie Bademäntel und Handtücher ausleihen. Bade-Utensilien sind käuflich erwerbbar. |

| DIE ÖFFNUNGSZEITEN | Montag (Damensauna) 11:00-22:00 Uhr (ohne Badebetrieb) | Dienstag bis Freitag 10:00-22:00 Uhr (12:00-15:00 Uhr ohne Badebetrieb, Di. & Do. ab 20:00 Uhr ohne Badebetrieb) | Samstag 10:00-22:00 Uhr (ab 17:30 Uhr ohne Badebetrieb) | Sonnntag 10:00-19:00 Uhr (ab 17:30 Uhr ohne Badebetrieb) |

HeubergSauna »Hier fühl ich mich gut«

Gantesweilerstraße 6, 46483 Wesel
0281 97209100 | www.baeder-wesel.de

WESEL
GUTSCHEINHEFT S. 19

DIE PREISE
Erwachsene: Tageskarte 18,00 Euro | Damen-Sauna-Tageskarte 15,80 Euro | Good-Morning-Karte (nur gültig von 10:00-14:00 Uhr, außer Sa/So/Feiertag) 14,40 Euro.

UMKLEIDEN | DUSCHEN
Männer und Frauen kleiden sich in separaten Sammelkabinen sowie in einer Gemeinschaftskabine um. Geduscht wird geschlechtlich getrennt.

DIE SAUNEN
INNENBEREICH:
DIE »RUUSU®«-SAUNA
80 °C

Diese Sauna-Kabine steht ganz im Namen der Rose: liebevolle Rosenschnitzereien in den Sauna-Leuchten und Rückenlehnen sowie angenehmer Rosenduft. Außerdem, als besonderer Blickfang, der mit dem Naturstein »Rosa Porrinho« ummantelte, mittig platzierte Sauna-Ofen, der effektvoll beleuchtet und mit 85 kg Rosenquarz-Steinen versehen ist. Rund 15 Personen werden bei 80 °C vom Rosenflair verzaubert.

DIE »VALO®«-SAUNA
70 °C

Durch einen farbwechselnden Sternenhimmel fallen farbenfreudige Lichtimpressionen auf die attraktiv verspielte Holzverkleidung. Dezente Entspannungsmusik untermalt den Aufenthalt für gut 15 Personen bei 70 °C und 40 % Luftfeuchte. Auf dem mit schwarzem Granit »Nero Impala« ummantelten, zentralen Sauna-Ofen liegt eine große Granitkugel. Hier entspringt mit ätherischen Ölen angereichertes Wasser.

DAS DAMPFBAD
45 °C

Aromatisierte Nebelschwaden kommen den zehn Personen, die im Dampfbad Platz finden, beim Betreten der Kabine entgegen. Hier herrschen Temperaturen um die 45 °C. Vor dem Bad stehen verschiedene Salze und Eis zum Einreiben bereit.

258 HeubergSauna »HiER FÜHL iCH MiCH GUT«
WESEL

Gantesweilerstraße 6, 46483 Wesel
0281 97209100 | www.baeder-wesel.de

AUSSENEBEREICH:
DIE FINNISCHE SAUNA
90 °C

Die echt finnische Aufguss-Sauna ist in einem Blockhaus mit begrüntem Dach untergebracht. Dank der großen Fensterfront haben Sie einen herrlichen Ausblick in den Sauna-Garten. Bis zu 40 Personen können bei 90 °C den stündlichen Aufgüssen mit wechselnden Aromen beiwohnen. Der Sauna-Meister umfächert die Schwitzhungrigen dabei mit einem Palmwedel. Außerdem werden Obst, Eis oder erfrischende Kleinigkeiten gereicht.

DIE KAMIN-SAUNA
90 °C

Rustikaleres Saunaflair erwartet Sie in der exklusiven Kamin-Sauna bei 90 °C. Das prasselnde Feuer des gemauerten Kamins trägt zum streichelsanften Klima der Außen-Sauna bei. 10 bis 15 Personen können hier angenehm entspannen.

DAS ABKÜHLEN

Im Innen- wie im Außenbereich sorgen Regendruckbrausen, Kneippschläuche, Kübel- und Schwallduschen für eine ordentliche Abkühlung. Außerdem erwartet Sie das außen liegende Tauchbecken. Vier Fußwärmebecken an beheizter Sitzbank im Inneren erquicken Ihre Füße.

DIE AUSSENANLAGE

Der Sauna-Garten erstreckt sich über zwei schön gestaltete Areale. Ein Teil des Gartens gehört zur Außen-Gastronomie der Anlage. Sie sitzen hier in einer Steinlandschaft mit asiatischer Baum- und Grünkultur. Durch eine Tür gelangen Sie in den wunderbaren Innenbereich der Saunalandschaft mit asiatisch anmutenden Standlampen, Buddhafiguren und einem großen chinesischen Schriftzeichen, das Glück verheißt. Hier plätschert ruhig ein Wasserfall in eine gestaltete Steinlandschaft. Gemütliche Liegen umrunden das Schwimmbecken. Das 20 qm große Außenbecken ist auf etwa 28 °C erwärmt und mit Massagesprudlern und Unterwasser-Lichtspiel versehen.

HeubergSauna »HiER FÜHL iCH MiCH GUT«

Ganteswilerstraße 6, 46483 Wesel
0281 97209100 | www.baeder-wesel.de

WESEL

Der Ruheraum gewährt einen großzügigen Ausblick in den Sauna-Garten, während Sie auf bequemen Liegestühlen mit Decken oder auf zwei Wasserbetten zur Ruhe kommen können. Der davor liegende offene Ruhe- und Lesebereich mit Liegen, Liegestühlen und Sitzbänken bietet weitere Erholung.

RUHEMÖGLICHKEITEN

Ayurveda-Behandlungen, Wellnessmassagen, Hot Stone, energetische Massagen und Loumi Loumi gehören zum Programm des qualifizierten Massagebereiches.

MASSAGEN | SOLARIEN

Regelmäßig werden besondere Veranstaltungen mit unterschiedlichen Themen und teilweise verlängerten Öffnungszeiten angeboten.

EVENTS

Der stilvolle, zentrale Gastronomiebereich bietet innen wie außen bequeme Sitzmöglichkeiten. Kleinigkeiten, Salate und Fleischgerichte können Sie hier verzehren.

GASTRONOMIE

Der Eintritt wird sofort fällig. Verzehrte Speisen und Getränke werden im Nachhinein beglichen.

ZAHLUNGSVERKEHR

Direkt an der Anlage parken Sie gegen Entgelt. Dieses wird Ihnen in voller Höhe an der Kasse erstattet. Bitte denken Sie an Münzgeld für den Parkautomaten.

PARKMÖGLICHKEITEN

Lagunen-Erlebnisbad »Hinein ins Vergnügen«

Am Hagen 10, 34508 Willingen
05632 96943-0 | 05632 96943-96 | www.lagunenerlebnisbad.de

GEBOTEN WIRD:

DAS RESÜMEE — Die »Lagunen-Erlebnisbad«-Anlage beinhaltet das Hallenbad (»1.200 qm Wasserspaß das ganze Jahr«) mit vielerlei Wasser-Attraktionen (unter anderem zwei Innen- und zwei Außenbecken mit 28 und 33 °C, Solebecken, Whirlpool etc.), den Kinder-Badespaßbereich, den »Aqua-Rutschenpark« mit der 125-m-Erlebnis-Riesenrutsche und zwei weitere Rutschen, die »Karibikbar« mit entsprechendem Flair (Ruhezonen innen und außen) sowie der großzügig gestaltete Saunabereich. Ab Frühjahr 2020 dürfen sich die Gäste über eine neue Saunawelt freuen.

DER EMPFANG — Es gibt einen gemeinsamen Eingang für alle Teilbereiche (Hallenbad, Saunawelt usw.), die in die Gesamtanlage integriert sind. Eine Ausleihmöglichkeit für Sauna-Tücher ist beim Empfang vorhanden, ebenso ein Bademoden-Shop.

DIE ÖFFNUNGSZEITEN — Die Anlage ist Mo.-Fr. & So. von 9:00-22:00 Uhr und Sa. 10:00-23:00 Uhr geöffnet.

DIE PREISE — Gesamtangebot, inklusive Hallenbad: Tageskarte (Relax-Tarif) 14,90 Euro | 2,5 Stunden (Fun-Tarif) 12,90 Euro | 90 Minuten (Aqua-Tarif) 8,90 Euro | 10er-Coin (10 × 90 Minuten) 71,20 Euro. Für Jugendliche, Kinder und Familien gelten Sonderpreise. Die Preise für Gäste mit Sauerland-Card sind 1,00 Euro niedriger. Weitere Konditionen und Angebote erfahren Sie auf der Internetseite oder im Bad.

UMKLEIDEN | DUSCHEN — Die Saunagäste benutzen gemeinsam mit den Badegästen den einheitlichen Umkleidebereich, nach Männern und Frauen getrennt. Integriert sind auch getrennte Reinigungsduschen. Den Eingang zur Saunawelt erreichen Sie durch ein separates Drehkreuz im Hallenbadbereich hinter einer Doppelschwingtür.

Lagunen-Erlebnisbad »HINEIN INS VERGNÜGEN«

Am Hagen 10, 34508 Willingen
05632 96943-0 | 05632 96943-96 | www.lagunenerlebnisbad.de

261
WILLINGEN

DIE SAUNEN

Es gibt ein Irisch-Römisches Dampfbad, ein Sanarium® und fünf Saunen in der »Saunawelt«, verteilt auf den Innen- und Außenbereich. An den Saunen, in denen regelmäßig Aufgüsse stattfinden, ist die nächste Aufgusszeit an einem hölzernen Analogziffernblatt neben dem Eingang ablesbar.

Im Sanarium® stehen etwa 20 Sitzplätze auf drei Sitzebenen zur Verfügung. Es ist auf ca. 55 °C temperiert bei einer Luftfeuchtigkeit von 40-50 %.

INNENBEREICH:
DAS SANARIUM®, 55 °C

Hinter der Vollglastür findet man eine tiefblaue Kunststoffkabine vor. Gut zehn Leute haben hier bei 45 °C und feuchtigkeitsgesättigter Luft Platz. Aus den Deckenlautsprechern rieselt dezente Musik. Da genügend Licht von zwei bullaugenförmigen Lampen gespendet wird, findet man sich im Raum gut zurecht. Ein Kaltwasser-Schlauch steht zur Abkühlung von Körper bzw. Sitzfläche bereit.

DAS IRISCH-RÖMISCHE
DAMPFBAD
45 °C

Hier handelt es sich um zwei gleich ausgestattete, holzverkleidete Finnische Sauna-Kabinen, deren Unterschied lediglich darin besteht, dass die erste auf 85 °C erhitzt wird und die zweite auf 100 °C. Etwa 14 Plätze auf zwei Ebenen stehen in jeder Kabine zur Verfügung. Fenster in den Türen geben den Blick frei in den farbig beleuchteten und gefällig dekorierten Innenbereich.

DIE FINNISCHEN
SAUNEN
85 I 100 °C

262
WILLINGEN

Lagunen-Erlebnisbad »HINEIN INS VERGNÜGEN«

Am Hagen 10, 34508 Willingen
05632 96943-0 | 05632 96943-96 | www.lagunenerlebnisbad.de

DER AUSSENBEREICH
Hier findet der Saunagast eine Gruppierung von fünf Pyramiden unterschiedlicher Größe vor. Die drei kleinen beherbergen eine Finnische Rundholzblock-Sauna, eine Ilo-Sauna sowie ein Duschhaus mit Erlebnisduschen, die mittlere ist die Kristall-Sauna in gleicher Bauweise und die größte Pyramide (30 × 30 m) beherbergt die Ruhemöglichkeiten. Zwei unterschiedliche Schwimmbecken stehen zur Verfügung.

DIE ILO-SAUNA
85 °C
In einem Blockhaus ist diese neugestaltete Sauna untergebracht, die ein besonderes Wärmeempfinden garantiert. Bei 85 °C und etwa 15 % Luftfeuchtigkeit bietet der Schwitzraum auf zwei Ebenen etwa elf Personen Platz, die durch Fenster und Vollglastür einen Blick nach draußen haben.

DIE KRISTALL-SAUNA
90 °C
Dies ist mit annähernd 50 Plätzen in drei Ebenen die größte Sauna der »Saunawelt«. Die Feuchtigkeit in der auf 90 °C erwärmten Luft liegt bei 35-45 %. Es befinden sich zwei zu einem quadratischen Block zusammengestellte Öfen an der Wand zwischen den beiden Eingangstüren. Die Sitzbänke sind in U-Form um den Ofenblock herum gebaut. Über dem vorderen Ofen ist eine Bergkristallgruppe zu bewundern, über dem hinteren hängen zwei Gefäße zur Aromatisierung der Luft. Zur Farblichtstimulation hüllen die Deckenleuchten den Raum wechselweise in rotes, gelbes, grünes und blaues Licht. Dazu klingt sphärische Musik. Im Vorraum, an der Wand zwischen den Eingängen, sind die diversen Wirkungsaspekte der Kristall-Sauna beschrieben.

Lagunen-Erlebnisbad »HINEIN INS VERGNÜGEN«

Am Hagen 10, 34508 Willingen
05632 96943-0 | 05632 96943-96 | www.lagunenerlebnisbad.de

WILLINGEN

Zwei Vollglastüren ermöglichen einen großzügigen Blick in den Außenbereich. Es herrscht eine Temperatur von 90-95 °C bei rund 25 % Luftfeuchte. Durch die kleine Wandluke ist das Außenrundbecken zu sehen. Eine intensive Lichtquelle hinter dem steinbedeckten Ofen beleuchtet die beiden deckenhoch mit Schieferplatten versehenen Wände. Der Schiefer wirkt als hervorragender Wärmespeicher und sorgt für eine entsprechend wohlige Abstrahlung. 11 Personen finden hier Platz.

DIE AUSSEN-SAUNA 90-95 °C

Im Innenbereich sind die Duschen innerhalb eines rundgezogenen Mauerbogens untergebracht. Freunde von »wirklich kaltem« Abtauchen kommen in dem Tauchbecken auf Ihre Kosten. Ein neues Highlight ist das Erlebnis-Duschhaus. Zwei Erlebnisduschen mit Klang, Licht und Duft, große Tellerbrausen, die Kübeldusche und Kneippschläuche garantieren ein prickelndes Duschvergnügen. Ein kreisrundes Becken mit fünf Metern Durchmesser lädt zu einigen Schwimmzügen im kühlen Wasser ein.

DAS ABKÜHLEN

Im Innenbereich sind vier Warm-Kalt-Fußbäder an einer leicht im Bogen angeordneten, mosaikbesetzten Steinbank angeordnet.

DAS KNEIPPEN

Wer seinem Körper auch innerlich kühles, erfrischendes und gesundes Nass zuführen will, kann sich an einer »antiken Pumpe« mit wirklich schmackhaftem, natürlichem Mineralwasser bedienen.

DER MINERALWASSERBRUNNEN

264
WILLINGEN

Lagunen-Erlebnisbad »HINEIN INS VERGNÜGEN«

📍 Am Hagen 10, 34508 Willingen
📞 05632 96943-0 | 📠 05632 96943-96 | 🌐 www.lagunenerlebnisbad.de

DAS AUSSENBECKEN

In einem ca. 10 × 20 Meter großen, nierenförmigen Außenbecken, das mit einer kräftigen Gegenstromanlage versehen ist, kann es sich der Saunagast im wohlig temperierten Wasser (28 °C) gut gehen lassen.

RUHEMÖGLICHKEITEN

Beim Ruheraum im Inneren sorgen Glaswände in drei Richtungen für eine reichliche Lichtdurchflutung und einen offenen Blick, sowohl in den Innen- als auch den Außenbereich. Einige Kippliegen für Ruhe und Kommunikation gibt es zusätzlich neben den Fußbädern. Die größte Pyramide der Außenanlage beherbergt Ruhemöglichkeiten auf zwei Etagen. Während die Wände zum Außenhof aus Glas sind, sorgt die große gläserne Spitze des Pyramidendaches dafür, dass man auf der durch eine Wendeltreppe erreichbaren Empore zusätzliches Licht von oben erhält. Das Gebäude ist auch im Sommer gut temperiert und bietet, neben einer Vielzahl von Kippliegen, einige Tische mit Stühlen.

GASTRONOMIE

Die »Karibikbar« mit echtem Karibikflair ist im Be-

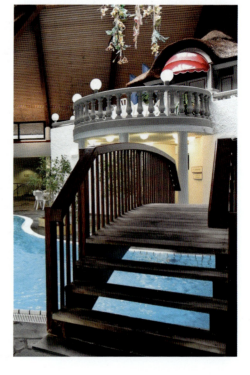

Lagunen-Erlebnisbad »HINEIN INS VERGNÜGEN«

📍 Am Hagen 10, 34508 Willingen
📞 05632 96943-0 | 📠 05632 96943-96 | 🌐 www.lagunenerlebnisbad.de

reich der Hallenbad-Anlage angesiedelt. Integriert sind Ruhezonen, eine Sonnenterrasse mit Blick auf die Badelandschaft und diverse Wellnessangebote. Das kulinarische Angebot inklusive Erfrischungsdrinks folgt dem karibischen Anspruch.

Leistungen, die über den anfangs bezahlten Eintritt hinausgehen, werden elektronisch auf einen in den Schlüssel integrierten Chip gebucht. Vor dem Verlassen der Anlage werden eventuelle Nachzahlungen an einem Automaten vorgenommen.

ZAHLUNGSVERKEHR

Kostenfreie Parkplätze finden Sie reichlich vor und in unmittelbarer Nähe der Anlage.

PARKMÖGLICHKEITEN

Walter-Leo-Schmitz-Bad »SAUNIEREN UND SCHWIMMEN MIT NATURFLAIR«

Ostlandstraße 32, 51688 Wipperfürth
02267 887970 | dirk.osberghaus@wipperfuerth.de | wls.wipperfuerth.de

GEBOTEN WIRD:

DAS RESÜMEE Mitten in der Bergischen Landschaft gelegen, passt sich das Walter-Leo-Schmitz-Bad mit seiner gipfelförmigen Architektur harmonisch in die umliegende Natur ein. Die großen Fensterfronten lassen viel Licht in das Innere und vermitteln den Gästen das Gefühl, mitten im Grünen zu stehen. Sauna-Freunde können in den zwei Finnischen Saunen und dem Dampfbad relaxen. Im Anschluss lädt der gepflegte Außenbereich mit seinen Liegewiesen dazu ein, die frische Luft zu genießen. Drei gemütliche Ruheräume und diverse Abkühlmöglichkeiten runden den perfekten Sauna-Tag ab. Daneben bietet das Walter-Leo-Schmitz-Bad natürlich auch mehrere moderne Schwimmbecken und ein vielfältiges gastronomisches Angebot.

DER EMPFANG Im Empfangsbereich stehen Kassenautomaten, an denen Sie Chips erwerben können, die als Eintrittskarten dienen. Die Wechselkabinen können Sie während der Gültigkeit Ihrer Eintrittskarte nutzen.

DIE ÖFFNUNGSZEITEN

	Schwimmen	Sauna
Montag	Ruhetag	Ruhetag
Dienstag	06:00–08:00 | 14:00–20:00 Uhr	09:00–20:00 Uhr (Damen)
Mittwoch	14:00–20:00 Uhr	09:00–20:00 Uhr (Herren)
Donnerstag	06:00–22:00 Uhr	09:00–22:00 Uhr
Freitag	14:00–21:00 Uhr*	09:00–21:00 Uhr
Samstag, Sonn- & Feiertag	09:00–17:00 Uhr	10:00–17:00 Uhr

Die Öffnungszeiten gelten in der Schulzeit, während der Ferien gelten gesonderte Öffnungszeiten. Diese entnehmen Sie bitte dem Internet.

Walter-Leo-Schmitz-Bad »SAUNIEREN UND SCHWIMMEN MIT NATURFLAIR«

Ostlandstraße 32, 51688 Wipperfürth
02267 887970 | dirk.osberghaus@wipperfuerth.de | wls.wipperfuerth.de

WIPPERFÜRTH
GUTSCHEINHEFT S. 19

Saunabereich und Badebereich zusammen: Alle Besucher 13,50 Euro | Mit Geldwertkarte 10,50 Euro | Die Wertkarte kann erstmalig beim Schwimmbadpersonal zum Preis vom 10,00 Euro erworben werden. | Preise nur für das Hallenbad entnehmen Sie bitte der Internetseite.

DIE PREISE

Den Besuchern steht eine Gemeinschaftsdusche mit 5 Duschen zur Verfügung. Zur Aufbewahrung Ihrer Garderobe stehen Ihnen Garderobenschränke im Umkleidebereich zur Verfügung. Wertschließfächer finden Sie in der Schwimmhalle neben dem Schwimmmeisterraum.

UMKLEIDEN | DUSCHEN

Im Inneren liegt eine der beiden holzvertäfelten Finnischen Saunen, in der die Temperatur zwischen 85–90 °C liegt. Wer es noch heißer möchte, der wird im Außenbereich fündig. Hier wartet die zweite Finnische Sauna, in der die Temperatur auf 90–95 °C steigt.

DIE SAUNEN
DIE FINNISCHEN SAUNE
85-90 °C

Wallende Dampfschwaden und ein deutlich milderes Klima empfangen Sie im intern gelegenen Dampfbad. Hier können Sie Ihren Kreislauf stärken, Ihre Atemwege reinigen lassen und auch Ihrer Haut etwas Gutes tun.

DAS DAMPFBAD

Direkt neben der Finnischen Sauna im Außenbereich ist das Tauchbecken gelegen, das mit seinem herrlich frischen Wasser für einen kühlen Kopf sorgt. Schwalleimer und Duschen bieten zusätzlich Gelegenheit zur Erfrischung.

DAS ABKÜHLEN

Die wunderschöne Bergische Landschaft rund um das Walter-Leo-Schmitz-Bad macht den Aufenthalt im Außenbereich zu einem echten Naturerlebnis. Auf den insgesamt 150 qm kann man es sich entweder auf der gepflegten Liegewiese gemütlich machen oder sich auf dem Beachvolleyball- und Handballfeld so richtig austoben. Die Kinder können derweil Ihrer Kreativität beim Sandburgenbauen im großzügigen Sandkasten freien Lauf lassen.

AUSSENANLAGEN

Walter-Leo-Schmitz-Bad »SAUNIEREN UND SCHWIMMEN MIT NATURFLAIR«

Ostlandstraße 32, 51688 Wipperfürth
02267 887970 | dirk.osberghaus@wipperfuerth.de | wls.wipperfuerth.de

SCHWIMMBÄDER
Wer es sportlich mag oder seiner Gesundheit etwas Gutes tun will, dem steht im Inneren des Bades ein insgesamt 25 Meter langes Schwimmbecken mit 5 Bahnen zur Verfügung. Wagemutige können sich am Drei-Meter-Brett beweisen. Gemütlicher geht es im Außenplanschbecken zu. Auch für die kleinen Gäste ist hier gesorgt: Im Lehrschwimmbecken und Kleinkinderbereich werden Schwimmflügelchen und Wasserspielzeug ausgepackt. Hier steht eindeutig die Freude am kühlen Nass im Vordergrund.

RUHEMÖGLICHKEITEN
Nach dem Saunen oder Schwimmen ist Entspannung angesagt. In den drei Ruheräumen mit ihren gemütlichen Liegen und dem Grün der Zimmerpflanzen können Sie in aller Ruhe ein Buch lesen, in einer Zeitschrift stöbern oder auch einfach nur ein wenig die Augen schließen. Bei gutem Wetter lockt der Außenbereich mit seinen Liegestühlen in das „natürliche Solarium".

WELLNESS | MASSAGEN
Eine zertifizierte Masseurin bietet den Gästen des Walter-Leo-Schmitz-Bades ein umfangreiches Angebot an Massagen und kosmetischen Behandlungen an. Information und Anmeldung bei Gabi Zacher, Tel. 0175 9449783.

ZUSATZANGEBOTE
Das Hallenbadpersonal, örtliche Vereine, die Volkshochschule und diverse Sportstudios bieten regelmäßig Schwimm-, Aqau-Aerobic-, Wassergymnastik- und Babyschwimmkurse an. Eine Übersicht zu den aktuellen Angeboten können Sie der Internetseite des Bades entnehmen.

GASTRONOMIE
Für das leibliche Wohl der Gäste in Schwimmbad und Sauna sorgt der Imbiss PIZZA POOL. Neben der obligatorischen „Currywurst Pommes" gibt es eine große Auswahl an Pizzen, Nudel- und Schnitzelgerichten, Burgern, Salaten, Burritos, Süßspeisen und alkoholfreien Getränken.

Walter-Leo-Schmitz-Bad »SAUNIEREN UND SCHWIMMEN MIT NATURFLAIR«

Ostlandstraße 32, 51688 Wipperfürth
02267 887970 | dirk.osberghaus@wipperfuerth.de | wls.wipperfuerth.de

Ihre Rechnung können Sie in bar begleichen. Eine Bezahlung per EC-Karte ist nicht möglich.

ZAHLUNGSVERKEHR

Den Besuchern stehen insgesamt 100 kostenfreie Parkplätze zur Verfügung. Auch für ein Wohnmobil ist hier Platz.

PARKMÖGLICHKEITEN

270 Freizeitgesellschaft Metropole Ruhr mbH

RUHRGEBIET
GUTSCHEINHEFT S. 19

Zusammenschluss der Niederrhein-Therme in Duisburg, des Solebads Vonderort in Oberhausen, der sauna und sole Nienhausen in Gelsenkirchen und des Freizeitbads Heveney in Witten.

GEBOTEN WIRD:

DAS RESÜMEE

Lernen Sie die Vielfältigkeit bei einer etwas anderen „Urlaubsreise" durch die Metropole Ruhr kennen!

Die Freizeitgesellschaft Metropole Ruhr mbH bietet mit seinen vier Standorten im Ruhrgebiet ein abwechslungsreiches Freizeitangebot für Jung und Alt, für Familien, für Paare und auch Singles. Unter dem Motto „Urlaub vor der Haustür" setzen die vier Sauna- und Bäderlandschaften voll auf Entspannung, Spaß, Gesundheit und Erholung. Jeder Standort ist anders und besonders.

Die Vielfalt der Saunaanlagen-mit insgesamt 43 Schwitzkabinen-lässt jedes Saunaherz höherschlagen und schnell ist das Schmuddelwetter vergessen, wenn die Thermalsolebecken mit Temperaturen bis zu 34 °C zu einem entspannten Bad einladen, die Muskeln gelockert werden und der Alltagsstress ganz einfach „weggesprudelt" wird. Die perfekte Zeit, um in der Sauna ordentlich ins Schwitzen zu kommen, der kalten Jahreszeit zu trotzen und sich einen Wohlfühlort zu suchen!

Die Thermen befinden sich in idyllischer Lage; verfügen über eine gute Verkehrsanbindung und bieten außerdem mit Parkanlagen und dem Kemnader See eine weitere Fülle an Möglichkeiten, Freizeit zu gestalten und zu erleben.

Auf den nachfolgenden Seiten können Sie die vier Standorte und ihre Saunalandschaften in einer kurzen Übersicht kennenlernen. Für nähere Informationen schauen Sie bitte auf den jeweiligen Internetseiten der Bäder vorbei.

Niederrhein-Therme »ENTSPANNT UND IN RUHE SCHWITZEN«

Wehofer Straße 42, 47169 Duisburg
0203 99584-12 | www.niederrhein-therme.de

Brauchen Sie eine Auszeit vom Alltag? Dann relaxen Sie bei einem Kurzurlaub in der »Niederrhein-Therme«, denn hier werden Erholung und Wellness großgeschrieben: in einer der 15 Saunen entspannen, im 32 °C warmen Thermalsolewasser dahinreiben und frische Meeresluft in der Salzgrotte atmen. Ein täglich wechselndes Aufgussprogramm verspricht zudem allen Saunafans Abwechslung pur: Je nach Jahreszeit gibt es sommerlich frische oder winterlich duftende Aufgüsse. Wellnessaufgüsse wie der »Beauty de Luxe« oder der Honigaufguss sorgen zudem für pures Wohlbefinden! Für das leibliche Wohl sorgt die Thermengastronomie mit »Saunabar« und »Taberna«.

SAUNALANDSCHAFT

Sauna und Sole täglich, außer Heiligabend und Silvester, von 8:30-23:00 Uhr.

DIE ÖFFNUNGSZEITEN

2-Std.-Karte 14,00 Euro | 4-Std.-Karte 17,00 Euro | Tageskarte 20,00 Euro. Spar-Tarif 13,00 Euro. An Sonn- und Feiertagen wird ein Zuschlag von 2,00 Euro erhoben.

DIE PREISE

Die urige Atmosphäre der Jahrhunderte alten Polarkiefern in der **»Kelo«-Sauna** machen das Saunabaden bei circa 90 °C zu einem besonderen Erlebnis. Anlehnend an den Rücken einer über zwei Meter dicken Natursteinwand eines Wasserfalls ergibt sich in Kombination mit den Holzelementen der **Fels-Sauna** bei etwa 90 °C ein wohltuendes Klima für gut 40 Personen. Dem Knistern der brennenden Holzscheite lauschend, erleben Sie im **Kaminzimmer** beruhigende Relaxaufgüsse bei etwa 75 °C. In der **100er-Sauna** geht es heiß her! Als besonderer Kick warten sehr heiße Erlebnisaufgüsse bei etwa 85-95 °C in der **Ritterrunde** auf Sie. Eukalyptus-Aufgüsse erfreuen maximal 25 Personen, die in der dezent beleuchteten **Euka-Sauna** bei etwa 80 °C beherbergt werden können. Bei milden 50 °C und wechselndem Farblicht werden im **Sanarium**® Ihre Sinne angeregt. Gut 20 Personen können sich gleichzeitig aufwärmen. Das **Aufguss-Stübchen** für ebenfalls 20 Personen ist dezent beleuchtet und mit etwa 90-95 °C temperiert. Klassische Kellenaufgüsse und frisch zubereitete Kräutersud-Aufgüsse (zum Beispiel Lemongras oder Salbei) sorgen für ein duftendes Saunaerlebnis. Belebende Düfte von ausgesuchten Kräutern empfangen Sie beim Betreten der **Kräuter-Sauna**. Etwa 15 Personen können hier bei etwa 80 °C das wohltuende Klima genießen. Das höhlenförmige **Dampfbad** erstreckt sich über zwei Ebenen und bietet für gut 15 Personen einen marmornen Sitzplatz. Auf der unteren Ebene verbreitet der Dampferzeuger seinen Nebel.

DIE SAUNEN

272 OBERHAUSEN
Solbad Vonderort »ERLEBEN SIE ERHOLUNG«

Bottroper Straße 322, 46117 Oberhausen
0208 999680 | www.revierpark.com

SAUNALANDSCHAFT Die innenliegende, lichtdurchflutete Saunalandschaft zeigt sich in hellen Farben und geschwungenen Formen und erstreckt sich über gut 500 qm. Zahlreiche Liegestühle schlängeln sich entlang des Panoramafensters mit Blick in den Saunagarten. Es schließt sich ein weitläufiger, 4.000 qm großer Saunagarten an. Liegedecks, ein großes Außenbecken sowie ein Ruhehaus aus Holz sind neben den drei Saunen Highlights des Gartens mit natürlichem Baumbestand.

DIE ÖFFNUNGSZEITEN Montag bis Donnerstag 8:00-22:30 Uhr | Freitag und Samstag 8:00-23:00 Uhr | Sonntag 8:00-21:00 Uhr | Kassenschluss ist 1,5 Stunden vor Schließung.

DIE PREISE 2-Std.-Ticket 15,00 Euro | 4-Std.-Ticket 17,00 Euro | Tagesticket 19,00 Euro | An Sonn- und Feiertagen wird ein Zuschlag von 2,00 Euro erhoben.

DIE SAUNEN Heiß, Holz und schwitzen–so ist das Resümee der 85 bis 90 °C heißen, dezent beleuchteten **finnischen Saunakabine**. Gut 25 Personen können sich intensiv davon überzeugen und die stündlichen Aufgüsse genießen. Im **Valobad** geht es mit Temperaturen um die 60 °C wesentlich milder zu. 20 Gäste finden unter einem farbwechselnden Sternenhimmel bei 50 % Luftfeuchte einen behaglichen Platz. Über einen Holzsteg erreichen Sie die **Teichsauna**, in der dreimal täglich ein Aufguss zelebriert wird. Bis zu 85 Schwitzhungrige verweilen in rustikalem Ambiente. Der mittige Ofen befeuert die Kabine auf bis zu 95 °C. Die **Erd-Sauna** aus massiven Rundstämmen ist tief in die Erde eingelassen. Das erdige Klima und die bewusst dunkel gehaltene Beleuchtung unterstützen rund 30 Gäste beim Zur-Ruhe-Kommen. Die mit 95-100 °C enorm hohe Temperatur ist erstaunlich gut verträglich. Angenehme Gerüche, vermischt mit feinem Nebel, verteilen sich in dem über zwei Ebenen konzipierten, gefliesten **Dampfbad**. Das Bad ist mit 45 °C temperiert. Bis zu 20 Gäste können sich bequem auf Marmorsitzbänken niederlassen.

sauna und sole in Nienhausen »ALLES UNTER EINEM DACH«

Saunalandschaft im Gesundheitspark Nienhausen, Feldmarkstr. 201, 45883 Gelsenkirchen
0209 94131-0 | www.nienhausen.de

SAUNALANDSCHAFT

Das Sauna-Angebot ist breit gefächert. An der Sauna-Infotheke teilt sich die Landschaft in für Damen und Herren jeweils eigenständige Saunabereiche mit Abkühlung, Ruhe- und Außenareal sowie in die gemischte Saunalandschaft. Die Herren können in einer Sauna ordentlich ins Schwitzen kommen oder auf der Wärmebank mit integrierten Fußbecken entspannen. Den Damen stehen drei Saunen zur Verfügung, wobei die Rosen-Sauna in einem eigenständigen Außenareal liegt. Stündliche Aufgüsse stehen sowohl bei den Männern als auch bei den Frauen auf dem Programm. Die helle und freundliche gemischte Saunalandschaft erstreckt sich innen über rund 500 qm und außen über ca. 1.000 qm.

DIE ÖFFNUNGSZEITEN

Montag bis Donnerstag 9:00-22:00 Uhr | Freitag und Samstag bis 23:00 Uhr | Sonn- und feiertags 9:00-20:00 Uhr

DIE PREISE

2-Std.-Aufenthalt: 15,00 Euro | 4-Std.-Aufenthalt: 17,00 Euro | Tageskarte: 19,00 Euro | Sonn- und Feiertagszuschlag 3,00 Euro. Für Kinder, Schüler und Studenten gibt es vergünstigte Tarife. | 4-Std.-Aufenthalt vor 13:00 Uhr: 16,00 Euro

DIE SAUNEN

Die **Erlebnissauna** bietet bis zu 50 Personen Platz, um die besonderen Aufgüsse bei ca. 95 °C zu genießen. Eine schöne Fensterfront bietet dem Gast den Blick auf den Innenbereich der Gemeinschaftssauna. In der **Garten-Sauna** haben in den beiden Kabinen, aufgrund eines großen Fensters, jeweils 15 bis 20 Schwitzhungrige Ausblick auf Teile des Sauna-Gartens. Im ersten der dezent beleuchteten Räume herrscht eine Temperatur um die 90 °C. Die zweite Kabine ist eine **Bio-Sauna**, diese wird automatisch mit Eisminze beduftet. Bei wechselndem Deckenfarblicht können hier milde Temperaturen um die 55 °C genossen werden. Aufgüsse mit Kräutern runden das gesundheitsorientierte Angebot ab. Rustikales Ambiente erfreut den Saunapuristen in der **Wald-Sauna**. Der in die Ecke gemauerte Kamin erhellt mit seinem lodernden und knisternden Feuer den ansonsten dunkel gehaltenen Raum. Darüber befindet sich ein großer gemauerter Ofen mit Sauna-Steinen. Gut 30 Personen verteilen sich auf Holzsitzbänke. Die Temperatur liegt bei 85–90 °C. Das Dach des Hauses ist begrünt. Geschwungene, gefliese Sitzbereiche durchziehen das attraktiv gestaltete **Dampfbad**. Aromaduft, wahlweise Eukalyptus oder Zitrone, liegt in der mit Nebelschwaden verhangenen Kabine. Farbiges Deckenlicht umspielt gut zehn Personen. Mit 50 °C wird das Bad temperiert.

274 WITTEN
Freizeitbad Heveney »IHRE FREIZEIT-UNSER TIPP!«
Querenburger Straße 35, 58455 Witten
02302 56263 | www.freizeitbad-heveney.de

SAUNALANDSCHAFT — Die äußerst vielfältige Saunalandschaft erstreckt sich im Inneren über ca. 800 qm, der terrassenförmige Sauna-Garten umfasst etwa 1.500 qm und das Sole-Außenbecken lädt zum Entspannen ein. Im Innenbereich liegen die Saunen I bis III, die jeweils auch als Aufguss-Sauna dienen. In der Nähe sind ein Dampfbad und ein Sole-Inhalationsraum. Der Garten beherbergt eine Erd-Sauna, ein finnisches Blockhaus mit zwei Saunakabinen, ein Haus mit »Valo®«-Bad, Dampfgrotte, Stollen-Sauna und »Hevener Kegel«. Halbstündlich wechselnd werden in den Saunen Handaufgüsse mit fruchtigen und erfrischenden Düften zelebriert.

DIE ÖFFNUNGSZEITEN — Montag bis Samstag von 9:00-23:00 Uhr | Sonntag und feiertags von 9:00-21:00 Uhr.

DIE PREISE — 2-Std.-Karte 14,00 Euro | 4-Std-Karte 17,00 Euro | Tageskarte 19,00 Euro | Kinder bis 17 Jahre: 2-Std.-Karte 4,50 Euro | 4-Std-Karte 7,00 Euro | Tageskarte 9,00 Euro | Samstags wird ein Zuschlag von 1,00 Euro erhoben, an Sonn- und Feiertagen 2,00 Euro.

DIE SAUNEN — Drei holzverkleidete **Saunakabinen** liegen direkt nebeneinander. Die Temperaturen reichen von 80 °C über 90 °C bis hin zu 95 °C. In den Kabinen I und II finden gut 20 Gäste Platz, in Kabine III 25 Gäste. Der farblich beleuchtete Dampferzeuger im **Dampfbad** ragt stalakmitenartig in die Höhe. Von dort steigt kontinuierlich aromatisierter Dampf auf, der die Kabine auf 50 °C erhitzt. Im Nebel versunken zeigt sich die 50 °C warme **Dampfgrotte**. Entspannungsmusik untermalt das schöne Farblichtspiel in der großzügigen, über zwei Ebenen gebauten, aromatisierten Kabine. Der gefliese, lichtdurchflutete **Sole-Inhalationsraum** bietet Sitzgelegenheit für rund 15 Gäste. Die **Aufguss-Sauna** ist aus massiven Blockbohlen errichtet. Innen herrschen Temperaturen um die 80 °C. Hier können 15 bis 20 Saunafreunde verweilen. Aus massiven Rundstämmen ist die **Erd-Sauna** gebaut. Die Sauna ist größtenteils in die Erde eingelassen; so herrscht hier ein angenehmes Klima trotz 100 °C Innentemperatur. Licht, Klang und Wohlgefühl verspricht das 60 °C warme **»Valo®«-Bad** mit einer Luftfeuchtigkeit um die 40 %. Gut 10 Personen sitzen bei dezenter Entspannungsmusik um den Sauna-Ofen. Das **Finnische Blockhaus** beinhaltet zwei Sauna-Kabinen. Erfreuen Sie sich an Temperaturen von 80-95 °C. In der **Stollen-Sauna** dient ein Hunt–ein kastenförmiger Förderwagen–als Sauna-Ofen. Er wird zwar mit Leuchten erhellt, dennoch ist das dunkle und heiße Flair eines Stollens lebendig. Gut 40 Saunafreunde kommen bei 80-85 °C ins Schwitzen.

276 Schwimmoper–Stadtbad Wuppertal »SCHWIMMEN–FITNESS–SAUNA«

WUPPERTAL
GUTSCHEINHEFT S. 21

Südstraße 29, 42103 Wuppertal
0202 5632630 | 0202 5638057 | www.wuppertal.de

GEBOTEN WIRD:

DAS RESÜMEE Die »Schwimmoper« in schöner Hanglage besticht dank der riesigen Glasfront in zeitgenössischer Gestaltung. Innen zeigt sich die große Bade- und Saunalandschaft in modernem Gewand. Im 30 x 25 m großen, 27 °C warmen Schwimmerbecken ziehen Schwimmer wie Athleten im Rahmen der NRW- und der Deutschen Kurzbahnmeisterschaften ihre Bahnen. Das Lehrschwimmbecken mit Unterwasserdüsen, Wasserspeier und Bodensprudler ist mit 28 °C temperiert. Im 30 °C warmen Bewegungsbecken finden Wassergymnastik und Rehabilitationskurse statt.

Die Kleinen können sich im Kleinkinderbecken bei 32 °C erfreuen. Eine Tribüne mit 1550 Sitzplätzen gewährt den Einblick auf die herrliche Wasserlandschaft. Ein Gymnastikraum dient als Übungs- und Gesundheitsort mit Präventionskursen, Wirbelsäulengymnastik und Pilates. Der anliegende, 100 qm große Fitnessraum ist mit modernen Kraft- und Ausdauergeräten ausgestattet.

DER SAUNABEREICH Lichtdurchflutet, modern und zeitlos–so präsentiert sich die schöne Saunalandschaft der »Schwimmoper«, die sich auf rund 400 qm über zwei Ebenen verteilt. Ausgesuchte Natursteine zieren den Boden. Die Saunen sind von außen attraktiv holzvertäfelt und mit Milchglas versehen. Ausstellungsstücke Wuppertaler Künstler lockern die Atmosphäre weiter auf. Der 150 qm große Saunagarten erschließt sich an der Gastronomie.

DER EMPFANG Vom Empfang geht es über eine Treppe zum Zugangsbereich zur Saunalandschaft. Gegenüber vom Saunabereich liegen der Kraft- und der Gymnastikraum sowie der Massageraum.

Schwimmoper-Stadtbad Wuppertal »SCHWIMMEN-FITNESS-SAUNA«

Südstraße 29, 42103 Wuppertal
0202 5632630 | 0202 5638057 | www.wuppertal.de

WUPPERTAL

Montag bis Freitag von 10:00–22:00 Uhr | Samstag und Sonntag von 9:00–18:00 Uhr. Mittwoch ist Damentag. Der Kartenverkauf endet 1,5 Stunden vor Betriebsschluss der Sauna.

DIE ÖFFNUNGSZEITEN

Erwachsene 13,00 Euro | 10er-Karte 115,00 Euro. Kinder von 6–16 Jahren 9,00 Euro 10er-Karte 80,00 Euro. | Nutzung des Fitnessraum über den Erwerb einer Zehnerkarte (30 Euro) möglich.

DIE PREISE

Männer und Frauen kleiden sich in separaten Sammelkabinen um. Hier finden sich auch die jeweiligen, getrennt geschlechtlichen Duschbereiche. Für die Schließfächer wird eine Ein-Euro-Münze benötigt.

UMKLEIDEN | DUSCHEN

Vier abwechslungsreiche Saunakabinen mit Temperaturen von 45–95 °C verteilen sich auf den ebenerdigen Saunabereich. Von hier ist auch die Außen-Sauna erreichbar. Der interessante Salzraum liegt auf der ersten Etage der Saunalandschaft.

DIE SAUNEN

Die attraktiv holzverkleidete Kabine kann bis zu 20 Personen beherbergen. Der große Ofen mit Saunasteinen, der mit schönen Natursteinen versehen ist, thront seitlich und erwärmt die Kabine auf stattliche 95 °C. Der Aufgussplan vor der Sauna informiert über die stündlich handzelebrierten Aufgüsse mit wechselnden Düften.

DIE FINNISCHE SAUNA
95 °C

Das rustikale »Kelo«-Holz-Ambiente macht den Aufenthalt zum reinen Vergnügen. Dezentes Licht fällt auf die gut 15 Schwitzhungrigen, die sich bei 85 °C um den großen, mit Naturstein gemauerten Ofen mit Saunasteinen schmiegen.

DIE FINNISCHE SAUNA
85 °C

Gemächlich kommen bis zu acht Personen bei Temperaturen um die 65 °C ins Schwitzen. Der Ofen weilt hinter der attraktiven Holzverkleidung.

DAS SANARIUM®
65 °C

Im Saunagarten ist die 85 °C heiße Saunakabine mit offenem, holzvertäfelten Vorraum untergebracht. Der mittige Ofen mit Saunasteinen wird von maximal 20 Personen umgeben, die sich der heimeligen Atmosphäre genussvoll hingeben können.

DIE AUSSEN-SAUNA
85 °C

Schwimmoper-Stadtbad Wuppertal »SCHWIMMEN-FITNESS-SAUNA«

Südstraße 29, 42103 Wuppertal
0202 5632630 | 0202 5638057 | www.wuppertal.de

DAS DAMPFBAD
65 °C
Feiner Nebel verteilt sich in der für acht Personen konzipierten, gefliesten Kabine. Die Temperatur der aromatisierten Luft liegt bei rund 45 °C mit einer Luftfeuchtigkeit von 100 %.

DER SALZRAUM
Beständig wird dem Salzraum Soledampf zugeführt, an dem sich bis zu 15 Personen erfreuen können. Der farbchangierende Sternenhimmel sowie die beleuchteten Salzsteinwände erzeugen ein angenehmes und wohltuendes Ambiente, dem man sich gerne für längere Zeit hingeben möchte. Die mittigen Hocker sind komplett aus Salzsteinen fabriziert.

DAS ABKÜHLEN
Der innen liegende, attraktiv gefliesste Abkühlbereich ist mit einer Eckbrause, Regendruckduschen, einer Schwall- und einer Kübeldusche sowie Kneipp-Schläuchen ausgestattet. Anschließend locken das bunt beleuchtete Tauchbecken mit Frischwasserzufluss sowie der Crushed-Ice-Brunnen. Im Saunagarten warten mit Kneipp-Schlauch, Schwall- und Regendruckdusche mit Überdachung weitere Erfrischungen. Die sechs Fußwärmebecken sind im Innenbereich in einem größeren, kälteren Becken mit Frischwasserzufluss integriert und absolut zentral gelegen, sodass sich hier genügend Gelegenheit zum Plauschen ergibt.

CRUSHED ICE

DIE AUSSENANLAGE
Ein breiter Weg aus Holzpaneelen ebnet den Weg zur Außen-Sauna. Links wie rechts des Weges finden sich auf Kieselsteinen gemütliche Sitz- und Liegegelegenheiten, die zum Teil auch als Außengastronomie genutzt werden.

RUHEMÖGLICHKEITEN
Der moderne Ruheraum in kräftigen Farben ist mit acht gemütlichen Liegen mit Decken ausgestattet. Bequeme Liegen und Liegestühle mit Decken finden sich auch im offenen Ruhebereich mit zentralem Gaskamin und stilvoller Sitzecke.

Schwimmoper-Stadtbad Wuppertal »SCHWIMMEN-FITNESS-SAUNA«

Südstraße 29, 42103 Wuppertal
0202 5632630 | 0202 5638057 | www.wuppertal.de

MASSAGEN
Lassen Sie sich mit Kräuterstempel-Massage, energetischer Wirbelsäulen-Massage nach Breuß sowie klassischer Massage und Gesichtsmassage verwöhnen.

EVENTS
In unregelmäßigen Abständen werden samstags Saunanächte mit verlängerten Öffnungszeiten und Event-Aufgüssen durchgeführt. Bitte informieren Sie sich im Internet oder im Bad.

GASTRONOMIE
Die lichtdurchflutete Cafeteria liegt direkt am Zugang zum Saunagarten. Entlang der halbrunden Holztheke mit Barhockern finden sich gemütliche Sitzmöglichkeiten. Auf der Speisekarte stehen neben Kleinigkeiten und Suppen, Salate auch Imbissgerichte.

ZAHLUNGSVERKEHR
Alle in Anspruch genommenen Leistungen werden unverzüglich beglichen.

PARKMÖGLICHKEITEN
Im Parkhaus der direkt anliegenden Stadthalle parken Sie mit 50 % Ermäßigung. Die Parkkarte wird am Empfangsbereich im Bad entwertet.

280
WUPPERTAL
GUTSCHEINHEFT S. 21

Gartenhallenbad Langerfeld »MOMENTE DER ENTSPANNUNG«

Am Timpen 51, 42389 Wuppertal
0202 5636112 | www.wuppertal.de/tourismus-freizeit/baeder

GEBOTEN WIRD:

DAS RESÜMEE — Ein sympathisches Hallenbad für die ganze Familie: Der Saunabereich umfasst eine finnische Aufgusssauna 90 °C, die Kräutersauna 80 °C, das Sanarium® 60 °C, Dampfbad, Eisbrunnen und einen Gaskamin. Schwimmer können bei angenehmen 28 °C im 25 m Schwimmerbecken ihre Bahnen ziehen, für alle anderen gibt es ein Nichtschwimmerbecken sowie ein 32 °C warmes Kinderplanschbecken mit Babyrutsche. Zur Stärkung nach dem Schwimmen ist eine Cafeteria vorhanden. An schönen Tagen kann die Liegewiese des Hauses genutzt werden.

DER EMPFANG — Im Eingangsbereich erwartet Sie ein Servicetelefon, über welches Sie die Mitarbeiter des Hauses rufen können, um Ihre Eintrittskarte zu erwerben. Von hier aus gelangen Sie ins Hallenbad, in die Sauna und können auch in der Cafeteria Platz nehmen. Durch eine Glaswand kann bereits ein erster Blick in das Bad geworfen werden.

DIE ÖFFNUNGSZEITEN — Sauna: Montag 8:30-21:30 Uhr (gemischt) | Dienstag 8:30-21:30 Uhr (Damen) | Mittwoch 8:30-21:00 Uhr (gemischt) | Donnerstag 8:30-21:00 Uhr (Damen) | Freitag 8:30-21:00 Uhr (gemischt) | Samstag 9:30-17:30 Uhr (gemischt) | Sonntag 9:30-17:30 Uhr (gemischt) | Der Kartenverkauf endet 1 Stunde (Sauna 1½ Stunden) vor Betriebsschluss des Bades. Die Schwimm- und Saunazeit endet 30 Minuten nach Kassenschluss. Die Öffnungszeiten an den gesetzlichen Feiertagen entnehmen Sie bitte den Aushängen in den Bädern, dem Internet oder der Presse. Die Schwimmhalle schließt montags und dienstags um 15:00 Uhr bzw. 14:00 Uhr.

DIE PREISE — Für eine genaue Preisauskunft schauen Sie bitte auf der Internetseite oder setzen sich telefonisch mit dem hilfsbereiten Personal in Verbindung.

Gartenhallenbad Langerfeld »MOMENTE DER ENTSPANNUNG«

Am Timpen 51, 42389 Wuppertal
0202 5636112 | www.wuppertal.de/tourismus-freizeit/baeder

Der Saunabereich liegt im Obergeschoss des Bades. Über eine Treppe gelangen Sie in den von Herren und Damen gemeinschaftlich genutzten Umkleidebereich.

Einen ganz klassischen Saunagang können die Gäste bei 90 °C in der Aufgusssauna erleben. Auf drei unterschiedlichen Holzstufen findet jeder einen angenehmen Platz, an dem sich die Hitze gut vertragen lässt.

Bei 80 °C und ebenfalls drei Holzstufen kann ein Gang in der Kräutersauna genossen werden. Über dem Saunaofen befindet sich eine Schale mit Wasser, welches mit verschiedenen Kräutern angereichert wird. Der aromatische Duft stimuliert die Sinne und die Dämpfe sind eine gesunde und vitalisierende Inhalation, die sich positiv auf den Körper auswirkt.

Das Sanarium® weist eine Temperatur von 60 °C auf, ist somit eine Niedertemperatur-Sauna, und ist ideal für diejenigen, die die Hitze der Finnischen und der Kräutersauna nicht so gut vertragen. Ausgestattet ist sie mit Farblicht, welches sich je nach Farbe unterschiedlich positiv auf den Körper auswirkt.

UMKLEIDEN | DUSCHEN

DIE SAUNEN
FINNISCHE
AUFGUSSSAUNA, 90 °C

KRÄUTERSAUNA
80 °C

SANARIUM®
60 °C

Gartenhallenbad Langerfeld »MOMENTE DER ENTSPANNUNG«

WUPPERTAL
Am Timpen 51, 42389 Wuppertal
0202 5636112 | www.wuppertal.de/tourismus-freizeit/baeder

DAS ABKÜHLEN

Nach den Saunagängen ist es wichtig, dem Körper ausreichend Abkühlung zu verschaffen, damit der gesunde Effekt der Sauna auch zum Einsatz kommt. Hierfür stehen ausreichend Möglichkeiten zu Verfügung: Verschiedene Duschen, darunter auch eine Kübeldusche, ein Tauchbecken, ein Eisbrunnen und ein Lichthof mit ausreichend Sitzmöglichkeiten entziehen dem Körper die Hitze der Sauna und verhelfen so zu einem gestärkten Immunsystem. Ebenfalls ist der Saunabereich mit einem Kneippschlauch und Fußbädern ausgestattet.

Gartenhallenbad Langerfeld »MOMENTE DER ENTSPANNUNG«

📍 Am Timpen 51, 42389 Wuppertal
☎ 0202 5636112 | 🌐 www.wuppertal.de/tourismus-freizeit/baeder

Im Ruheraum können Sie zwischen den Saunagängen komplett abschalten. Hier warten Liegen auf ihren Einsatz. Der Blick fällt durch eine Fensterglasfront in das Hallenbad. Des Weiteren sorgt ein großer Gaskamin für eine wohlige Atmosphäre. Entspannen Sie auf einer der Sitz- und Liegemöglichkeiten und beobachten das offene Feuer, welches leise vor sich hin züngelt. — RUHEMÖGLICHKEITEN

Volle Entspannung bietet das Gartenhallenbad durch verschiedene Massagen. Massagen können auf Nachfrage gebucht werden, 0202 563 6112. — WELLNESS | MASSAGEN

29.06.2019-Kinderspieltag
27.10.2019-Halloween
30.11.2019-Saunanacht
04.12.2019-Lichterschwimmen — EVENTS

Alle in Anspruch genommenen Leistungen können sowohl bar als auch mit der EC-Karte beglichen werden. — ZAHLUNGSVERKEHR

Direkt an der Anlage stehen ausreichend kostenfreie Parkmöglichkeiten zur Verfügung. — PARKMÖGLICHKEITEN

Tag und Nacht entspannen
Wellness- und Hotelarrangements

Sie werden diese Erfahrung sicher auch schon einmal gemacht haben: Bekannte erzählen Ihnen von einer Sauna, die Sie unbedingt auch mit einem Besuch beehren sollten. Sie hören aufgeregt zu, sehen sich vor dem inneren Auge bereits im schönen Dampfbad sitzen, am nächsten Tag schauen Sie in den Computer – und stellen enttäuscht fest: Die Sauna ist für einen Tagesausflug ungeeignet. Anfahrt, Besuch, Rückweg – das würde mehr als einen ganzen Tag beanspruchen. Traurig sinken Sie zurück in den Sessel. Schade um den schönen Saunabesuch …

Uns erging es neulich ähnlich. Aber muss das sein? Nach kurzer Beratschlagung kamen wir im Saunaführer-Team zur Antwort: Definitiv nicht! Unsere ausgesuchte Sauna war – zufälligerweise – Teil eines großen Hotelkomplexes. Und so war unsere im Saunaführer neu enthaltene Rubrik geboren. Ausgewählte Hotels – natürlich allesamt mit ausgereiftem Sauna-Angebot – bieten Ihnen nun auch die Möglichkeit, die verschiedenen Wellness-Spezialangebote, wie beispielsweise Massagen oder Kosmetikbehandlungen, in Anspruch zu nehmen. Obendrein ist eine Hotelübernachtung über einen gewissen Zeitraum natürlich mit inbegriffen. Anreise-Probleme gehören so der Vergangenheit an und der Saunaführer wird noch wertvoller für Sie.

Das Romantik Hotel Bösehof in Bad Bederkesa

GEESTLAND

Hauptmann-Böse-Straße 19, 27624 Geestland
04745 9480 | www.boesehof.de

GEBOTEN WIRD:

DAS RESÜMEE Der Besten Einer-Zuckerfabrikant, Politiker, Wohltäter: Hauptmann Heinrich Böse war ein Unikum. In jungen Jahren bereiste Heinrich Böse als Bremer Kaufmann ganz Europa und lernte dort Gastlichkeit und Genüsse zu schätzen. Nach seiner Rückkehr in die Heimat war Böse gezwungen, tapferen Widerstand gegen die französischen Besatzer zu leisten. Dafür gründete er das Freiwillige Bremer Jäger-Korps, welche er als »Hauptmann Böse« anführte.

Hohes Ansehen genoss er als Volksredner-geliebt wurde er jedoch für seine selbstlose Menschenfreundlichkeit. So ließ er etwa in Notzeiten Nahrung an Hungernde verteilen. Erst 1826 erstand der alte Böse seinen Ruhesitz in Bederkesa-heute berühmt als Bösehof. Durch seine Herzlichkeit als Gastgeber und legendäre Freundlichkeit erwarb sich Heinrich Böse seinen größten Titel: »Der Besten Einer«.

DAS HOTEL Urromantisch-Ob Einzelzimmer oder Suite: Hauptmann Böse bettet Sie himmlisch. Der Bösehof steht für die schönste Art, dem Körper und der Seele viel Raum für Genuss und Entspannung zu geben. Erleben Sie außergewöhnliche Wohlfühl-Atmosphäre in jedem der 47 Zimmer.

Das Hotel ist fest in den regionalen Traditionen des Nordens verwurzelt und fühlt sich Heinrich Böses berühmter Gastfreundschaft verpflichtet-auch nach fast 200 Jahren. Das Romantik Hotel Bösehof bietet Ihnen alle Annehmlichkeiten, die Sie sich wünschen. Mit einem kleinen, aber feinen Unterschied: dem gediegenen Ambiente im liebreizenden rot-goldenen Mantel historischer Romantik.

Das Romantik Hotel Bösehof in Bad Bederkesa

Hauptmann-Böse-Straße 19, 27624 Geestland
04745 9480 | www.boesehof.de

DER EMPFANG

Hier erreichen Sie das Hotelteam persönlich-alle Auskünfte zu Ihrer Buchung oder Reservierung.

Ihr Wunsch ist dem Personal Befehl. Ob Fragen zur Online-Buchung, zu einem Arrangement, allgemeinen Informationen über die Zimmer-Kategorien oder einer Reservierung im hauseigenen Restaurant–das Team ist für Sie da. Ein Anruf in der Rezeption genügt und Ihrer Auszeit im Romantik Hotel Bösehof steht nichts mehr im Wege. Für den Mittagstisch im Restaurant an Sonn- und Feiertagen sowie jeden Abend-Besuch bitte rechtzeitig vorab reservieren.

DAS RESTAURANT

Grandiose Gastmähler und exquisite Genüsse–reichliches vom allerhöchsten Niveau. Ob Mousse von Strauchtomaten an fangfrischen Nordseekrabben oder sanft gedünstetes Seeteufelkotelett, ob Duroc-Schweinerückensteak oder Muskat-Kürbissuppe–die Küchenchefs des Bösehof interpretieren regionale Köstlichkeiten in ihrer ganzen Vielfalt und eröffnen Ihrem Gaumen neue Horizonte.

Wenn Niveau und Plaisir Hochzeit feiern-Im Bösehof werden Ihnen erlesene Delikatessen den Jahreszeiten entsprechend serviert. Diese natürliche Landhausküche verarbeitet Produkte aus regionalen Kräutergärten und von feinheimischen Landwirten und Fischern.

RESERVIERUNG IM RESTAURANT

Das Hotel stellt sich für Sie auf Ihre individuellen Wünsche und Termine ein. Reservieren Sie einen Tisch für zwei oder einen großen Saal für die nächste Familienfeier-im Bösehof finden Sie immer den richtigen Platz mit einem perfekten Service, ganz auf Ihre persönlichen Ansprüche und individuellen Anforderungen abgestimmt. Für den Mittagstisch im Restaurant an Sonn- und Feiertagen sowie jeden Abend-Besuch bitte rechtzeitig vorab reservieren.

Das Romantik Hotel Bösehof in Bad Bederkesa

Hauptmann-Böse-Straße 19, 27624 Geestland
04745 9480 | www.boesehof.de

BÖSES RESTAURANT – DIE ÖFFNUNGSZEITEN

Gerichte aus der saisonal wechselnden Speisekarte von Böse's Restaurant werden täglich von 12:00-14:00 Uhr und von 18:00-21:30 Uhr gekocht. Von 12:00-22:00 Uhr durchgehend erhalten Sie die Gerichte der „Bauernstube". Nachmittags außerdem Kuchen aus der eigenen Konditorei. Serviert wird im Sommer auch ganztägig auf der Terrasse unter alten Linden mit Seeblick.

DER SPA-BEREICH

Jungbrunnlich-Seele erfrischen und Körper erneuern in einem berühmten Quell der Lebenskraft. Könnte es wirklich etwas Schöneres geben, als ein wohltemperiertes Bad? Genießen Sie angenehme 29 °C Wassertemperatur und flüssige Erquickungen wie sanft knetende Massagedüsen, den brodelnden Bodengeysir sowie den belebenden Whirlpool. Besinnlich-sanfter Kerzenschein, reine Elemente und wohltuende Wärme. Einfach abschalten. Stehen Leib und Seele in Einheit, ist der Mensch rundum zufrieden. Lassen Sie sich zu Ihrem neuen Körpergefühl verführen und genießen Sie von Lomi Lomi Nui bis Biosauna alle Facetten verwöhnender Entspannung und anhaltender Erholung.

Das Romantik Hotel Bösehof in Bad Bederkesa

Hauptmann-Böse-Straße 19, 27624 Geestland
04745 9480 | www.boesehof.de

Die Badelandschaft ist täglich von 7:00-21:30 Uhr geöffnet. Montags (außer an Feiertagen) von 9:00-12:00 Uhr wegen Grund-Reinigung geschlossen.

Die Saunalandschaft ist täglich geöffnet. Vom 1. April bis 30. September von 16:00-21:30 Uhr. Vom 1. Oktober bis 31. März von 15:00-21:30 Uhr.

Romantik Natur Spa von Montag bis Samstag von 10:00-18:00 Uhr geöffnet. Nach Terminvereinbarung unter 04745 948170.

ZEITEN SPA-BEREICH

Die Umkleidekabinen sind mit Wertfächern ausgestattet, um Ihnen den Aufenthalt so angenehm und sicher wie möglich zu gestalten.

DIE UMKLEIDERÄUME

Genießen Sie eine Finnische Sauna bei 90 °C, eine Biosauna mit 50 °C und 80 % Luftfeuchtigkeit. Dazu ein Dampfbad mit ätherischen Ölen sowie eine Infrarotkabine für heilende Tiefenwärme. Ein Eisbrunnen sorg für die nötige Abkühlung. Der Ruheraum verfügt über einen Ausgang in den Garten mit Sichtschutz und Liegen.

DIE SAUNEN

Zeit für Entspannung! Entspannen Sie zwischen Ihren Behandlungen oder Saunagängen bei Ihrem Lieblingsbuch oder ruhen sich bei leiser Musik einfach richtig aus.

RUHEMÖGLICHKEITEN

AKZENT Hotel Saltenhof »WO MAN ENTSPANNEN KANN«

📍 Kreimershoek 71, 48477 Hörstel
📞 05459 80500-0 | 📠 05459 80500-29 | ✉ info@saltenhof.de | 🌐 www.saltenhof.de

GEBOTEN WIRD:

HOTEL & UMGEBUNG

Mitten in grüner Idylle, in einer großen Parkanlage mit altem Baumbestand, befindet sich der Saltenhof. Für ausgiebige Radtouren auf einem der vielen Radwanderwege in Bevergern und Umgebung stehen hier auch E-Bikes zur Verfügung. Nach leckerem Frühstück können Sie in der kleinen Wellnessoase entspannen. Das Restaurant bietet kulinarische Besonderheiten und saisonale Spezialitäten, sowie Kuchen aus der eigenen Backstube.

Die kleine, reizvolle, vormalige Ackerbürgerstadt ist seit dem Jahre 1125 beurkundet und hatte seit 1366 Stadtrechte, bevor die Stadt Bevergern 1975 in die Stadt Hörstel eingemeindet wurde. Von einer um 1100 erbauten und 1680 zerstörten Burg ist leider nichts mehr vorhanden. Ein Modell dieser Burg, sowie zahlreiche Kleidungs- und Ausrüstungsgegenstände vergangener Epochen, kann der Besucher im liebevoll gepflegten Heimathaus Bevergern am Kirchplatz bestaunen.

AKZENT Hotel Saltenhof »WO MAN ENTSPANNEN KANN«

291

♀ Kreimershoek 71, 48477 Hörstel
☎ 05459 80500-0 | 📠 05459 80500-29 | ✉ info@saltenhof.de | 🌐 www.saltenhof.de

HÖRSTEL
GUTSCHEINHEFT S. 21

Das Hotel Saltenhof möchte Sie verwöhnen-geben Sie ihnen die Chance hierfür! Das Hotel bietet Ihnen Köstlichkeiten der Region, Deutschlands, sowie der leichten italienischen Küche. Außerdem finden Sie auf der Sonderkarte eine große Anzahl an saisonalen Spezialitäten.

RESTAURANT

Genießen Sie unvergessliche Stunden mit Freunden in gemütlicher Atmosphäre. Erleben Sie westfälische Gastlichkeit romantisch zu zweit oder gestalten Sie in den Räumlichkeiten für bis zu 120 Personen Ihre Hochzeits-, Familienfeiern oder Betriebsfeste.

Die individuellen und liebevollen, mit ausgewählten Möbeln, hellen Farben und viel Licht ausgestatteten Wohlfühlzimmer, bieten Ihnen Erholung und den Komfort für einen guten Start in den neuen Tag. Alle Zimmer sind mit einer gebührenfreiem W-LAN, Flatscreen-Fernseher, einen bequemen Arbeitsplatz und Regendusche ausgestattet.

DIE ZIMMER

Entspannen und Wohlfühlen ist Balsam für Leib und Seele. Genießen Sie die Gastlichkeit des Hauses, gönnen Sie sich etwas Ruhe und Erholung und entspannen Sie nach einem ausgiebigen Frühstück gemütlich in dem hauseigenen, kleinen, privaten Wellness-Landschaft mit Pool, Sauna, Infrarot, Dampfbad und Möglichkeit zur Massage durch externe Anbieter. Empfehelenswerte Kontaktvorschläge sendet Ihnen das Hotel gerne per Mail zu.

DIE ENTSPANNUNG

AKZENT Hotel Saltenhof »WO MAN ENTSPANNEN KANN«

HÖRSTEL

📍 Kreimershoek 71, 48477 Hörstel
📞 05459 80500-0 | 📠 05459 80500-29 | ✉ info@saltenhof.de | 🌐 www.saltenhof.de

FESTE FEIERN

Ein ansprechender Festsaal, mitten in grüner Idylle, mit Biergarten und Terrassenrestaurant, bietet Ihnen eine Location für stilvolles Feiern im gehobenen Ambiente. Hier finden bis zu 120 Personen Platz. Für die Dekoration, Menü und Getränke macht der Gastgeber Ihnen gerne Vorschläge.

1. ANGEBOT
MERCI CHERIE

2 Tage und eine Nacht. Freuen Sie sich auf einen prickelnden Aufenthalt. Sie werden mit einem Glas Prosecco Royal und einem Obstkorb auf Ihrem Zimmer begrüßt. Nach einer Ruhezeit von der Anreise, Parkplatz kostenfrei, wird für Sie die Sauna, Infrarot und das Schwimmbad auf Ihre Entspannung vorbereitet. In Ihrer Saunatasche finden Sie Kuschelbademantel, Saunatücher und Getränk. Bis zu 2 Stunden Körper und Seelenverwöhnung in der kleinen Wellnessoase.

Genießen sie die private Atmosphäre der Wohlfühloase und nutzen dabei den Blick in die Natur. Das Team bietet Ihnen Service aus Leidenschaft und dieses Angebot für 2 Personen im Doppelzimmer incl. Frühstuck zu 180,00 Euro. Bei Buchung von Samstag auf Sonntag Aufschlag 20,00 Euro.

Am Abend begrüßt das Hotel Sie gerne im Restaurant. Vom Saisonsalat bis zum 4-Gang Pärchenmenü können Sie aus einem regionalen und mediterranem Angebot wählen (exklusive). Alles frisch auf den Tisch. Das Frühstück am nächsten Morgen erhalten Sie auf Wunsch auf Ihrem Zimmer.

AKZENT Hotel Saltenhof »WO MAN ENTSPANNEN KANN«

📍 Kreimershoek 71, 48477 Hörstel
☎ 05459 80500-0 | 📠 05459 80500-29 | ✉ info@saltenhof.de | 🌐 www.saltenhof.de

HÖRSTEL

3 Tage und 2 Nächte. Freuen Sie sich auf einen köstlich natürlichen Aufenthalt. Bei der Anreise gegen 15 Uhr wird Ihnen Joghurteis auf frischem Obstsalat mit Basilikum serviert. Auf Ihrem Zimmer finden Sie allen Komfort und die Telefonnummer zu Ihrem Service aus Leidenschaft. Das Hotel kümmert sich gerne um all Ihre Wünsche. Die kuscheligen Bademäntel mit Slippern, sowie Rad-Wanderkarten mit örtlichen Tourentipps und der Obstkorb, wird Ihnen schon bereit gestellt.

Nach der ersten Nacht stärken Sie sich bei dem Gutsherrenfrühstück und entspannen für 2-Stunden in der Wohlfühloase mit Sauna, Dampfbad und Pool. Gerne können Sie bei Ihrer Reservierung eine Wunschmassage im Vorfeld buchen. Zu 14:00 Uhr haben Sie die Frische auf dem Teller. Genießen Sie den Saisonsalat mit gebratenen Apfelscheiben und hausgemachtem Baguette. Anschließend erkunden Sie die Gegend mit dem Leihrad (bitte mit vorheriger Reservierung) oder zu Fuß. Der Gastgeber zeigt Ihnen besondere Ziele in der Umgebung. Am zweiten Abend wird Ihnen ein 3-Gang regionales Menü und zum Aperitif ein prickelnder Prosecco Royal serviert. Nach der zweiten Nacht wird Ihnen gerne Ihr Wunschfrühstück auch auf dem Zimmer serviert. Bestellen Sie am Vorabend und das Hotel erfüllt Ihnen jeden Wunsch. Am 3. Tag, nach dem Frühstück lädt das Hotel Sie zu einem Besuch in das Heimathaus mit Führung ein (immer Sonntags oder nach Möglichkeit).

Ihr Auto parken Sie kostenfrei und auch das W-LAN ist mit drin. Der Wert für dieses Angebot ist 498,00 Euro für 2 Personen im Doppelzimmer.

Weitere Infos finden Sie auch noch auf der Internetseite www.saltenhof.de unter dem Punkt Erlebnisse.

2. ANGEBOT
WELLNESSDAY -
NATUR PUR

IMMER FÜR SIE DA

294 Landhaus Beckmann »ENSTPANNUNG FÜR ALLE SINNE«

KALKAR
GUTSCHEINHEFT S. 21

Römerstraße 1, 47546 Kalkar
02824 9625 6666 | www.landhaus-beckmann.de

GEBOTEN WIRD:

DAS RESÜMEE — Das Landhaus Beckmann trägt seine Wurzeln im Namen: die Landwirtschaft. Mit ihr hat an der Kalkarer Römerstraße alles begonnen. Familie Joosten, deren Bauernhof erstmals 1850 urkundlich erwähnt wurde, legte den Grundstein des Familienunternehmens. Damals wurde nach dem Gottesdienstbesuch Schnaps auf dem Bauernhof verkauft. Als Schank- und Landwirte sowie Müller arbeitete Familie Joosten im 19. Jahrhundert auf dem Grundstück des heutigen Landhaus Beckmann. Hermann Beckmann übernahm in der zweiten Generation, bis 1969 mit der Landwirtschaft als Haupterwerb, den Hof. Das Gastronom- und Hotelier-Ehepaar Hermann und Else Große Holtforth, geb. Beckmann führte im Folgenden das Landhaus weiter. Mit ihnen kam Ende der 60er Jahre die Wende: Sie bauten das Bauernhaus um, erweiterten zum Restaurantbetrieb und erbauten im Jahre 1980 das Hotelgebäude. Seit 2005 steht Michael Große Holtforth an der Spitze des Familienhotels. Er steht gemeinsam mit seinem Team für Tradition und Qualität.

DAS HOTEL — Wenn Sie in einem der schönsten Zimmer von Landhaus Beckmann Ihre Augen aufschlagen und die Weite des Niederrheins genießen können als wäre kein Fenster zwischen Innenraum und Freiheit, dann sind auch Sie im Hotel angekommen: Zuhause am Niederrhein.

DER EMPFANG — Eines haben Beckmann's Zimmer gemeinsam: Stil und Komfort auf Vier-Sterne-Niveau. Nur ein Hauch von Luxus unterscheidet die 41 Zimmer im Landhaus Beckmann voneinander. So können Sie–individuell auf Ihre Bedürfnisse abgestimmt–im Urlaub oder während der Geschäftsreise wählen, welches Ambiente Ihnen am besten gefällt. Das Hotel setzt ganz auf die eigene Region. Aus Überzeugung und

Landhaus Beckmann »ENTSPANNUNG FÜR ALLE SINNE«

Römerstraße 1, 47546 Kalkar
02824 9625 6666 | www.landhaus-beckmann.de

DAS RESTAURANT

Leidenschaft. Denn der Niederrhein bietet eine große Vielfalt regionaler Produkte, welche die Küche in kulinarische Köstlichkeiten verzaubert. Gutbürgerliches Essen sowie neue deutsche Gerichte zieren die Speisekarte. Das Restaurant hat sich gerne den Grundsätzen der Vereinigung „Genussregion Niederrhein" verpflichtet, um saisonale Produkte, frisch vom Erzeuger aus der Nachbarschaft, zu verarbeiten. Die Küche lebt die Philosophie: „Liebe zum Kochen und Respekt vor den Lebensmitteln." Dies bedeutet auch der Respekt vor den Tieren. Daher wird auch eine große Auswahl veganer Gerichte angeboten.

DIE ÖFFNUNGSZEITEN RESTAURANT

Das Restaurant ist täglich von 12:00-22:00 Uhr durchgehend für Sie geöffnet. Sollten Sie nach 22:00 Uhr noch eine Kleinigkeit zu Abend essen wollen, serviert Ihnen das Hotel auf Vorbestellung gerne eine kalte Hausplatte zum Verzehr an der Bar oder auf Ihrem Zimmer.

DER SPA-BEREICH

Gehören auch Sie zu den Menschen, die ab und zu gerne die Zeit anhalten möchten? Die sich in manchen Momenten etwas weniger Tempo, dafür mehr Gelassenheit in Ihrem Leben wünschen? Freuen Sie sich auf das Libertine Spa-ein Ort, der Ihnen nichts anderes bietet als Ruhe und Entspannung. Das Saunaangebot reicht von einer 60 °C und 90 °C Sauna über das sanfte Dampfbad bis hin zur Solevernebelung. Eine abschließende Tiefenentspannung mit Infrarotwärme lässt keinen Wunsch mehr offen. Ein separater Ruheraum, eine Lounge und eine Außenterrasse unterstützen die Regeneration. In einem Spa, bei dem sich alles um Ihr Wohlbefinden dreht, darf eines natürlich nicht fehlen: der Genuss. So werden Ihnen in der Lounge Köstlichkeiten aus dem Restaurant serviert. Nach vorheriger Anmeldung haben Sie die Möglichkeit das Libertine Spa exklusiv für sich alleine, zu zweit oder mit Freunden in der Zeit von 8:00-14:00 Uhr zu nutzen.

DIE MASSAGEN

Ein Team von professionellen Masseurinnen und Masseuren bietet Ihnen Massagen und weitere kosmetische Anwendungen mit hochwertigen Pflegeprodukten. Wählen Sie aus dem Angebot und reservieren Sie bequem Ihren Termin über die Rezeption.

Landhaus Beckmann »ENTSPANNUNG FÜR ALLE SINNE«

Römerstraße 1, 47546 Kalkar
02824 9625 6666 | www.landhaus-beckmann.de

DIE UMKLEIDERÄUME — Die Umkleidekabinen sind mit Wertfächern ausgestattet um Ihnen den Aufenthalt angenehm und sicher zu gestalten.

DIE SAUNEN — Genießen Sie Saunagänge bei 60 und 90 °C. Erleben Sie Luxus zum Wohlfühlen und befreien Sie Ihren Körper vom Alltäglichen.

DAS DAMPFBAD — Verwöhnen Sie Ihren Körper und Ihre Haut bei 60 °C und 100 % Luftfeuchtigkeit.

DIE TIEFENWÄRME — Der Infrarot A-Tiefenwärmestrahler dringt wie durch ein Fenster direkt in die Haut ein. Dadurch wird eine unmittelbare Erwärmung der Unterhaut erreicht-ein angenehmes Schwitzen, ausgelöst vom INNEREN des Körpers tritt ein. Diese Tiefenwärme erhöht den Stoffwechsel und die gesamte Muskulatur kann sich tief entspannen. Man spürt dies SOFORT nach Inbetriebnahme der Bestrahlung.

DIE SOLEVERNEBLER — Eine Wohltat für den Körper- gesundes Meeresklima atmen. Mikrofeinste Aerosole wirken sich positiv auf Ihre Atemwege aus.

DER NASSBEREICH — Lassen Sie sich bei farbenfroher LED-Ambientbleuchtung in der Regendusche erfrischen. Nach dem Saunagang bieten Ihnen Kaltduschen erfrischende Abkühlung.

DER RUHERAUM — Time to Relax... entspannen Sie zwischen Ihren Behandlungen oder Saunagängen bei Ihrem Lieblingsbuch oder ruhen Sie sich bei leiser Musik einfach einmal richtig aus.

DIE LOUNGE — Setzen Sie Ihr Genussprogramm auf sinnliche Weise fort und erleben Sie die kulinarischen Köstlichkeiten der Küche. Der Saunabereich ist aus Hygienegründen nicht zum Essen und Trinken vorgesehen.

ZEITEN SPA-BEREICH — Täglich von 14:00-23:00 Uhr. | Private Spa von 8:00-14:00 Uhr möglich.

Landhaus Beckmann »ENSTPANNUNG FÜR ALLE SiNNE«

Römerstraße 1, 47546 Kalkar
02824 9625 6666 | www.landhaus-beckmann.de

KALKAR

FITNESSRAUM

Sie möchten etwas tun um Ihren körperliches Wohlbefinden zu stärken? Im Fitnessraum trainieren Sie, um im Alltag leistungsfähig zu bleiben und physischen Belastungen standzuhalten.

RENT A SPA

Das Libertine Spa im Landhaus Beckmann bietet Ihnen etwas ganz Besonderes. Buchen Sie den gesamten Bereich des LIBERTINE SPA für Ihre exklusive Nutzung. Unvergessliche Stunden für Paare, Familien und Freunde! Gerne wird Ihnen die exklusive und alleinige Nutzung des Spa-Bereiches angeboten: Nach vorheriger Anmeldung haben Sie die Möglichkeit in der Zeit von 8:00-14:00 Uhr, den Libertine Spa alleine, zu zweit oder mit Freunden zu nutzen.

DAS ANGEBOT

Das Team vom Landhaus Beckmadann bietet Ihnen zwei Übernachung mit Frühstück im Doppelzimmer (Comfort-Kategorie) und dazu 2 Stunden „Private Spa". Im »Private Spa« haben Sie den Spa-Bereich des Landhauses Beckmann für sich ganz alleine. Die Nutzung des Spa-Bereichs ist in der Zeit von 8:00-14:00 Uhr möglich. Alternativ dazu ist auch ein Tausch des »Private Spa-Angebots« gegen 2 Tageskarte für den gesamten Aufenthalt möglich. Der reguläre Preis für dieses Angebot beträgt ca. 320,00 Euro.

AKZENT Aktiv & Vital Hotel Thüringen

AKZENT Aktiv & Vital Hotel Thüringen, Inh. Marcel Gerber · Notstrasse 33, 98574 Schmalkalden
03683 466 570 | www.aktivhotel-thueringen.de

GEBOTEN WIRD:

HOTEL & UMGEBUNG

Das Haus befindet sich in exponierter Lage–über den Dächern der bekannten Fachwerk- & Nougat-Stadt Schmalkalden mit Blick auf die Rhön und den Rennsteig. Unweit von Eisenach mit seiner Wartburg, direkt am Naturpark Thüringer Wald. Das Wellness- und Urlaubshotel bietet Ihnen 48 komfortable Zimmer verschiedener Kategorien.

Ob Urlaub oder Geschäftsreise–hier fühlen Sie sich jederzeit zu Hause! Als privat geführtes Hotel innerhalb der AKZENT-Gruppe wird großen Wert darauf gelegt, den Aufenthalt für jeden einzelnen Gast zu etwas ganz Besonderem werden zu lassen.

Erleben Sie aktiv den über 750 qm großen Wellnessbereich, zwei Outdoor Tennisplätze, vier hauseigene Bowlingbahnen (indoor), Wander- und Nordic Walkingrouten direkt vor der Tür oder genießen Sie einfach die herrliche Ruhe im Hotel-im Thüringer Wald.

RESTAURANT

Erleben Sie Kochkunst in der Gaststube Henneberger Haus mit urigem Biergarten. In idyllischer Lage wird Ihnen regionale und internationale Küche serviert. Egal ob bei der Pause vom Wandern, bei einem Familienausflug oder beim regelmäßigen Business Lunch, hier finden Sie angenehme Atmosphäre und herzliche Gastfreundschaft. Sie wollen mal wieder einen richtig gemütlichen Nachmittag verbringen? Die hausgebackenen Blechkuchen sind ein besonderer Genuß zu jeder Jahreszeit! Der Saison entsprechend serviert das Hotel z.B. köstliche Thüringer Aprikosen-, Apfel-, Erdbeer- oder Pflaumenkuchen–alle frisch für Sie zubereitet!

AKZENT Aktiv & Vital Hotel Thüringen

AKZENT Aktiv & Vital Hotel Thüringen, Inh. Marcel Gerber · Notstrasse 33, 98574 Schmalkalden
03683 466 570 | www.aktivhotel-thueringen.de

SCHMALKALDEN
GUTSCHEINHEFT S. 23

Nehmen Sie Platz im Restaurant Gräfin Anastasia. Ob Frühstück, Abendessen oder im Rahmen Ihrer privaten Feierlichkeit, in gediegenem Ambiente lassen Sie sich kulinarisch verwöhnen! Bei schönem Wetter ist die angeschlossene Terrasse für Sie geöffnet. Gibt es etwas schöneres, als an einem warmen Sommermorgen draußen zu frühstücken? Gern wird auf Ihre Ernährungsgewohnheiten Rücksicht genommen, sprechen Sie das Personal einfach an!

DIE ZIMMER

Ob gemütlicher Landhaus- oder moderner englischer Stil, die 48 geschmackvoll eingerichtenen Zimmer & Suiten überzeugen durch Ambiente & Komfort!

Ausgestattet sind die Zimmer mit Landhaus- oder Boxspringbetten, Flachbild TV, Minibar, Schreibtisch, WLAN, Bad mit Dusche bzw. Badewanne (Suiten) /WC, Fön, Kosmetikspiegel, Pflegeprodukten, Sitzgelegenheit mit Tisch und Stühlen sowie teils Cocktailsitzecken. Ihre Zimmer stehen Ihnen am Anreisetag ab 14:00 Uhr und am Abreisetag bis 11:00 Uhr zur Verfügung und sind ausnahmslos Nichtraucher-Zimmer.

300
SCHMALKALDEN

AKZENT Aktiv & Vital Hotel Thüringen

📍 AKZENT Aktiv & Vital Hotel Thüringen, Inh. Marcel Gerber · Notstrasse 33, 98574 Schmalkalden
📱 03683 466 570 | 🌐 www.aktivhotel-thueringen.de

DIE SAUNEN — Duftendes Holz und stimmungsvolles Licht–ob in der finnischen Sauna im Innen- & Außenbereich, in der Infrarot-, Dampf- oder Biosauna, hier genießen Sie aktiv & vital Ihren Wellnessaufenthalt. Der Wellnessbereich ist täglich für Sie von 07:30–21:30 Uhr geöffnet.

DIE FINNISCHEN SAUNEN
65 °C | 80-90 °C — Es stehen Ihnen insgesamt zwei Kabinen der typisch Finnischen Sauna sowie eine 65 °C Biosauna zur Verfügung. Ein Schwitzgang findet in den beiden holzverkleideten finnischen Saunen bei 80-90 °C und einer Luftfeuchtigkeit von 10 % statt.

DAS AROMA-DAMPFBAD
45 °C — Bei einem Raumklima von 45 °C und einer Luftfeuchte von 100 % kommen Sie hier auf komplett gegensätzliche Art zur Finnischen Sauna ins Schwitzen. Das gänzlich mit azurblauen Wänden verkleidete Bad lädt mit wohlriechenden Aromen zu einem vielversprechenden Aufenthalt ein.

AKZENT Aktiv & Vital Hotel Thüringen

📍 AKZENT Aktiv & Vital Hotel Thüringen, Inh. Marcel Gerber · Notstrasse 33, 98574 Schmalkalden
📞 03683 466 570 | 🌐 www.aktivhotel-thueringen.de

Ziehen Sie entspannt Ihre Bahnen im 12 x 5 Meter großen, beheizten Indoor-Pool mit Massagesitzbank und Gegenstromanlage.

DER POOL

Im Ruhebereich gönnen Sie Ihren Füßen eine Kneippkur im Fußbecken mit beheizter Sitzbank. Wunderbar ruhen lässt es sich im Ruheraum mit hauseigenem Gradierwerk zur Salzinhalation, Relax-Liegen und Kuscheldecken. Gönnen Sie sich Entspannung pur auf den Physiotherm-Wärmeliegen oder lassen Sie einfach den Blick ins Grüne schweifen. Zudem besteht die Möglichkeit, es sich auf der großen Liegewiese mit Sonnenschirmen und Sonnenliegen gemütlich zu machen. Hier können Sie-neben einer Pause an der frischen Luft-die wärmenden Sonnenstrahlen direkt auf der Haut spüren.

RUHEMÖGLICHKEITEN & GRADIERWERK

Das Wellness- und Day Spa-Angebot hält eine große Vielfalt wohltuender Anwendungen für Sie bereit. Von der erfrischenden Minzöl- über duftende Aromaölmas

MASSAGE- & BEAUTYCENTER

302 AKZENT Aktiv & Vital Hotel Thüringen

SCHMALKALDEN

📍 AKZENT Aktiv & Vital Hotel Thüringen, Inh. Marcel Gerber · Notstrasse 33, 98574 Schmalkalden
📞 03683 466 570 | 🌐 www.aktivhotel-thueringen.de

 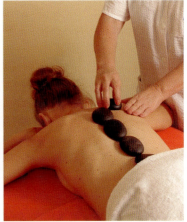

sagen bietet das Hotel zudem auch besondere Beautyanwendungen an. Tiefenentspannung ist mit der Fußreflexzonen- oder Hot-Stonemassage garantiert. Oder wie wäre es mit einer Kräuterstempelbehandlung mit Wildkräutern aus dem Garten? Probieren Sie es aus! Sie starten Ihren Tag gern aktiv? Dann heißt Sie das Wellness-Team zum Aquafitness herzlich willkommen!

Ihre Hotelrechnung können Sie in bar, mit Ihrer Euroscheckkarte, Visa- oder MasterCard begleichen. Eine Kurtaxe fällt nicht an (Änderungen vorbehalten).

PARKMÖGLICHKEITEN Parkplätze stehen Ihnen direkt vor dem Hotel zur Verfügung.

DAS ANGEBOT Das AKZENT Aktiv & Vital Hotel bietet Ihnen einen traumhaften Aufenthalt für zwei Personen zum Preis von 129,00 Euro, statt 258,00 Euro. Das Angebot beinhaltet zwei Übernachtungen im Vital Doppelzimmer inkl. Vital-Frühstücksbuffet

AKZENT Aktiv & Vital Hotel Thüringen

📍 AKZENT Aktiv & Vital Hotel Thüringen, Inh. Marcel Gerber · Notstrasse 33, 98574 Schmalkalden
📞 03683 466 570 | 🌐 www.aktivhotel-thueringen.de

sagen bietet das Hotel zudem auch besondere Beautyanwendungen an. Tiefenentspannung ist mit der Fußreflexzonen- oder Hot-Stonemassage garantiert. Oder wie wäre es mit einer Kräuterstempelbehandlung mit Wildkräutern aus dem Garten? Probieren Sie es aus! Sie starten Ihren Tag gern aktiv? Dann heißt Sie das Wellness-Team zum Aquafitness herzlich willkommen!